배신과 구원으로 얼룩진
비트코인 억만장자의 신화

BITCOIN
BILLIONAIRES

배신과 구원으로 얼룩진
비트코인 억만장자의 신화

BITCOIN
══ BILLIONAIRES ══

벤 메즈리치 지음 | 황윤명 옮김

소미미디어
Somy Media

어셔, 아리아, 토냐 그리고 벅시에게

존버하라.

이것은 모험이고

하루하루를 재밌게 만들어 줄 것이다.

CONTENTS

3장 373

프롤로그

『비트코인 억만장자의 신화』은 수차례의 인터뷰, 다양한 정보와 방대한 자료 그리고 여러 법원 기록에 기초한 극적인 이야기로 채워져 있다. 물론 논쟁을 일으킬 만한 다른 의견도 있겠지만 최대한 인터뷰와 자료에서 발견한 정보를 바탕으로 책 속의 장면들을 재구성하였다. 2010년 나는 『소셜 네트워크Accidental Billionaires』를 발간했다. 페이스북 창업 이야기인데, 후에 동명의 『소셜 네트워크Social Network』란 영화로 만들어졌다. 그날 이후 난 단 하루도 이 영화의 두 주인공인 타일러와 캐머런 윙클보스 이야기를 다시 들여다볼 거라고 상상하지 않았다. 이들 쌍둥이 형제는 세상에서 가장 큰 힘을 가진 회사 중 하나가 될 바로 그 시작점에서 '마크 저커버그'에게 도전하였다.

『소셜 네트워크』가 세상에 출간되었을 때만 해도 페이스북은 혁명이었으며, 저커버그는 혁명을 이끈 사람이었다. 그는 사회가 상호 작용하는 사회질서, 즉 사람들이 만나 소통하며 사랑에 빠지고 살아가는 방식을 바꾸려고 시도하고 있었다. 그래서 윙클보스 쌍둥이는 저커버그에게 완벽한 사냥감이었다. 그들은 고

지식한 하버드 출신에, 누구나 알 수 있듯이 기득권을 대표하는 특권층이기 때문이다.

지금은 상황이 달라졌다. 마크 저커버그는 누구나 아는 유명한 이름이다. 페이스북은 인터넷의 많은 부분을 차지하고 있는 유비쿼터스다. 비록 사용자 데이터 해킹에서부터 가짜 뉴스까지, 끊임없이 스캔들에 휘말리고 정치적인 혼란을 야기하는 플랫폼처럼 보이지만 말이다. 반면에 윙클보스 쌍둥이는 기대하지도 않은 데서 완벽히 새로운 디지털 혁명의 지도자로 다시 등장했다.

이런 아이러니를 나로서는 쉽사리 잊어버릴 수가 없었다. 게다가 윙클보스 쌍둥이는 나의 책과 후속 영화에서 저커버그의 반란자, 악마의 제국 같은 역할을 맡았는데, 이로 인해 굳어진 그들의 이미지도 바꿔 줄 필요가 있었다. 타일러와 캐머런 윙클보스는 우연히 딱 맞는 시기와 딱 맞는 장소에 두 번씩이나 있었던 게 아니다.

인생에서와 같이 문학의 세계에도 2막은 드물다. 윙클보스 쌍둥이의 2막이 궁극적으로 1막을 압도할 수 있다는 가능성을 보여주고 싶다. 비트코인과 그 이면의 기술은 인터넷을 송두리채 바꿀 수 있다. 마치 페이스북이 소셜 네트워크를 실물 세상에서 인터넷으로 옮겨 갈 수 있도록 개발되었듯이, 비트코인과 같은 암호화폐도 현재 주로 온라인에서 작동하고 있는 금융 세상을 위해 개발되었다. 비트코인 이면의 기술은 일시적인 유행이나 거품이나 음모가 아니다. 근본적인 패러다임의 전환이며 궁극적으로 모든 것을 바꿀 것이다.

1장

도덕적인 상처는 특이성을 갖고 있다. 상처가 숨겨질 순 있지만 완전히 아물지는 않는다는 점이다. 항상 고통스럽고 상처에 닿으면 피가 나려고 한다. 그 상처는 늘 새롭게 벌어진 채 마음속에 남아 있다.

알렉상드르 뒤마 Alexandre Dumas

『**몬테 크리스토 백작 The Count of Monte Cristo**』

2008년 2월 22일.

샌프란시스코 금융가 변두리 익명의 오피스타워 23층. 유리, 강철, 콘크리트 조각, 시원한 에어컨 그리고 밝게 빛나는 사무실. 달걀 껍질 색의 벽면, 인더스트리얼풍 베이지 카펫. 격자 무늬 천장을 이등분하는 형광등. 정수기, 회의실용 크롬 테두리 탁자 그리고 인조가죽 의자들.

금요일 오후 3시가 조금 지난 시각. 타일러 윙클보스는 통유리 사무실에 서서 한낮의 안개를 가르고 있는 삐죽이 늘어선 빌딩숲을 바라보고 있었다. 그는 티슈처럼 얇은 일회용 종이컵으로 물을 마시면서 넥타이에 흘리지 않으려 애쓰고 있었다. 그렇게 많은 날, 몇 달, 빌어먹을 몇 년이 지난 지금까지도 넥타이가 필요할 일이 거의 없었는데도 말이다. 이런 시련의 시간이 길어진다면 그는 다음 만남 때는 조정복을 입고 나타날지도 모른다.

그는 접힌 종이컵이 손가락 안에서 다 펴지기도 전에 물을 마시려 했지만 물이 흘러내렸다. 넥타이에 물이 떨어지지는 않았지만 소매에 물기가 스며들었다. 그는 젖은 손목을 흔들며 종이

컵을 쓰레기통에 구겨 넣었다.

"목록에 이것도 추가해. 아이스크림콘 모양의 종이컵. 어떤 변태가 이런 생각을 했을까?"

"아마 전구도 같은 사람이 발명했을 거야. 여기에서 우리는 두 종류 색으로 태닝 당하고 있어. 연옥에는 불구덩이가 아니라 형광등이 늘어서 있을 거야."

타일러의 형 캐머런 윙클보스는 반대편 테이블에 앉아 두 의자를 겹쳐 긴 다리를 걸치고 있었다.

그는 넥타이를 매지 않은 채 자켓을 입고 있었다. 사이즈 14의 가죽 신발 하나가 노트북 화면에 위험할 정도로 가까이 닿아 있었지만 타일러는 상관하지 않았다. 이미 긴 하루였다.

타일러는 이 지루함이 계획된 것임을 알았다. 중재는 소송과 다르다. 소송은 쌍방이 서로 이기려고 열을 올리는 싸움이다. 수학자나 경제학자는 소송을 제로섬 게임이라 한다. 소송에는 고점과 저점이 있다. 하지만 수면 아래 보이지 않는 곳이 진정한 승부처다. 본질적으로 전쟁인 것이다. 그러나 중재는 다르다. 제대로 진행되면 승자도 패자도 없다. 단지 두 당사자만이 결의안에 타협하게 된다. 중재는 전쟁과 다르다. 장거리 버스에 오른 모두가 풍경에 지쳐 목적지를 합의하게 되는 것과 비슷하다.

"정확히 말하자면, 우리는 연옥에 있는 게 아냐."

타일러가 창밖으로 끝없는 잿빛인 오후의 북캘리포니아를 바라보며 말했다.

변호사들과 만났다 헤어질 때마다 타일러와 캐머런은 최선을 다해 사건 자체에 연연하지 않으려 애썼다. 처음에는 그렇지 못했다. 다른 아무것도 생각하지 못할 정도의 배신감과 분노에 가득 차 있었기 때문이다. 하지만 시간이 흘러 몇 주가 몇 달이 되면서 분노가 정신건강에 이롭지 못하다는 걸 깨닫고 변호사들이 그들에게 말할 때마다 시스템을 신뢰하기로 했다. 그래서 그들이 그들끼리만 있을 때는, 그들을 여기까지 오게 만든 일에 대해서만 말하려 애썼다.

그들이 지금 중세 문학 주제, 그중에서도 특히 단테의 원추형 지옥에 있다고 말하기 시작했다는 것은 그들의 그런 회피 전략이 흐트러지기 시작했다는 뜻이다. 비록 변호사의 시스템을 신뢰한 것이 지금 그들을 연옥에 갇힌 것처럼 만들었지만, 그럼에도 이 비유는 지금 그들에게 잠시나마 다른 무언가에 집중할 수 있게 해 주었다. 코네티컷의 10대 시절, 타일러와 캐머런은 라틴어에 몰두했다. 고등학교 3학년 과목에는 라틴어 과정이 없어서 그들은 라틴어 과목 감독이던 예수회 신부에게 중세 라틴어 세미나를 열어달라고 교장 선생님께 부탁하였다. 이들은 신부님과 함께 성 어거스틴의 고백록과 다른 중세 학자들의 작품을 번역

비트코인 억만장자의 신화

했다. 그 당시 이탈리아어를 충분히 공부했기에 단테의 유명 저서를 읽을 수 있었고, 그래서 지금 그들은 풍경 묘사 게임을 할 수 있는 것이다. 정수기, 형광 불빛, 화이트보드…… 그리고 변호사들.

타일러가 말했다.

"엄밀히 말하자면 우리는 림보*에 있어. 연옥에 있는 건 그 자야. 우리는 잘못한 게 없어."

갑자기 노크 소리가 들리고 그들의 변호사 중 하나인 피터 칼라마리가 먼저 들어왔다. 그는 가라앉은 머리카락으로 이마는 나오고 턱은 작아 보이게 가렸다. 야자수 문양의 셔츠가 대충 바지 허리춤에 꽂혀 있어 걸음걸이가 다소 우스웠다. 상표도 옷에 그대로 붙어 있었지만 타일러는 놀라지 않았다. 이건 최악이 아니다. 칼라마리는 샌들을 신고 있었다. 아마도 청바지를 구입한 곳에서 함께 산 것으로 보인다.

그들의 변호사 뒤편으로 중재자가 들어왔다. 안토니오 피아자, 즉 토니 피아자는 훨씬 더 매력적인 인물이었다. 그는 말라 보였지만 흠잡을 데 없을 만큼 멋진 정장에 넥타이를 매고 있었다. 눈송이 같은 머리카락은 단정했고 양 볼은 햇볕에 적절히 타 있었다. 언론에서 피아자는 중재의 달인으로 알려져 있었다. 그는

……

* 가톨릭에서 말하는 천국과 지옥 사이의 경계 지점으로 원죄 상태를 유지한 채 죽은 사람들의 사후 상태를 가리킨다.

4천 건 이상의 복잡한 분쟁을 성공적으로 해결했다. 그는 사진기와 같은 기억력을 가졌고, 무술 또한 뛰어났다. 그는 합기도 훈련을 통해 공격성을 생산적인 것으로 전환하는 법을 배웠다고 믿었다. 피아자는 지치지 않는 사람이었다. 이론적으로 그는 끝없는 이 변론의 세상에서 완벽한 조정자였다.

두 변호사가 문을 닫기도 전에 캐머런은 책상에서 자신의 다리를 내려놓았다.

"그가 동의했어요?"

피아자에게 질문을 던졌다. 최근 몇 주 사이, 쌍둥이는 칼라마리를 항상 자랑스럽고 신뢰가 가는 퀸 엠마누엘 로펌의 파트너가 아니라, 피아자와 그들 사이의 단순한 메신저에 불과하다고 생각하기 시작했다. 그의 헐렁한 청바지와 샌들이 실리콘밸리의 분위기와 어울리기 위한 시도인지는 모르지만, 캐머런은 그가 변호사보다는 사기꾼에 더 가깝다고 느꼈다.

사실 그는 원래 여기 있을 사람도 아니었다. 수석 변호사인 릭 워더 주니어가 20억 달러의 파산 소송에서 회사를 대변하게 되는 바람에 칼라마리가 대신 나오게 되었던 것이다. 쌍둥이의 모든 운명이 그의 어깨에 달려 있었는데도 워더 변호사는 결정적 중재의 순간에 나타나지 않았다. 윙클보스 쌍둥이는 워더가 더 크고 돈 되는 소송을 따라 바쁘게 움직인다고 생각했다.

쌍둥이는 재판이 가까워지고 소송자료들이 명료해짐에 따라 법무팀을 강화하기 위해 퀸 엠마누엘 로펌을 고용하였다. 이 법인은 존 퀸에 의해 1986년에 만들어졌으며 뛰어난 소송대리인으로 이름나 있었고 기업간의 소송과 중재에 특화되어 있었다. 또한 로펌업계에선 전례가 없는 자유 복장의 선구자였다. 이 혁신이 칼라마리의 다소 튀는 복장을 두고 나온 뒷말의 원인을 제공한 셈이었다.

"거절은 아닙니다만, 그는 몇 가지를 염려하고 있습니다."

피아자가 말했다.

타일러가 형을 바라보았다. 그들의 처음 요구 사항은 캐머런의 아이디어였다. 변호사를 통해 많은 시간을 보내며 수차례 의견을 교환하였고 이제 피아자가 가운데서 합의를 유도하고 있었다. 캐머런도 이 모든 협상이 정말로 합의에 이를 수 있을까 의문이 들었다. 그들 세 명은 이전에 학교 구내식당에서 만나곤 했다. 어쩌면 그들은 변호사 없이 세 명만 다시 앉아서 이 문제에 대해 이야기하게 될지도 모른다.

"뭘 염려하는데요?"

캐머런이 물었다.

피아자가 잠시 멈췄다가 대답했다.

"안전이요."

타일러는 이 사람이 무슨 말을 하는지 이해하는 데 시간이 필요했다. 캐머런이 의자에서 일어났다.

"우리가 때리기라도 할까 봐요?"

캐머런이 물었다.

"정말로?"

타일러는 얼굴이 화끈거림을 느꼈다.

"지금 농담하고 계신 거죠?"

변호사들이 분위기를 진정시키며 의견을 보탰다.

"중요한 점은 경영권 문제 외에도 그의 생각이 바뀔 수 있다는 겁니다."

타일러가 말했다.

"잠깐, 잠깐만요. 우리가 때릴까 봐 걱정하고 있대요? 중재 현장에서요? 중재인의 법인 회사 사무실 안에서 말이죠?"

피아자의 표정은 변하지 않았지만 목소리는 졸음이 올 정도로 편안하게 가라앉아 있었다.

"자, 다시 본론으로 돌아갑시다. 그는 기본적으로 이 만남에 동의하고 있어요. 세부사항만 잘 이끌어 내면 됩니다"

캐머런이 물었다.

"우리를 수갑으로 정수기에 묶어 두려고요? 그러면 그자가 좀 더 편안해진대요? 아닐걸요. 복도 끝에 안이 들여다보이는 유리 회의실이 있으니까, 우리 중 한 명만 들어가 대면하고 나머지는 밖에서 지켜보죠."

정말이지 터무니없는 말이었다. 타일러는 그들이 야생동물처럼 다뤄진다고 느꼈다. '안전 염려'. 그 말 자체는 분명 그에게서 나온 거라고 생각했다. 그 단어는 그가 정확히 그가 말하고 생각하는 방식이었다. 어쩌면 일종의 계략일지도 모른다. 그들 중 한 명과 상대하는 게 육체적으로 더 안전할 거라는 발상은 그들이 그를 때릴 거라는 생각만큼이나 우스꽝스러웠지만, 아마도 그는 그들 중 한 명과 협상할 때 그가 지적으로 우위를 차지할 거라고 생각했을 것이다.

쌍둥이는 처음부터 그가 외모 때문에 자신들을 멋대로 판단했다고 느꼈다. 그에게 있어 쌍둥이는 언제나 캠퍼스의 잘생긴 멍청이에 지나지 않았다. 코딩도 할 줄 모르는 돌대가리들, 웹사이트를 만들기 위해 괴짜를 고용해야 하는 바보들. 그 웹사이트란 천재인 그만이 만들 수 있고, 오직 그만이 가질 수 있는 웹사이트였다. 만일 쌍둥이가 웹사이트의 창안자이고 싶었다면, 그들이 직접 웹사이트를 만들어야 했다. 물론 이런 논리라면 쌍둥이가 방 안에 들어오자마자 그를 때려눕힐 거라는 생각도 충분히 할 수 있었다.

타일러는 잠깐 눈을 감고, 어깨를 움츠렸다.

"캐머런이 들어갈 겁니다."

그의 형 캐머런은 항상 덜 모난 둥근 성격으로, 굽혀야 할 때 굽힐 줄 알았다. 이번이 그런 상황 중 하나임이 분명했다.

캐머런이 복도를 따라가면서 피아자와 다른 변호사를 보고 말했다.

"우리에 있는 호랑이처럼 진정제 총을 준비해 주세요. 제가 그의 목을 물으러 가는 걸 보면 제발 재킷에 총을 쏴 주시고요. 이거, 제 동생 거거든요."

변호사도 중재자도 미소조차 짓지 않았다.

40분 뒤 모두가 환히 들여다보이는 협상 장소로 들어갔다. 이는 캐머런의 인생에서 가장 꿈 같은 순간 중 하나였다. 마크 저커버그는 이미 회의실 내 긴 사각 테이블 가운데에 앉아 있었다. 170센티미터의 긴 등받이 의자에 앉은 그의 모습은 캐머런에게는 꼭 억만장자의 특별 의자에 앉은 것처럼 보였다. 캐머런은 그의 뒤에 있는 유리문을 닫을 때, 정신이 아득해지는 것을 느꼈다. 그는 타일러와 그의 변호사가 등 뒤쪽 반대편에 앉는 걸 볼 수 있었다. 한참 아래 쪽에 그는 피아자 그리고 저커버그 측 변호사들을 볼 수 있었다. 그는 그들 대부분이 누구인지 알 수 있었다. 특히 닐 채터지는 결코 잊을 수 없었다.

그는 오릭 헤링턴&셧클리프 로펌 출신으로, 그의 소중한 고객을 철통처럼 보호하며 윙클보스 쌍둥이가 말하려 하는 모든 것을 가로막았던 장본인이다. 또한 2008년 그들 형제가 인터넷 컨퍼런스에 참여해서 소수의 비공식 대화를 나누었을 때 참가자들 속에 있었는데 그때 분명 그들의 대화를 열심히 메모했을 것이다. 지금 채터지와 다른 변호사들은 모두 노란 메모지를 갖고 있었다. 캐머런은 그들이 무엇을 적을지 전혀 가늠이 되지 않았다.

그가 알기로 유리 회의실은 방음이 되어 있었고, 그들 중 누구도 입술을 읽을 수 있는 사람은 없는 게 확실했다. 대화는 그와 저커버그 사이에만 있었고 어떤 중재자도, 변호사도, 그 어떤 다른 누구도 들을 수 없고 참여할 수 없었다.

저커버그는 캐머런이 테이블 반대편 끝에 갈 때까지 그를 쳐다보지 않았다. 캐머런의 등에서 흐르는 이상한 한기는 강력한 에어컨 바람과 무관한 것이었다. 그들이 하버드 동급생으로 만난 이후 서로를 다시 본 것은 4년 만에 처음이었다.

캐머런은 2003년 10월 학교 내 커크랜드 식당에서 저커버그와 처음 만났다. 그때 타일러 그리고 그들의 친구인 디비아 나렌드라가 합석하여 작년부터 개발해 왔던 소셜 네트워크에 대해 논의했다. 그 후 석 달에 걸쳐 이들 네 명은 저커버그의 기숙사에서 여러 번 만났으며, 웹사이트에 관해 50차례나 이메일을 교환했다. 하지만 그들 형제와 나렌드라 모르게 저커버그는 비밀리에 다른 소셜 네트워크를 시작하고 있었다. 사실 저커버그는 그들의 세 번째 만남(2004년 1월 15일)보다 나흘 앞선 1월 11일에 이미 'thefacebook.com'이라는 도메인명 등록을 마친 상태였다.

3주 후인 2004년 2월 4일에 페이스북 서비스가 시작되었다. 캐머런, 타일러 그리고 디비아는 교내신문인 「하버드 크림슨」을 읽으면서 처음으로 이 사실을 알게 되었다. 캐머런은 이메일로 저커버그에게 따졌다. 저커버그는 '이 문제로 만나 의논하기를 원한다면 단둘이 만날 용의가 있다'고 답변을 보내 왔다. 하지만 캐머런은 회복되기 어려운 수준으로 신뢰에 상처를 입었다고 생각하고 무시했다. 그렇게 야비한 행동을 할 수 있는 사람과 논한다는 게 무슨 소용이 있겠는가? 캐머런이 그때 가능하다고 생각한 유일한 조치는 시스템에 의존하는 것이었다.

먼저, 하버드 교무처와 총장인 래리 서머스에게 청원하기로 했다. 이를 통해 하버드 학생 행동 수칙에 명시된 자율 조항을 스스로 준수하게 하고, 혹여 청원이 실패할 경우 법정으로 가는 게 순서라고 생각했다. 그리고 이제 4년의 세월이 흘러 여기에 이르렀다.

캐머런은 테이블에 다가가 커다란 몸을 의자에 내려놓고 고개를 들었다. 입가에 어색한 미소가 피어났다. 표정 없는 얼굴을 읽어 내기란 매우 힘든 일이다. 하지만 캐머런은 저커버그가 앞으로 몸을 흔드는 모습과 테이블 아래로 다리를 꼬고 있는 자세에서 초조해하는 감정을 일부나마 느낄 수 있었다. 놀랍게도 그는 트레이드마크인 회색 후드티셔츠를 입지 않고 있었다. 어쩌면 마침내 그가 이 일을 심각하게 받아들이고 있는지도 모른다. 저커버그는 캐머런에게 고개를 끄덕이며 일종의 인사를 건넸다.

이후 10분 동안 캐머런이 말을 이어갔다. 캐머런은 화해의 메시지로 시작했다. 하버드 이후 수년간 마크가 이룬 업적에 대해 축하하며, 그가 어떻게 하버드 학생들끼리의 소그룹이던 학내 전용 소셜 네트워크(thefacebook.com)를 전 세계인의 글로벌 페이스북으로 이끌었는지, 그리고 이제 학교와 학교, 나라와 나라를 넘어 백만 명의 가입자에서 몇십억 명의 가입자가 생겼고 그리고 종국에는 지구 인구 5분의 1 이상이 사용하게 되었다고 이야기했다. 그리고 페이스북을 사용해 본 사람들은 기꺼이 정기적으로 자신들의 성향, 사진, 좋아하는 것, 사랑, 삶을 네트워크에 공유하길 원하며 이와 같은 추세는 전혀 수그러들 기미가 없다고 말했다.

캐머런은 뻔한 말을 자제했다. 그와 타일러 그리고 디비아는 페이스북이 원래 자신들의 아이디어, 즉 처음에 하버드 커넥션 Harvard Connection으로 부르다가 후에 커넥트유ConnectU로 이름을 바꾼 웹사이트에서 나왔다고 강하게 확신했다. 이 웹사이트는 대학생들로 하여금 서로 온라인으로 연결할 수 있도록 만든 소셜 네트워크였다. 캐머런과 타일러와 디비아는 이를 통해 캠퍼스 경험의 한계를 해결하려고 노력했다.

대학 1학년은 사람들을 하나로 섞여 어울리게 하는 기간이었다. 신입생 주간 동안 디비아는 캐머런을 캠퍼스에서 우연히 만났고, 그를 기숙사로 초대해 전자 기타를 연주하며 함께 어울렸다. 그날 이후 그들은 빠르게 친구가 되었다. 하지만 시간이 지나고 모두가 점점 바빠지면서 이런 뜻밖의 재미있는 만남들은 캠퍼스에서 사라지는 듯했다. 교우관계가 기숙사, 운동 그리고 전공을 넘어서서 확장되기가 어려워졌다. 이들 형제와 디비아는 이를 안타까워하며 개선해 보려 했다. 하버드 커넥션(커넥트유), 즉 가상 캠퍼스 안에서 그들은 오프라인 세상에서 존재하는 물리적 장벽과 견고하고 넘어서기 어려운 사회적, 문화적 장벽을 캠퍼스 온라인을 통해 재구성하고 싶어 했다. 1학년 때의 경험이 다시 시작될 수 있을 것이라고, 그리고 학생들도 젊음이 더 이상 낭비되어서는 안 된다는 것을 알고 있기에 참여가 활발할 것이라고 예상했다.

2003년 봄, 코드베이스는 거의 완료 단계에 이르렀다. 그들의 초창기 프로그래머였던 산재이 마빈커브는 졸업하여 캘리포니아 마운틴 뷰에 있는 구글로 취업했다. 그래서 코드베이스 완성을 도와줄 다른 누군가를 찾아야만 했다. 여름이 끝날 때까지는 빅터 가오가 도와주었지만 그는 학기가 시작되면서 졸업 논문으로 너무 바빠 일을 계속할 수 없게 되었다. 그래서 빅터 가오는 2학년 중에 신사업 프로젝트에 관심 있는 컴퓨터공학 전공자를 그들에게 소개해 주었다.

이 시점까지 하버드 커넥션, 즉 커넥트유의 코드베이스는 이메일 주소의 도메인명에 따라 사용자들을 편성하도록 만들어져 있었다. 예를 들어 사용자가 'Havard.edu' 메일 주소로 등록하면 그들은 자동적으로 하버드 네트워크에 편성된다. 이는 모든 사람을 하나의 거대한 네트워크로 묶을 때 생길 혼란에 질서를 가져올 것이다. 러시아 인형처럼, 커넥트유는 더 작은 네트워크들의 네트워크가 될 것이며, 차례대로 더 작은 네트워크로 이어져 종국에는 개인 사용자까지 연결하게 되는 것이다.

디비아와 쌍둥이는 개인의 이메일 주소가 그들의 신분을 입증하는 좋은 방법일 뿐만 아니라 사람들의 실제 소셜 네트워크 생활을 위한 대안이라고도 생각했다. 즉 이메일 주소가 가상의 여권이 되는 것이다. 하버드 교무처장은 오직 하버드 학생들에게만 '@harvard.edu' 이메일 주소를 발행하고, 골드만삭스는 오직 골드만삭스 직원들에게만 '@goldmansachs.com' 이메일 주소를 발행한다. 만일 당신이 이 중 하나의 이메일 주소를 갖고 있다면 어떤 상태든지 실제 생활 안에서 이들 네트워크의 한 부분을 형성하고 있다는 뜻이다. 이런 체계는 다른 소셜 네트워크, 즉 프렌드스터Friendster와 마이스페이스Myspace에는 없는 투명성을 부여한다. 이는 사용자들이 서로를 찾기 쉽게 구성하고 또한 의미 있는 방법으로 연결하게 될 것이었다. 그것은 사실 그들이 고용한 컴퓨터공학 전공 2학년이 곧 세계적인 명성과 인터넷 우위를 차지하게 해 줄 웹사이트와 같은 프레임이었다.

쌍둥이의 의견에 따르면, 마크 저커버그가 익숙한 유일한 네트워크는 컴퓨터 네트워크였다. 그들과 일을 할 때만 해도 저커버그는 사람들보다 컴퓨터와 대화하는 것을 훨씬 편안해하는 게 분명했다. 이런 측면에서 보면 세상에서 가장 큰 네트워크의 탄생은 사실 저커버그 머릿속 아이디어만으로는 이루어지기 힘든, 윙클보스와 저커버그와의 결합의 산물로 보는 것이 더 합리적이다. 외로운 천재가 혼자서 매우 빛나는 뭔가를 만들었다고 하는 것은 할리우드 영화 속에나 있는 신화일 뿐이다. 실제로 세상의 위대한 회사들은 모두 애플Apple의 잡스와 워즈니악, 구글Google의 브린과 페이지, 마이크로소프트Microsoft의 게이츠와 앨런과 같은 역동적인 짝들이 있었다. 캐머런은 이 목록에 저커버그와 윙클보스 혹은 윙클보스와 저커버그가 포함되어야 했다고 믿었다.

회의실 테이블에 앉아서 캐머런도 저커버그가 한 일들이 진실로 인상적이었다고 스스로 인정해야 했다. 그들에게서 무엇을 빼앗아 갔든지 간에, 그는 이를 진정한 혁명으로 성장시켰다. 수퍼컷*에서 자른 듯한 스포츠형 헤어스타일의 왜소하고 창백한 이 젊은이가 세상을 변화시켜 왔다. 캐머런은 저커버그가 만들어 낸 것이 얼마나 놀라운 일인지 모르겠다며, 아마도 한 세대에 한 번밖에 없을 일종의 혁신이었다는 이야기를 했다.

캐머런이 말을 멈추자 저커버그도 칭찬을 보탰다. 그는 캐머런과 타일러가 하버드에서의 전미 조정 경기 우승자로 또 지금은 미국 올림픽팀 일원으로 이번 하계 베이징 올림픽에서 금메달 경쟁을 하게 된 것을 인상적으로 생각하는 듯 보였다. 그 모습은 이상하게도 캐머런에게 그들이 하버드 식당에서 처음 만났던 소심한 아이를 생각나게 했다. 잠시라도 그들의 세계에 발을 디딜 수 있게 되어 기뻐했던, 사교성이 서툰 컴퓨터광을 말이다.

캐머런은 칭찬을 이어가면서 어두운 생각들을 몰아내려고 최선의 노력을 다했다. 그가 「하버드 크림슨」에서 저커버그의 웹사이트에 대해 처음 읽었을 때 어떤 느낌이 들었는지 기억하지 않으려 했다.

.....
* 프랜차이즈 헤어숍.

그런 생각들은 아무런 도움이 되지 않는다.

지금 그런 건 중요치 않다.

자신의 동생과 메모장에 무언가를 열심히 적고 있는 회의실 밖의 변호사들을 바라보며 캐머런은 자신의 감정을 다스렸다.

"마크, 지난 일은 잊어버리고 이제 싸움을 끝내자. 우린 우리가 페이스북을 만들었다고 말하려는 게 아니야."

"우리 합의해."

유머 시도인가? 캐머런은 확신할 수는 없지만 어쨌든 응수해 나갔다.

"우리가 100% 자격이 있다고 하는 게 아니야. 적어도 0% 이상은 자격이 있다고 말하는 거야."

저커버그는 고개를 끄덕였다.

"우리가 그 옛날 너에게 다가가지 않았어도 오늘 네가 여기에 앉아 있었을 거라고 정말로 단언할 수 있어?"

"난 네가 소송했기 때문에 오늘 여기 앉아 있는 거야."

"넌 내가 무얼 뜻하는지 알고 있잖아."

"나도 알아, 네가 무슨 생각하는지."

"우리는 우리의 아이디어를 갖고 너에게 갔지. 우리는 네가 모든 코드베이스에 접근할 수 있게 해 주었고. 난 네가 거기서 영감을 받았다는 사실을 바로 알았어."

"소셜 네트워크의 아이디어를 처음 떠올린 사람은 너도 아니고 나도 아니야. 프렌드스터와 마이스페이스는 페이스북 이전에도 이미 있었지. 그리고 내가 마지막으로 확인했을 때 마이스페이스의 톰은 나를 소송하지 않았어."

피곤하고 짜증이 났다. 캐머런은 굳은 손가락으로 회의실 탁자를 눌렀다. 그는 머릿속으로 노를 물속으로 끌어당기고 끌어당기는 모습을 그렸다.

"이건 영원히 이어질 수도 있어. 그건 우리 모두에게 이득이 없고. 나도 사람이고, 너도 사람이야. 우린 함께 달려야 하는 일행이 있어. 난 올림픽팀도 만들어야 하고."

"다시 말하지만, 그건 나도 동의해."

"이렇게 왔다 갔다 하기에는 인생이 너무 짧아."

저커버그는 잠시 멈추고 유리창 뒤편으로 변호사를 가리켰다.

"저들은 동의하지 않을지도 몰라."

"우리, 합의점을 찾아보자. 그리고 악수하자. 그리고 앞에 놓여 있는 큰일을 위해 나아가는 거야."

저커버그가 어느 한순간 캐머런을 쳐다보고 있었다. 그는 무언가 다른 말을 하려는 것처럼 보이다가 잠시 움찔하고 다시 살짝 미소를 지었다.

그리고 나서 저커버그는 로봇 같은 태도로 테이블을 가로질러 악수를 제안해 왔다. 캐머런은 온몸의 털이 쭈뼛 서는 것을 느꼈다. 정말로 이 일이 일어난 건가? 대화는 진척되지 않은 것 같았다. 그러나 그의 눈동자 너머로 저커버그의 변호사들이 유리창 밖에서 일어나는 걸 볼 수 있었다. 캐머런은 일어나 그와 악수를 나눴다. 그리고 페이스북 CEO는 더 이상 말없이 자리에서 일어나 문으로 향하였다. 캐머런은 헤아리기 어려운 그의 머릿속에 무슨 일이 일어나는지 전혀 알 수 없었다. 어쩌면 어떻게든 캐머런이 그에게 닿았고, 마침내 그는 윙클보스 쌍둥이가 마땅히 받아야 한다고 생각한 것을 주기로 결정했을지도 모른다.

아니면 저커버그는 중재 과정 중에 다른 생각으로 진을 치고 있던 회의실에서 그의 변호사들과 함께 물러났을지도 모른다.

"어떻게 되었어요?"

저커버그 측 변호사인 닐 채터지가 물었다.

"좋았어요."

"어떻게 좋은데요?"

"귀에 엿 먹을 만큼요."

02 | 성공할 가능성이 없다

2011년 9월 9일.

오전 5시.

이른 아침에 일어난 사람들만이 볼 수 있는 오렌지, 황토색, 황금빛의 햇살이 단풍나무 사이로 스며들어 굽이진 물결 위에 잔잔히 비치고 있었다.

"당겨, 더 힘차게!"

타일러가 체중을 얹어 노를 저을 때마다 몸 안의 모든 세포가 요동쳤다. 그의 넓은 어깨가 새 날개처럼 열리면서 완벽한 동작으로 연결되었다. 바로 앞에는 캐머런이 보조를 맞추었고, 두 개의 조정 좌석이 나란하게 움직였다. 멀리서는 부드럽게 움직이는 잘 통제된 이인조로 보이지만, 수정 같은 물을 가르는 카본 재질의 노에는 온통 힘줄과 땀과 때로 가득한, 그리고 멍들고 물집이 잡힌 찢긴 피부 밑에서 오르내리는 근육덩이가 매달려 있었다.

노가 물속으로 파고들면서 갑자기 밀려드는 파도 앞으로 보트를 밀어낸다. 이들 쌍둥이의 모습은 노를 밀어내는 근육의 움직임만 일치하는 것이 아니었다. 그들은 신체적으로 동일하였다.

그들은 서로의 완벽한 반쪽으로 태어났고, 그 이점은 그들이 올림픽에서 경쟁할 수 있는 세계 정상급 팀으로 성장하는 데 큰 도움이 되었다.

그러나 오늘은 아니었다. 이 기계가 완벽하지 않았다. 그들을 연결하는 보이지 않는 기어의 무언가가 눈에 띄게 이상했다.

쳐다보지 않고도 타일러는 바로 몇 미터 앞에 있는 결승선을 향해 갈매기처럼 나란히 활주하는 다른 다섯 척의 보트를 감지할 수 있었다. 해안에서 보면 거의 알아볼 수 없겠지만, 그의 자리에서는 그들이 가장 가까운 다른 팀보다 15센티미터 정도 뒤에 있음을 알 수 있었다. 아마도 아테네 올림픽 남자 8인조 조정 경기에서 금메달을 딴 팀보다는 1.8미터 내지 2미터 정도 뒤처져 있을 것이다. 그들은 3년 연속 전국대회에서 우승한 워싱턴 대학교 동문팀과 앞서거니 뒤서거니 하고 있었다. 동문팀은 결승선을 향해 전력으로 나아갔다. 타일러는 남아 있던 모든 힘으로 노를 당겼지만 부족함을 알고 있었다. 수 초 후에 경적음이 들렸고 모든 배들이 결승선을 통과했다.

경기는 끝났다.

쌍둥이팀은 최하위였다.

여섯 척은 몇 미터가 아닌, 몇 센티미터 차이로 승패가 결정되었을지도 모른다. 조정 경기는 그 결승선 앞 몇 미터 훨씬 이전에 이미 승패가 결정되는 게임이었다. 조정은 이기기 위한 경기가 아니라 잃지 않기 위해 관리해야 하는 경기다. 다시 말해 한 계점의 전쟁이다. 최악의 고통을 삼킬 수 있는 자들만이 결승선을 첫 번째로 통과한다. 그리고 몇 번이고 그 원천에 들어가는 것이 고통에 대한 인내심을 높일 수 있는 유일한 방법이다.

그들은 녹초가 되어 노 위에 털썩 주저앉았다. 격렬한 운동의 부산물인 젖산이 근육을 통해 분비된다. 그들 몸 안의 모든 세포에 불이 붙었고, 폐가 타오르고 있었다. 노를 젓고 남은 물웅덩이, 즉 보트를 경기장으로 이동시키기 위해 쏟아부은 에너지의 자국은 뉴저지 프린스턴에 있는 카네기호수의 수면으로 빠르게 사라져 갔다.

그들은 열기를 식히고 보트 창고로 돌아가야 한다는 것을 알고 있었지만, 지금은 몸은 고사하고 노를 저어 올릴 기운조차 없었다.

타일러가 말했다.

"연습한 셈 쳐. 다음에 우리가 되찾아 오자."

캐머런은 고개도 돌리지 않았다.

"우리가 몇 박자 빠르게 속도를 올렸으면 결승선의 바로 그 자리에 있었을 텐데."

그는 캐머런의 어조에서 그 아침의 패배가 그에게 (아마 둘 모두에게) 훨씬 더 무겁게 느껴지고 있음을 알 수 있었다. 확실히 이전 경주에서 좋지 않은 성적을 거두었다. 나쁜 습관이 무엇인지 파악하여 그 습관을 버릴 수 있도록 하는 능력은 조정에서 중요한 기술이다. 이 기술은 이들이 올림픽을 위해 훈련하는 동시에 세계에서 가장 큰 회사 중 하나를 상대로 소송을 제기할 수 있게 해 주었다. 그들이 노를 저을 때의 리듬이나 기술에 사소한 문제가 생기면 즉시 패배로 이어질 수 있기에 올림픽에 나가려는 선수들은 모든 종류의 젓는 방법에 숙달해야만 했다.

6킬로미터에 이르는 뉴저지 프린스턴의 카네기호수는 평평한 수면과 깨끗한 환경으로 수십 년 동안 올림픽 팀들을 위해 국가 훈련 센터로 지정된, 조정 선수 전용 연습장이었다. 모든 연습은 근육과 기술과 훈련 그리고 의지력의 조합으로 이루어진다. 승리는 말이 문제지 수레가 아니다.

카네기호수는 그야말로 조정 경기를 위해 만들어졌다. 1902년 이전, 프린스턴대학팀은 짐을 나르는 화물선과 유람선이 있는 델라웨어 운하 근처에서 연습해야만 했고, 선수들은 바쁜 운반선과 주말 취미 동호인들을 피해서 훈련하느라 힘들었다. 어느 날 우연히 전 조정 선수 출신 졸업생이 철강왕 앤드루 카네기의 초상화를 그려 달라는 부탁을 받았다. 그는 붓과 유화에 관심을 기울이는 대신 아이비리그 조정팀을 위해 호수를 만들자는 아이디어를 제공하였다. 그 아이디어에 고무된 카네기는 10만 달러 이상을 건설 프로젝트에 기부하였다. 조정 동문 몇몇의 도움으로 카네기는 그 지역의 모든 땅을 비밀리에 사들인 후 밀스톤 강을 막고 흙과 물을 옮겨 완벽한 조정 훈련장을 만들었다.

올림픽 대표팀이 유서 깊은 교육기관 중 하나인 프린스턴대학교 옆에 있는 사설 보호 수역의 가치를 알아보는 데는 시간이 그리 오래 걸리지 않았다. 미국 내 최고의 선수들이 훈련을 위해 100년이 넘은 보트 창고로 이어진 이 호수에 초청되었다.

타일러와 캐머런은 헤아릴 수 없이 많은 아침을 좁은 아치형 돌다리 밑으로 노를 저어 지나갔다. 이 돌다리는 케임브리지 찰스강에 있던 뱀처럼 꼬불꼬불한 다리를 떠올리게 했다. 거기에서 그들은 전설의 해리 파커를 만났다. 2000년에 그들은 하버드에 입학하였고, 파커는 하버드 남자팀을 40년 가까이 지도하고 있었다. 파커가 맡은 조정팀은 1964년 이래 매번 올림픽에 출전하였다. 쌍둥이는 이 전통을 따라 2008년 베이징 올림픽에 미국 대표 조정팀 남자 무타 페어로 출전하였다.

하버드 재학 시절 동안 이들은 내셔널 챔피언십을 한 번도 놓치지 않았다. 왼손잡이인 캐머런은 6번 자리를 담당했고 오른손잡이인 타일러는 그의 뒤편 5번 자리에 앉았다. 8인조 보트에서 그들의 자리는 보트의 중심에 해당하는 '엔진룸'으로 가장 크고 가장 힘이 센 선수가 담당하는 자리였다. 대학신문 스포츠 기자는 이들을 '트윈 타워"라고 불렀다. 또 다른 멤버들은 '갓 스쿼드"'라고 별명을 지었다. 왜냐하면 멤버들 중 몇 명은 독실한 기독교인이었고 또 몇 명은 형제가 신처럼 대단하다고 생각했기 때문이었다.

갓 스쿼드는 1970년대 중반의 '루드와 스무스' 이후 하버드에서 가장 유명한 선수들이었다. '루드와 스무스'는 유연한 노 젓기와 무례한 행동에서 나온 별명으로, 관련된 책으로는 데이비드 핼버스탬의 책 『아마추어들The Amateurs』이라는 평전이 있다. 이들은 많은 인기를 누렸으며, 올림픽 경기에 나갔고 몇몇은 선수 생활 이후에도 크게 성공하였다. 6번 자리였던 딕 캐쉰은 뉴욕 시내 사모펀드 회사로 큰 부자가 되었다. 그는 해리 파커 보트 창고 설립을 위한 기금을 모았으며, 조정 선수뿐만 아니라 일반인도 이용할 수 있는 지역 보트 창고를 만들었는데, 이는 하버드 남녀 보트 창고인 뉴월과 웰드로부터 떨어진 찰스강 상류에 위치하고 있다.

쌍둥이의 고등학교 조정 코치는 1997년 그들이 고등학교 1학년이었을 때 『아마추어들』을 선물하였다. 수년 뒤에 쌍둥이가 하버드에 지원한 것은 우연이 아니었다. 그들이 2000년 하버

.....
* 뉴욕시의 세계무역센터로서 쌍둥이 고층 빌딩을 가리킨다. 2001년 9·11 테러로 파괴되었다.
** 하느님의 선수단

드에 들어갔을 때 그들도 언젠가 이 전설적 선배의 발자취를 따르기를 희망했다.

그들은 그 길을 따랐다. 갓 스쿼드는 재학 시절 한 번도 패하지 않았다. 아니, 압도적으로 우승했다. 그들은 정말 빨랐다. 스위스 루체른 세계대회에서 6등을 하였으며 영국, 프랑스 8인조 남자팀을 이겼다. 루체른 이후 그들은 헨리 로얄 레가타 대회에서 영국 시즌 정상팀과 겨뤘는데, 테니스로 치면 윔블던 대회, 승마로 치면 애스콧과 맞먹는 대회였다. 헨리 대회에서 갓 스쿼드는 그랜드 챌린지컵 결승전에 가려는 케임브리지 대학교를 이겼다. 이어 네덜란드 올림픽팀에 도전하였지만 보트 길이 3분의 2 수준의 차이로 지고 말았다. 한 달 뒤에 그 네덜란드 8인조 남자팀은 그리스 아테네 올림픽에서 은메달을 차지했다. 이것은 갓 스쿼드가 얼마나 빨랐는지, 그리고 대학 조정 경기 역사의 신전에 얼마나 위대한 불멸의 강자로 남았는가를 반증한다.

2004년 하버드를 졸업한 이후 미국 조정 국가대표팀이 되었고, 그들의 연습 장소도 찰스강 기슭에서 카네기호수 기슭으로 이동했다.

아마도 찰스강보다 카네기호수가 더 훌륭한 경기장이었을 것이다. 불행하게도 이것이 아침의 패배를 더 쉽게 받아들이게 만들지는 못했다. 타일러에게 의미 없는 경기는 없었다. 패배는 생생하게 느껴졌다.

런던 올림픽이 10개월 앞으로 다가왔다. 그들은 밤낮으로 훈련할 수도 있었으며, 전에 도달해 봤던 극한까지 그들의 몸을 밀어붙일 수도 있었다. 심지어 메달을 딸 수 있을 만큼 충분히 컨디션을 끌어올릴 수도 있었다. 메달은 믿을 수 없는 영광이자 진정한 승리일 것이며, 아무도 바꾸지 못할 것이다. 그들이 누구였고, 세상에 어떻게 보였는지와 관계없이 말이다.

그들은 이미 부당하게 재단당했고, 다시 재단당하고 있다. 먼저, 처음부터 그들에게 불리하다고 믿었던 법원 제도에 의해서였다. 그리고 두 번째로 여론에 의해서였다. 영화는 그들의 이미지를 희화화하여 이야기를 전달했고 이로 인해 대중들은 그들이 어떻게 생겼는지, 그들이 뭘 상징하는지를 가지고 제멋대로 개념화시켜 받아들였다.

그들만이 진정한 이야기가 무엇이고 또 캐머런이 유리 우리 안에서 일대일 미팅을 어떻게 진행했는지 알고 있다. 그들은 눈 깜짝할 사이에 이겼다.

"6천5백만 달러!"

그들의 변호사인 칼라마리가 외쳤다. 그는 한 손에는 손으로 적은 한 페이지짜리 합의문 제안서를, 또 다른 한 손에는 피자를 들고 있었다.

"믿을 수 없어요! 믿을 수 없는 일이야!"

그가 쌍둥이에게 합의문을 흔들 때 피자 가장자리에서 치즈가 녹아내리고 있었다. 캐주얼 차림의 변호사는 합의서에 흥분하고 있었다.

타일러는 칼라마리 손에 매달려 있는 합의서를 쳐다보고 있었다. 6천5백만 달러는 큰돈이다. 저커버그의 150억 달러와 커지는 파이 조각을 나란히 놓기 전까지는 말이다.

"여기 뭔가 빠진 게 있어."

타일러가 시작했다. 칼라마리가 끼어들려고 할 때 피자 조각이 너무 세게 흔들려 그의 손가락에서 벗어나 쌍둥이를 향해 날아갈 것 같았다.

"지금 장난합니까? 이건 2월의 크리스마스예요. 그가 합의에 동의했잖아요. 엄청난 행운이라고요!"

타일러는 자기만큼이나 화나 보이는 캐머런을 바라보고 있었다. 분명 저커버그는 합의를 제안했다. 그는 고집이 셌지만 아마 항상 합의할 생각을 하고 있었을 것이다. 어쩌면 재판 전날까지 기다리다 법정 계단에서 합의하려고 했을지도 모른다. 비록 페이스북 CEO가 윙클보스 쌍둥이의 주장을 타당하다고 생각하지 않더라도, 쌍둥이는 항상 자신들이 충분히 자격을 가지고 있다고 생각했다. 주변에서 확보한 증거만으로도 충분했으며 거기다 많은 이메일도 있었다. 그 증거들은 그를 끈으로 묶어 사람들 앞에 세워 단단히 타격을 주기에 충분했다. 공판을 고려하기에는 위험이 너무 많았다. 사기 혐의는 열두 명의 배심원에게 맡길 만한 사안이 아니었다. 설상가상으로 저커버그는 상대방이 자신의 컴퓨터 하드드라이브에 대한 포렌식 확인, 즉 전자 이미지 추출을 추진하고 있다는 것을 알고 있었다. 바로 하버드에서 저커버그가 사용하던 그 컴퓨터 말이다. 나중에 밝혀진 일이지만, 저커버그는 그런 일이 발생하도록 내버려 두지 않을 충분한 이유가 있었다.

페이스북은 괴물이자 실리콘밸리의 진정한 유니콘 기업*이었다. 가입자가 하루에 백만 명씩 늘고 있었다. 저커버그는 이제 국제적으로 유명인이 되었으며 세상에서 가장 빠르게 성장하는 기업의 젊은 CEO가 되어 가고 있었다. 당연하게도 곧 기업 공개가 예정되어 있었고, 저커버그나 회사의 이사회가 그 전에 해야 할 마지막 일은 회사의 치명적인 문건들을 찾아내어 정리하는 일이었다.

저커버그는 그런 과정이 어디로 이어질지 알아야 했다. 대학교

.....
* 기업 가치가 10억 달러 이상이고 창업한 지 10년 이하인 비상장 스타트업 기업

　　　　　　　　　　　비트코인 억만장자의 신화

때 그가 쓰던 컴퓨터 하드드라이브에는 그가 보냈던 일련의 중요한 인스턴트 메시지가 저장되어 있었다. 몇몇 기록 중 그의 재능 있는 친구이자 칼텍에서 컴퓨터 프로그램을 전공했으며 지금은 페이스북의 최고 기술 경영자인 아담 디엔젤로와 나눈 이야기가 있었다. 이런 메시지들은 법원 명령에 따라 진행된 저커버그의 하드드라이브 포렌식 분석에서 발견되었지만, 그의 변호사인 닐 채터지는 이제껏 제출하기를 거부하고 있었다. 이는 '슈뢰딩거의 고양이''의 전형으로서 이런 메시지들은 합의만 하면 존재하지 않게 된다. 하지만 그가 계속해서 합의를 거부하는 한 존재하게 된다. 설사 보호 명령을 받고 반대편으로 보내진다 해도 지워질 수 없는, 영구적으로 기록된 매체가 인터넷에서 발견되지 않을 거라는 보장이 없었다.

물론 결국 저커버그의 두려움은 실현되었다. 다행히도 그 실체는 그가 쌍둥이와 합의한 수년 뒤에야 밝혀졌다. 「비즈니스 인사이더」''의 특별 추적 전문기자인 니콜라스 칼슨은 저커버그의 수많은 인스턴트 메시지를 확보하였다. 나중에 이 메시지는 「뉴요커」에 보도되었고, 추후 저커버그에 의해 사실로 확인되었다. 어떤 메시지에서 저커버그는 디엔젤로에게 하버드 커넥션/커

.....
* 양자역학의 원리를 설명하기 위한 예화로, 상자 속 고양이의 생존여부는 오직 관측행위에 따른다고 설명한다.
** 미국의 비즈니스 및 기술 뉴스 웹사이트

넥트유 웹사이트에 관해 얘기하면서 자신이 타일러와 캐머런 그리고 디비아를 위해 일하고 있다고 했다. 「비지니즈 인사이더」에서 칼슨이 보도한 바에 따르면, 저커버그는 디엔젤로에게 이렇게 말하였다.

그래, 너도 내가 어떻게 데이팅 사이트를 만들고 있는지 알잖아. 난 그게 페이스북과 얼마나 비슷한지 궁금해. 비슷한 시기에 출시될 가능성이 높기 때문이지. 내가 데이팅 사이트 사람들을 엿 먹이고 내가 그 일을 끝내겠다고 말하기 전에 그만두지 않는다면 말이야.

거기서부터 저커버그의 생각이 더 엇나가기 시작했다.

또 난 다른 사람들을 위해 일하는 게 정말 싫어. 하하. 남 밑에서 일하는 게 싫은 것처럼 말이야. 페이스북을 끝내고 마지막 날까지 기다린 후 "너희들 건 내 것보다 괜찮지 않은데? 너희가 내 것에 동참하고 싶다면 나중에 도와줄 순 있어"라고 말하는 게 나은 것 같아. 내가 너무 이기적인가?

디엔젤로는 나중에 저커버그에 어떻게 윙클보스 쌍둥이와 합의를 진행할 것인지를 물었다.

그는 이렇게 답했다.

난 아마 그들을 엿 먹이겠지. 아마 올해 안에 말이야.

법적으로 볼 때 인스턴트 메시지는 애매한 면이 있었다. 명백한 증거는 아니지만 여전히 위험했다. 그 당시 저커버그의 도덕적 윤리관을 고려해서 보면 이 인스턴트 메시지는 더더욱 문제가 될 소지가 있었다. 또 다른 인스턴트 메시지에서 친구에게 말한 걸 보면 이러했다.

너는 비윤리적일 수 있지만 여전히 합법적일 수는 있지. 그게 내가 살아가는 방식이야.

미래 페이스북 주주들을 충분히 우려하게 만들 수 있는 철학을 보여 주는 대목이다. 대학 이후 여러 해에 걸쳐 그가 변했다는 건 의심의 여지가 없다. 어떻게 아무 변화 없이 문제를 해결하고 나아갈 수 있으며, 어떻게 이 모든 걸 아무도 모르게 비밀에 부칠 수 있겠는가? 나중에 「뉴요커」 잡지에서 그는 자신의 메시지 내에 있던 의견에 대해 진실로 후회한다고 말했었다. 그러나 메시지들은 일부분에 불과했다. 메시지에 동반된 행동들이 있었다.

윙클보스 쌍둥이가 그에게 접근하기 전 그는 대담한 모험을 했다. 바로 '매력적인가 아닌가Hot or Not' 웹사이트의 하버드 버전인 '페이스매쉬닷컴facemash.com'이었다. 이 사이트는 온라인 하버드 디렉토리에서 동의 없이 하버드 여학생들의 사진을 스크랩하고 페이스매쉬닷컴에 사진을 한 번에 두 장씩 나란히 게시하여 웹 사이트 방문자가 누가 더 매력적인지를 평가할 수 있게 했다. 이 사이트는 본인들의 동의도 없이 하버드 인명부에서 여학생들의 사진을 몰래 가져다가 농장의 동물 사진들처럼 나란히 서로 비교했다. 이는 하버드 컴퓨터 네트워크 보안 규정과 초상권 침해 그리고 개인 프라이버시 침해로, 저커버그는 거의 퇴교 수준의 징계를 받았으며 결국 퇴학으로 끝났다. 2004년 2월 4일 저커버그의 페이스북 시작 이후 쌍둥이와 그들의 친구인 디비아는 커넥트유를 마무리해 줄 프로그래머를 찾느라 부산했으며 마침내 그해 5월 21일에 개통을 했다. 저커버그는 그의 동급생들을 속이는 데 만족하지 않고, 또 그는 이미 선두 주자로서 여유가 있었음에도 불구하고 모욕에 상처를 더하기로 작정한 것으로 보였다. 「비즈니스 인사이더」에 보도된 대로 그는 디엔젤로에게 다음과 같이 보냈다.

우린 그들(커넥트유) 시스템의 결점을 이용해 또 하나의 캐머런 윙클보스 계정을 만들었어. 우리는 그의 계정을 복사해서 프로필을 썼고, 내가 백인 우월주의자처럼 꾸며낸 것만 빼면 모든 내용을 그대로 똑같이 넣었어.

저커버그가 캐머런을 사칭하여 만든 가짜 계정은 캐머런을 향한 단순한 인신공격이 아니다. 그가 커크랜드 식당에서 쌍둥이를 만난 순간부터 두 사람을 어떻게 보고 판단했는지를 보여 주는 명백한 증거다.

캐머런 윙클보스

홈타운: "난 빌어먹을 특권층이야. 내가 어디 출신이라고 생각해?"

고등학교: 넌 그 이름을 말하는 것조차 허락되지 않아.

인종: 너보다 나아.

키: 2m 23cm

체형: 탄탄하지.

머리카락: 아리안 금발

눈: 스카이블루

좋아하는 인용구절: 홈리스는 종이 클립 무게만큼의 가치밖에 없다. 난

흑인을 싫어해.

언어: WASP-y*.

클럽: 아버지가 나를 포슬린**에 넣어 줬어

관심사항: 아버지 돈을 탕진하는 것

쌍둥이의 말대로, 저커버그가 본래 자기가 도와주기로 했던 그 웹사이트를 정말로 해킹했다면 그는 남몰래 연방법을 어긴 것이나 다름없다. 가짜 프로필은 시작에 불과했다. 나중에 그는 인스턴트 메시지로 재미 삼아 더 많은 커넥트유 코드를 해킹하고 사용자 계정을 폐쇄했다고 자랑했다.

그러고도 더 많은 것이 있었다. 2004년 봄에 캐머런이 「하버드 크림슨」의 이메일 박스에 저커버그의 이중적 행동에 관한 메일을 보냈다. 이 내용을 조사하기 위해 팀 맥긴 기자가 임명되었다. 팀은 그들의 이야기를 듣고자 캐머런과 타일러와 디비아를 만났다. 또 리뷰를 위해 캐머런과 저커버그에게 이메일을 보냈다. 그런 다음 팀은 이야기를 들으려 저커버그에게 접근했다. 캐머런은 나중에 저커버그가 「하버드 크림슨」 사무실에 가서 팀과 편집자인 엘리자베스 시어도어에게 이 내용이 나가지 못하도록

……
* White Anglo-Saxon Protestants. 백인 앵글로-색슨 개신교도를 의미하며, 파워 엘리트를 형성한 상류사회 즉 북동부 특권 계층의 사람들을 가리킨다.
** 하버드 내 남성 전용 사교 클럽 중 하나

비 트 코 인 억 만 장 자 의 신 화

막으려 했다고 들었다. 그럼에도 맥긴과 시어도어가 계속 조사하자 저커버그는 맥긴의 하버드 이메일 계정을 해킹하여 조사 진행 여부와 이야기를 확인했다.

캐머런이 알게 된 것처럼, 저커버그는 페이스북 데이터베이스 자료를 악용하고, 사용자들의 신뢰와 프라이버시를 침해하며 맥긴의 이메일을 해킹했다. 더 구체적으로 말하자면, 맥긴이 하버드 이메일에서 사용했던 것과 같은 비밀번호를 여기서도 사용할 거라는 생각에 페이스북 데이터베이스에서 맥긴의 페이스북 계정 비밀번호를 찾아본 것으로 보인다. 그는 또한 맥긴이 실패한 모든 로그인 흔적들을 점검했다. 맥긴이 페이스북에 로그인할 때 하버드 이메일 비밀번호를 사용할지도 모른다고 생각했기 때문이다. 수많은 맥긴의 개인 정보들이 페이스북에서 쏟아져 나왔다. 저커버그는 맥긴의 계정에 들어가 캐머런, 타일러 그리고 디비아와 주고받은 이메일을 포함해 그의 모든 메일을 읽을 수 있었다.

저커버그는 또한 맥긴과 시어도어가 주고받은 이메일 안에서 하버드 크림슨 사무실에서의 만남을 어떻게 시어도어가 평가했는지도 알게 되었다.

"저커버그는 질이 안 좋아 보여요. 질문했을 때 좀 애매하게 답한 것도 있고요. 그리고 그 웹사이트에 대해서는 정말 이상하게 반응하더라고요."

저커버그의 커넥트유 해킹은 대학 영역을 벗어난 법적 이슈라 하더라도 같은 하버드 학생의 계정을 해킹한 것은 그렇지 않았다. 사실 그는 하버드 컴퓨터 보안 규정도, 사생활 보호 규정도 어겼다(이것은 페이스북 자체의 보안 규정과는 별도이지만). 게다가 그는 이미 그해 학기 초에 페이스매쉬닷컴 사건으로 비슷한 곤경에 처해 있었다.

그 당시 하버드는 저커버그의 추가 위법 사항을 모르고 있었다. 그러나 몇 년 뒤에 저커버그의 두 번째 위법이 드러났다. 그러나 그는 이미 2학년 이후 페이스북을 운영하려고 무기한 휴학을 신청해 학교를 떠나 있었다. 하버드는 이 해킹에 대해 어떤 공적 조치도 취하지 않았다.

종합해 볼 때 대학 시절 저커버그가 사용하던 컴퓨터 하드드라이브가 존재한다는 것은 그가 결코 소송전에 뛰어들지 않을 거라는 걸 의미했다. 쌍둥이에 관한 인스턴트 메시지들이 천재 CEO의 뛰어난 명성을 손상시키기 때문만이 아니다. 그보다는, 그가 창조한 혁명의 기초에 사람들이 의문을 제기할 것이기 때문이다.

하버드에서 누군가에 대한 정보가 필요하다면 그냥 물어 봐.

나는 이메일 주소와 사진 그리고 SNS가 4천 개나 있어.

사람들이 그냥 보냈지. 왜 그런지는 몰라. 그들은 '나를 믿었어.'

바보 같은 놈들.

대학생들 사이의 사적인 인스턴트 메시지들은 어쩌면 디지털 '라커룸 토크'라고 말할 수도 있다. 그러나 대학을 그만두고 '세상을 연결하겠다'는 사명을 가진 자가 수많은 개인 정보를 손에 쥐고 그런 행동을 했다는 점은 저커버그의 앞길을 영원히 가로막을 가능성이 있었다. 인스턴트 메시지들은 쌍둥이가 지속적으로 주장해 왔던 바를 확실하게 입증해 주었다. 저커버그는 고의로 그들에게 잘못을 저질렀다. 후드티를 입고 '멋진' 일을 말하는 호감 가는 괴짜 이미지는 그들이 알고 있는 마크 저커버그가 아니었다. 인스턴트 메시지에 남아 있는 잔인한 말과 행동은 쌍둥이에게 분노를 일으켰고, 그냥 쉽게 넘어가게 할 수는 없었다. 비록 법무팀의 입장에선 쌍둥이가 지금 승리한 것처럼 보였어도 말이다.

"이건 말도 안 되는 소리야."

타일러는 여전히 악필로 적은 합의문을 쳐다보면서 말했다.

"우린 정당한 지분을 받을 자격이 있어."

‥‥‥
* 운동선수들이 탈의실에서 나누는 매우 사적인 대화

칼라마리는 그의 축하 피자를 먹으며 활짝 웃고 있었다. 그는 퀸 엠마누엘 로펌 수석 변호사인 존 퀸에게 합의 결과를 자랑하는 통화를 막 끝낸 참이었다. 그들은 이해하지 못했다. 이 변호사들은 사실 많은 것을 이해하지 못했다. 칼라마리는 그들 선임 변호사가 중재가 시작될 때 준비해 놓았던 파워포인트 프레젠테이션을 할 줄도 몰랐다. 세상에서 가장 큰 테크놀로지 회사 중 한 곳과의 싸움을 담당하는 변호사가 컴퓨터를 거의 다룰 줄 모른다는 건 아이러니였다. 게다가 칼라마리는 여러 번 저커버그의 이름을 '저커버거'로 잘못 말했다. 이제 그들은 존 퀸과 함께 합의서에 잉크가 마르기도 전에 자축을 준비하고 있었다.

타일러에겐 결코 돈이 문제가 아니었다. 저커버그가 교묘하게 만든 캐머런의 가짜 프로필에서 지적하였듯이, 타일러와 캐머런은 부자로 태어났다. 하지만 저커버그가 몰랐던 사실은, 그의 아버지는 그의 땀과 두뇌, 그리고 인성으로 쌍둥이의 축복받은 어린 시절을 만들어 주었다는 것이다. 그의 아버지는 열심히 일한 독일 이민자의 후예로, 광부의 집안에서 자수성가한 사람이었다. 그리고 그는 가끔은 맹목적일 정도로 자식들에게 옳고 그름에 대한 인식을 강조하며 이를 일생의 사명으로 그들에게 각인시켜 왔다. 올바르지 않게 얻은 승리는 중요하지 않았다.

타일러는 6천5백만 달러의 현금만 갖고 그냥 갈 수 없었다.

"우리는 주식을 받을 거야."

그가 갑자기 말했다. 캐머런도 고개를 끄덕였다. 칼라마리의 안색이 창백해졌다. 그의 기름기 많은 피자 조각이 테이블에 떨어졌다.

"제정신이에요? 이런 비생산적인 일에 계속 투자하려고요?"

칼라마리는 믿을 수 없다는 표정으로 소리치다가 그의 동료들을 보며 어이없다는 듯 고개를 흔들었다.

곧바로 변호사들은 타일러와 캐머런을 설득하여 그들이 어리석고 제대로 미쳤다고 말하며, 돈을 받고 나가야 한다고 밀어 부쳤다. 변호사들은 가격이 오르락내리락하는 주식으로 보상받기를 원하지 않았다. 그들에겐 현금이 최고였다. 갑자기 로펌이 6개월간 기울인 노력의 결과로 받게 될 합의금의 20%인 1천3백만 달러가 불투명해진 것이다.

방 안에 있던 변호사 다섯 명 모두가 쌍둥이에게 간청했지만 바뀌지 않았다. 쌍둥이에겐 이게 시대를 거스른 잘못을 바르게 고치는 방법 같았다. 만일 그들이 페이스북의 공동창업자였고, 저커버그에게 밀려난 신세였다면 주식을 받았을 것이다. 많은 세월이 흐른 후, 이것이 부분적으로라도 그들이 시작했어야 할 곳으로 돌아갈 수 있는 기회였다. 하와이안 셔츠와 샌들을 신은 변호사 백 명이 와도 그들을 설득할 수 없었다.

결국 쌍둥이와 변호사는 6천5백만 달러 중 2천만 달러는 현금으로, 나머지인 약 4천5백만 달러는 주식으로 받기로 타협하였다. 어리석고 정신이 나간 듯한 쌍둥이의 이 결정은 결국 나중에 일생에서 가장 잘한 투자 중 하나로 입증되었다. 변호사들은 주가 상승을 보지 못했다. 페이스북이 상장된 이후 쌍둥이가 가진 4천5백만 달러의 주식은 엄청나게 올랐는데, 무려 15배 이상 올라 5억 달러의 가치가 되었다. 만일 퀸 엠마누엘이 6개월 수임료를 주식으로 받았다면 3억 달러의 가치가 되었을 것이다.

쌍둥이는 뉴저지 인공 호수 한가운데로 떠내려가는 보트에 앉아서 다른 보트들이 보트 창고로 향하는 것을 보고 있었다. 타일러는 그 싸움이 그들에게 끼친 피해를 분명히 알고 있었다. 영화로 인해 그들은 누구나 아는 유명인사가 되었으며, 싸움이 대중에게 공개될수록 그들은 법적으로, 그리고 대중에게서 더 많은 공격을 받게 되었다.

합의를 본 직후에 그들은 페이스북이 제3의 독립 기관에서 기업 가치 평가를 받은 것을 알게 되었다. 페이스북은 미국 국세청과 세법을 준수하기 위해 이 평가를 받았다고 하는데, 이 평가로 도출된 페이스북의 실제 주식 가치는 그들이 합의 시 사용했던 페이스북의 주식 가치의 4분의 1밖에 되지 않았다. 이건 또 다시 그들을 엿 먹이는 사기 아닌가? 페이스북은 주식 정산과 관련된 합의 기간 동안에는 이런 평가를 유보하고 있었다. 그들에게 이는 명백한 사기로 보였지만 페이스북은 어떤 것도 유보하거나 숨기지 않았다고 주장했다.

쌍둥이는 「비즈니스 인사이더」를 통해 알려진 인스턴트 메시지들과 주식 평가 문제 때문에 다시 소송을 재개하려 했다. 비록 이 노력은 캘리포니아 연방 판사에 의해 무산되었지만 나중에 9차 순회 상소심에서 다뤄지게 되었다. 그러나 두 법정 모두 쌍둥이의 주장을 받아들이지 않았다. 그 결과는 쌍둥이에게 놀라운 일이 아니었다. 그들은 이제 천억 달러 규모의 거대 기업 페이스북의 뒷마당에서 페이스북과 싸우고 있었다. 싸움은 더 커졌다. 쌍둥이와 저커버그만이 테이블에 앉아 있는 것이 아니었다. 오바마 대통령이 2008년 당선 이후 페이스북 본사를 방문했다. 부분적으로 저커버그의 사이트가 승리에 기여했기 때문이다. 그의 선거 운동은 '페이스북 세대'라고 불리는 수백만 명의 유권자들과 연결되었다. 덕분에 그는 '페이스북 대통령'이라는 칭호를 얻게 되었다. 오바마의 선거 참모 중 하나인 크리스 휴즈는 저커버그의 하버드 룸메이트였고, 캠프에 합류하기 전에 페이스북에서 마케팅과 커뮤니케이션을 담당하고 있었다. 이 모든 일은 저커버그가 '5억 명이 넘는 사람들을 서로 연결하여 사회적 관계를 형성시키고, 정보 교환의 새로운 시스템을 만들어 삶의 방식을 변화시킨 장본인'으로 2010년 「타임」지에서 올해의 인물로 표지를 장식하며 정점에 이르렀다.

캘리포니아에서 이런 테크놀로지계의 거물과 싸우는 것은 분명 유리한 기회를 얻기 어렵게 만든다. 쌍둥이는 자신들에게 상황이 나쁘게 흘러가는 데다, 저커버그에게 좋은 일만 시켜 준다는 것을 알았다.

그들은 저커버그가 첫 번째로 2004년에 페이스북이 된 그들의 아이디어를 훔쳤고, 두 번째로 소송 중에 인스턴트 메시지로 그들에게 회복 불능의 손실을 안겼으며, 세 번째로 합의서에 있는 주식 평가 금액을 속였다고 믿었다. 합의금은 받았지만 패자가 된 것이다.

잠재적으로 수억 달러의 가치가 있는 주식을 받았음에도 불구하고 쌍둥이는 패자처럼 느껴졌다. 저커버그는 그들에게 세 번씩이나 엿 먹인 꼴이 되었다. 그뿐만 아니라 소송이라는 법적인 방법으로 저커버그에게 도전한 것은 쌍둥이의 이미지에 커다란 타격을 주었다. 언론에서는 쌍둥이를 갈기갈기 찢어 비평했으며 블로그에서는 그들을 신 포도에 비유하며 야비하고 응석받이로 자란 부잣집 철부지로 평가 절하했다. 저커버그의 매우 극적인 배신이 언론에 알려질 때마다, 미디어는 엉뚱한 데를 보고 있는 것 같았다.

아스펜 재단이 주최한 「포춘Fortune」의 브레인스톰 테크 컨퍼런스에서, 전 하버드 총장인 래리 서머스는 공개적으로 윙클보스 쌍둥이를 '쓰레기들'이라고 저격하였다. 쌍둥이가 무엇을 잘못했나? 그들은 2004년 4월 저커버그의 이중적 행위에 대해 논의하러 총장 집무실에 갔을 때 재킷에 넥타이를 매고 참석했다. 총장은 그런 그들의 복장을 못마땅하게 여겼을 뿐, 저커버그의 행동에 대해서는 가볍게 생각했다. 그러나 쌍둥이는 저커버그의 행동은 명백한 '학생수칙 위반'이라고 믿었다. 특히 『하버드 학생 핸드북』에 구체적으로 기록된 '모든 학생은 하버드 공동체의 구성원을 대하는 데 있어서 정직하고 우호적이어야 한다'는 규정에 위배된다고 생각했다.

서머스의 공개 공격은 현직 하버드 교수로서는 말할 것도 없고 교육자로서도 너무 불공평하고 수치스러운 행동이었으므로, 쌍둥이는 당시 하버드 총장 드루 파우스트에게 서머스의 행동에 대해 우려를 담은 공개 서한을 보냈다.

3월에 우리(캐머런, 타일러, 디비아)는 총장 대기실에서 기다렸지만 지금 너무 많은 사람이 대기하고 있어서 다음 달에 다시 와야 한다는 말을 들었습니다. 2004년 4월에 우리는 사무실 근무 시간 내에 다시 방문하여 총장과 면담을 할 수 있었습니다.

그의 태도는 재치 있게 어려운 문제를 다룬다는 지금의 명성과 달랐습니다. 그의 사무실에 들어섰을 때 그가 책상에서 발을 떼고 의자에서 일어나기 싫다는 이유로 우리 세 명과 악수를 하지 않은 것이나 그의 성격에 문제가 있었던 것 때문이 아닙니다. 더 깊은 윤리적 질문인 하버드 명예 규칙과 이에 관한 적용 가능성이나 부족함에 관한 이야기를 우습게 여기던 그의 모습 때문입니다.

이제 우리는 왜 우리의 만남이 생산적이지 못했는지 더 잘 알게 되었습니다. 본인부터가 도덕적으로 행동하지 않는 사람은 다른 사람들의 도덕에도 관심이 없을 것입니다. 대학 교수들 사이에도 품위와 전문성에 있어 '능력 차이'가 있는 모양입니다. 그럼에도 불구하고 이 대학의 교수가 겉모습으로 학생들의 인격을 판단한다는 사실을 공개적으로 인정하는 것은 매우 안타까운 일입니다.

말할 필요도 없이 모든 학생은 자유롭게 문제를 제기하고, 자신이 적절하다고 생각하는 복장을 하며, 공동체의 동료 구성원, 특히 교수진으로부터의 편견이나 공개적인 경멸을 두려워하지 않고 자신을 표현할 수 있어야 합니다.

역설적이게도 그날 우리들의 복장 선택은 총장 사무실에서는 존경과 존중에서 나온 것입니다. 현직 총장으로서 교수와 학생 사이의 고유한 관계에 대한 전례 없는 배신에 대해 언급해 주시기를 정중히 요청합니다. 저희는 답변을 기다리겠습니다.

공개적으로 겉모습에 근거해 쌍둥이의 인격을 판단했다는 서머스의 인정에도 불구하고 미디어는 냉소적이었고 파우스트 총장은 쌍둥이의 편지를 한쪽으로 미뤄 놓고 그를 징계하기를 거부했다.

이를 보면 서머스의 하버드 총장 재임 기간이 짧았고, 그 기간을 많은 사람들이 실패로 평가한 건 놀라운 일이 아닐지도 모른다. 2005년 과학과 공학의 다양성에 대한 학술회의에서 서머스는 남성보다 여성이 선천적으로 과학 재능이 부족할지도 모른다는 발언으로 큰 소란을 일으켰다. 3개월 뒤 하버드 교직원들은 그의 리더십에 대해 '확신 없음'으로 표결하였다. 부임한지 1년이 채 되지 못한 2006년 2월 21일에 서머스는 사임하였다. 남북전쟁 이후 임기를 모두 채우지 못한 총장은 그를 제외하고 단 한 명도 없었다.

하버드 이후 서머스는 오바마 행정부에서 자리를 잡았다. 오바마 대통령은 그를 연방준비은행 의장으로 임명하려 했지만 대신 여성인 재닛 옐런이 선택되었다.

역설적이게도 페이스북이 서머스의 바로 앞 캠퍼스에 존재할 때 그는 초창기 페이스북의 잠재력을 높이 평가하지 않았고, 쌍둥이와의 만남에서 페이스북을 대수롭지 않은 학생 프로젝트로 무시했음에도 서머스는 스퀘어를 포함한 실리콘밸리의 몇몇 테크놀로지 회사 이사회에서 자신의 길을 간신히 찾을 수 있었다. 이는 2008년에 페이스북 최고 운영 책임자로 참여한 셰릴 샌드버그 덕분이었다. 그녀는 서머스의 학생이었으며 나중에 서머스가 오바마 행정부의 재무장관일 때 그를 도와 일했다. 어쩌면 서머스와 샌드버그의 친분이 윙클보스 쌍둥이를 배제하고 피해를 주는 데 한몫했을지도 모른다. 누가 알았겠는가?

캐머런이 보트 후미에서 말했다.

"우리가 이 경주에서 몇 번이나 이기든 그건 중요하지 않아."

그가 맞았다. 그들은 엄청난 돈을 벌었지만 세상에서는 패자였다. 그들이 또 다른 올림픽에서 경쟁한다 하더라도 누구의 마음도 바꿀 수 없다. 시상대에 선다 하더라도 어떤 만족감도 가질 수 없다. 그들은 그저 지는 석양을 향해 계속 노를 저은 바보 같은 조정 선수일 뿐이었다.

"사적으로 받아들이지 마세요. 이건 비즈니스입니다."

변호사 중 한 명이 그들에게 말했다. 이것은 저커버그가 그들에게 준 주식에 대해 묻기 시작할 때 나온 이야기다. 타일러에게 이건 저커버그의 인스턴트 메시지만큼이나 기분 나빴다. '너는 비윤리적일 수 있지만 여전히 합법적일 수는 있지.'

저커버그와 그들 사이에 비즈니스는 결코 없었다. 언제나 사적이었다. 그리고 그들은 졌다. 그들이 이 이야기를 바꾸고자 한다면, 그건 노젓기로는 할 수 없는 일이었다. 그들은 모든 게 시작되었던 그 자리로 돌아가 다시 시작할 필요가 있었다.

03 | 손상된 물건

    4주 후 샌프란시스코 공항에서 바로 실리콘밸리 중심에 도착해 택시에서 내리는 순간, 캐머런의 생각은 1,000rpm의 속도로 움직이고 있었다. 30분 거리지만 제때 도착할지 불확실한 101번 도로보다는 280번 도로로 가는 게 나았다. 그러나 캐머런은 택시의 뒷좌석에서 동생 옆에 앉아 뉴욕시에서 가져온 무거운 회사 홍보 자료를 살피느라 바깥 경치를 거의 보지 못했다.

    그들은 이제 공식적으로 올림픽팀에서 은퇴하고, 첨단 기술 기업가가 되어 실리콘밸리에 뛰어들었다. 하지만 몇 년 전의 저 커버그와 다르게 그들은 서쪽으로 이동하지 않았다. 그들이 맨해튼을 사업의 본거지로 택한 것은 당연했다. 맨해튼은 그들에게 친숙한 곳이었다. 그들은 뉴욕 외곽에서 자랐을 뿐만 아니라, 그들의 아버지는 대부분 뉴욕 기반인 포춘 500대 기업을 고객으로 하는 컨설팅 기업을 만들었다. 그들의 아이디어가 어디에서 나오든, 어디에 멋진 회사를 짓든, 뉴욕시는 세계 금융의 엔진이었다.

    요즘은 그들이 하는 모든 일이 뉴스거리였기 때문에, 플랫아이언 지구*에 벤처 회사인 윙클보스 캐피탈을 세우려고 사무실을 임대하였을 때도 「뉴욕 포스트」지의 부동산란에서 크게 다루어졌다. 엠파이어 스테이트 빌딩에서 몇 블록 떨어지지 않은 주요 상권 지역 내 5천 평방피트 사무실은 그들에게 확실한 존재감을 만들어 주었다.

엔젤 투자자**가 되는 것은 그들이 스타트업 시장에 다시 발을 들여놓을 수 있는, 그리고 그동안 그들이 떠안아 온 이야기의 결말을 바꿀 수 있는 가장 빠른 길로 보였다. 저커버그와의 싸움에서 공동 소송인이었던 친구, 디비아 나렌드라는 이미 다음 장을 시작하고 있었다. 로스쿨과 노스웨스튼 MBA를 마친 후 그는 새로운 기업인 섬제로SumZero에 올인하고 있었다. 이곳의 사용자들은 사진을 공유하는 대신에 투자 아이디어를 공유했다. 섬제로는 수십억 명의 가입자는 없었지만 이곳의 사용자는 수십억 달러를 갖고 있었다. 그 회사는 빠르게 세계 최대 규모의 네트워크가 되었고, 쌍둥이는 이에 대한 투자로 들떠 있었다. 그들은 생각했다. 얼마나 많은 디비아가 눈에 띄지 못하고 있을까? 당신이 창업가라면 병에 번개를 잡을 수 있는 기회가 한두 번쯤은 있겠지만, 세 번 이상은 없을 것이다***. 하지만 벤처 투자자는 투

.....
* Flatiron District, 실리콘앨리(Silicon Alley)로 불리는 뉴욕의 급성장하는 기술 중심 지역
** 아무런 조건 없이 기업가에게 초기 자금을 제공하는 투자자를 부르는 명칭
*** 벤자민 프랭클린은 번개의 전류를 잡기 위한 실험에 라이덴 병(Leyden jar)을 사용하였는데, 본문은 성공 확률이 거의 없는 어려운 일 또는 사업 계획을 일컫는 말로 사용하였다.

자할 자금이 있는 한 계속 번개를 쫓을 수 있었다.

캐머런과 타일러는 금융가 주변에서 성장했다. 그들은 돈이 회사의 생명을 살리는 피라는 걸 알고 있었다. 무엇보다 페이스북만 봐도 그렇다. 왈도 세브린의 천 달러, 그다음 페이팔PayPal 억만장자 피터 틸의 50만 달러가 없었다면 페이스북은 기숙사 내에서 몇 명의 아이들이 서로 장난치던 놀이 이상으로 결코 성장할 수 없었다. 저커버그가 페이스북에 필요한 엔지니어와 서버를 공급할 수 있도록 해 준 것은 돈이었고 결국 그는 세상을 지배하게 되었다.

캐머런은 주차장과 반만 열린 맥줏집 사이에 자리 잡은 다층 목조 건물의 입구에 이르렀다. 앞에 있는 밝은 색상의 건물 사인을 따라 코너로 갔다. 야자수 사진으로 장식되어 그들의 최종 목적지를 알리는 둥근 오렌지색 글자 '오아시스', 그 아래에는 약간 작은 글씨로 '버거&피자'라고 적혀 있는 간판이 보였다.

테크 벤처 투자자가 된 쌍둥이는 스스로 제2의 페이스북을 만들 수는 없어도, 찾을 수는 있을 것이다. 어쩌면 여기서 찾을지도 모른다. 캐머런은 내면에서 낯익은 전율을 느낄 수 있었다. 그들은 인생의 새로운 장을 열었고 멘로 파크 중앙에 있는 햄버거 가게 '오아시스'보다 더 좋은 출발점은 없을 거라고 생각했다.

캐머런은 투자자를 찾는 사업계획서 서류 뭉치를 가지고 택시에서 내렸다. 이때 타일러라면 심호흡을 하고 냉정해지자고 말했을 거라는 걸 그는 알고 있었다. 대부분의 사람들은 그들 쌍둥이 형제가 똑같다고 생각하지만, 사실 그들은 거울 이미지 쌍둥이였다. 수정란의 일반적인 기간보다 늦게 발달하여 9일차에야 분화가 시작되었던 것이다. 이란성 쌍둥이는 두 개의 별도의 정자와 난자가 만나 태를 형성하지만 일란성은 수정란의 난할 과정에서 발생한다. 일란성과 비슷하게 거울 이미지 쌍둥이는 하나의 정자와 하나의 난자로 수정되지만 분할에 더 오랜 시간이 걸린다. 정상적인 일란성 쌍둥이는 2일에서 5일차에 난할이 되지만, 거울 쌍둥이는 생물학적으로 가능한 오래 단일 상태였다가 10일을 지났을 즈음에 대부분 분할이 되거나 아니면 영원히 서로 붙어 있게 된다.

여느 일란성 쌍둥이처럼 거울 쌍둥이는 같은 외모를 지니지만, 특이한 점은 그들이 거울 앞에서 선 것처럼 서로 정반대라는 것이다. 만일 한 사람이 왼쪽 허벅지에 점이 있으면 다른 사람은 오른쪽에 있다.

한 권의 책이 두 페이지로 찢어진 것처럼 타일러는 오른손잡이에 좌뇌형으로서 분석적이고 계량적이며 전략적인 마인드를 지녔다면, 캐머런은 왼손잡이 우뇌형으로서 기술적이고 실무적이며 약간 바보 같기도 하고 예술적이며 때론 동정적이며 낙관적이었다.

타일러는 전체 층계를 보지만 캐머런은 계단을 보았다. 그리고 캐머런은 그들이 손에 갖고 있던 데이터를 넘어 상상력으로 빠르게 지나갈 수 있도록 하였다. 그들 중 누구도 자신을 시인으로 묘사하진 않았지만, 타일러는 흑과 백에 집중했으며 캐머런은 더 많은 색을 보려고 했다. 그들은 모두 직관적으로 창의적이었으며 자신들이 함께 뭔가 큰일을 할 수 있다는 걸 알고 있었다.

이제 그들은 페이스북과의 합의로 1억 달러 이상의 자산가가 되었기 때문에 그들이 왜 다시 시작하려고 애쓰는지 이해하는 사람은 거의 없을 것이다. 대답은 간단하다. 근본적으로 캐머런과 타일러는 하나였고 건설자였다. 아이 때는 레고를 만들었고, 10대 때는 웹 페이지를 만들었다.

저커버그는 그들을 단순한 바보들이라고 잘못 판단했지만, 그들은 열세 살의 나이에 스스로 HTML 코딩을 배웠고 여름방학엔 중소기업을 위한 웹 개발로 돈도 벌었다. 그 당시 고교에선 컴퓨터공학을 제공하지 않았기 때문에 대신 그들은 가능한 모든 심화 과정을 수강했다. 그들은 하버드에서 컴퓨터공학을 전공하려 했지만 조정팀의 훈련 때문에 그럴 수 없었다. 대신에 그들은 경제학을 전공하게 되었다. 그들이 코딩하는 데 도움을 받기 위해 저커버그에게 접근하지 않았더라면……. 어떤 측면에선 행운이 따른 것이라고 볼 수도 있었다. 어떤 일에서도 그들은 자신들이 그저 존재하기 위해 이 세상에 있다고 믿지 않았다. 그들은 무언가 창조하기 위해, 만들기 위해 이 땅에 있었다.

실리콘밸리보다 미래를 만들기 더 좋은 곳은 없었다. 여기는 창업가들의 아이디어와 사업계획으로 가득한 장소 그 이상이었다. 실리콘밸리는 살아서 숨 쉬는 유기체였다.

캘리포니아 저층 주택 스타일의 상업 지구 내에 있는 저명한 벤처 투자자들을 대변하는 순환 시스템이 인근 샌드힐가를 따라 늘어서 있었다. 1972년에 클라이너 퍼킨스가 처음 자리를 잡으며 소문이 난 '샌드힐'은 이제 세쿼이아Sequoia, 액셀Accel, 파운더스 펀드Founders Fund, 앤드리슨 호로비츠Andreessen Horowitz 등과 같은 기업의 본거지가 되었다. 샌드힐은 신생 스타트업 혈관에 현금을 주입하여 그들의 작은 손가락과 발가락을 곧게 펼 수 있도록 도왔다.

덕분에 혈액을 공급받아 살아남았고 이윽고 강하게 성장하여 이 지역의 중요 장기가 된 대기업들이 있었다. 마운틴 뷰에 있는 구글은 구글플렉스라는 거대한 캠퍼스와 함께 엔지니어와 소프트웨어 개발자, 인공지능 전문가들로 가득한 60개의 건물을 가지고 있다. 또한 쿠퍼티노에 있는 애플은 세계에서 가장 가치 있는 회사가 되기 위해 노력하고 있으며, 지구로 추락한 거대한 우주선과 같은 본사를 건설 중이었다. 페이스북 역시 캐머런이 서 있는 곳에서 불과 몇 블록 떨어진 자리에 문을 처음 열었으며, 지금은 해커웨이 1번지에 위치하고 있었다. 페이스북은 매주 새로운 백만장자들을 쏟아 내며, 지역 주택 시장을 전국 상위권으로 부풀리고, 샌드힐 주변을 미국에서 가장 부유한 곳으로 만들었다. 인텔Intel, 테슬라Tesla 그리고 트위터Twitter 역시 간이나 콩팥, 그리고 폐처럼 시스템에 중요하다.

또한 그곳엔 유명한 휴렛팩커드HP와 애플의 차고와 같은 흔적기관도 있는데, 방문객들로 자신들이 세상을 변화시키는 정점에 있는 젊은 천재 엔지니어라고 상상할 수 있게 만들어 주는 관광 명소였다.

이 유기체는 두뇌도 갖고 있었다. 팔로 알토에 있는 스탠퍼드 대학교에서 매년 수십 명의 뛰어난 젊은 컴퓨터공학자들과 엔지니어들이 실리콘밸리의 신경계의 뉴런을 따라 신경전달물질을 배출하고, 팀을 이루어 그들의 경로에 다양한 시냅스를 가로질러 뛰어넘는다.

거기엔 물론 식당, 아침 식사 장소, 커피숍의 소화 체계도 있었다. 여기서 실리콘밸리의 충성파들이 모여 스크램블드 에그, 차이 라테 그리고 감자튀김을 사이에 두고 혁신을 공유하였다.

오아시스는 페이팔이 처음으로 시연되고 야후Yahoo라는 이름이 태어난 식당인 근처의 벅스 우드사이드Buck's of Woodside만 큰 유명하지는 않을지 모른다. 그러나 이곳은 옛날 페이스북 사무실 모퉁이에 위치해 오랫동안 창업가들과 투자자들, 그리고 눈을 크게 뜨고 실리콘밸리 드림을 꿈꾸는 사람들이 모여 햄버거와 맥주를 마시는 곳이었다. 금주법 시대*가 끝나자마자 문을 열었던 이곳은 캐머런과 타일러가 사람들을 편하게 만나던 장소 중 하나였다. 사실 이곳은 그들이 팔로 알토에서 부모와 살 때, 부모님들이 당시 가장 큰 보험 중개 회사 중 하나였던 존슨앤히긴스Johnson&Higgins에 첫 회사를 팔고 동부로 이사 가기 전에 자주 가던 곳이었다. 처음에는 저커버그의 왕국의 그늘 아래서 만남을 가진다는 게 이상하게 여겨졌지만, 어쨌든 간에 실리콘밸리의 모든 사람이 그들을 젊은 CEO로 인정한다는 걸 알고 있었기 때문에 페이스북으로부터 숨으려 할 필요가 없었다. 게다가 오아시스 햄버거는 너무 맛이 좋았다.

타일러가 먼저 입구에 도착했지만 다른 레스토랑에 갈 때와 마찬가지로 캐머런이 먼저 들어갔다. 감자튀김, 구운 고기 그리고 쏟아진 맥주의 냄새가 코를 찔렀다. 오후 2시였지만 실내는 꽉 차 있었다. 모두 믿을 수 없을 정도로 어려 보였다. 캐머런은 절반은 스탠퍼드의 학생이고 나머진 졸업생들이라고 생각했다. 그가 스쳐 간 테이블에 얼마나 많은 페이스북 직원들이 있었을

.....
* 미국에서 술 제조가 금지된 1920년부터 1933년 사이

까 하는 생각이 떠나지 않았다. 그와 타일러가 지나갈 때마다 사람들은 쳐다보고 가리키면서도 딴 곳을 보는 척했다. 특별히 이상한 건 아니었다. 그들이 어디를 가든지 사람들은 그들을 바라보았다. 영화 이전에도, 하버드 이전에도 쌍둥이는 언제나 사람들의 시선을 끌었다. 하지만 이번엔 달랐다.

캐머런은 그를 가득 채웠던 모든 일이 잘될 거라는 마음이 약해지기 시작했다. 단순히 타일러의 일상적인 경계심이 그의 마음에 옮은 것이 아니다. 뉴욕에서부터 비행기를 타고 오랫동안 오는 동안 생각하며 생겨난 불안이었다. 그들은 몇 달 전 윙클보스 캐피탈을 시작하였고 초기 스타트업에 투자를 기대하고 있다고 발표했지만, 아직까지 단 하나의 거래도 성사되지 않았다. 타일러에게 들어온 제의는 많았지만, 정작 투자하려고 하면 많은 기업이 몸을 돌려 버렸다.

그들은 둘뿐이었기 때문에, 어떤 일이 마음에 들면 빠르게 반응할 수 있었다. 무언가가 그들의 관심을 끈다면 바로 비행기를 예약해 전국을 갈 수 있었다. 하지만 대부분 타이밍이 좋지 않았다. 정작 수표를 쓰려고 하면 기업가로부터 불행하게도 '투자자 모집이 끝났습니다' 또는 '투자자가 너무 많습니다'라는 메시지를 받았다.

수백만 달러의 투자가 한나절 만에 끝나는 게 특별히 이상한 일은 아니다. 그러나 자금이 많은데도 믿을 수 없을 정도로 답답한 상황이었다. 당장이라도 송금할 준비가 되어 있었지만 결코 연결될 것 같지 않았다.

캐머런은 긍정적인 생각이 사라지지 않도록 마음을 다독였다. 그는 타일러를 따라 군중을 뚫고 맥주잔과 산더미 같은 감자튀김 그리고 타 버린 햄버거와 핫도그가 올라가 있는 테이블을 지나가면서 자신이 받고 있는 시선이 어떤 새로움을 가져올지 궁금해했다. 그러나 동생의 어깨 너머로 신경질적이고 예민하게 생긴 청년이 보이자 그는 계속되는 생각을 내려놓았다.

주근깨에, 깡마르고 예리한 인상에, 헝클어진 빨간 머리를 하고 밝은 녹색 티셔츠를 입은 청년이 둥근 테이블에 홀로 앉아 있었다. 그 앞에는 반쯤 비어 있는 맥주 한 병과 잔 세 개가 준비되어 있었다.

타일러가 테이블에 먼저 다가갔다. 청년은 잠시 후 의자에서 반쯤 일어나 긴장하여 땀을 흘리며 우물에서 물을 퍼 올리듯 격하게 그들과 악수했다. 그는 웃고 있었지만, 캐머런은 타일러 옆에 앉기도 전에 무언가 잘못되었음을 알 수 있었다. 그는 과거 고객들의 서명이 새겨진 얼룩진 나무 칸막이 좌석으로 들어갔다.

이곳에서도 기업가들은 불멸, 즉 영원히 기억되려 애썼다. 실리콘밸리의 심장부에 있는 몇 인치의 나무에 기념되는 것이 아예 아무 것도 없는 것보다야 나은 거니까 말이다.

불과 반나절 전, 그들이 캘리포니아행 비행기에 오르기 전에 걸려온 전화에서 제이크라는 청년은 스탠퍼드를 졸업한지 2년이 되었고, 그의 회사는 모바일 광고에서 당시 폭발적인 관심을 일으키고 있었던 가상현실 영역으로 막 선회하고 있다고 했다. 그렇게 제이크는 윙클보스 캐피탈의 진정한 첫 백만 달러 투자처로 예정되었다.

하지만 대화가 시작된 지 1분도 되지 않았을 때였다. 캐머런이 자기 앞에 있던 맥주잔에 입을 대기도 전에 제이크는 사과의 독백을 시작했다. 도무지 그가 뭘 사과하는지 이해하기 어려운, 마치 수많은 매듭으로 묶인 일종의 언어 요가 같았다. 말을 끝맺는 마지막 몇 문장만 아주 명료했다.

"전 정말 당신의 투자를 받고 싶었습니다. 전 우리가 당신의 돈을 받을 거라고 생각했고요. 저는 이사회에 우리 규모를 늘리자고 말했지만……."

제이크는 더듬거리며 말했다.

"이사들이 우린 이미 투자자가 너무 많으니 투자를 거절하라고 하더군요."

캐머런은 동생의 빰에서 붉은 점이 점점 커지는 것을 볼 수 있었다. 동생의 분노가 터지기 전에 캐머런이 먼저 말을 하기로 결정하였다. 어쩌면 이 상황을 해결할 방법이 있을지 모른다.

"하지만 우리가 아까 이야기했을 땐 당신은 모집 금액이 초과했다고 말하지 않았어요. 겨우 8시간 전이었죠. 당신은 우리가 당신의 투자자가 되길 원하지 않았나요? 우리는 당신이 뉴욕으로 사업을 확장했을 때 당신에게 무료 사무실 공간을 제공하자는 이야기까지 했어요. 우리가 비행기로 오고 있는 동안 무엇이 바뀐 겁니까?"

그가 머리카락을 손으로 넘겼다.

"그러니까, 우리는 이미 다른 투자자들이 많다고요."

"솔직히 말하세요! 우리는 주식 구매 계약에 사인을 하러 여기에 왔습니다. 서로 존중하면서 무슨 일이 진행되고 있는지 그대로 이야기해 주세요."

그는 잠시 멈추고 주변 테이블을 바라보았다. 사람들이 보고 있었지만 말을 들을 수 있을 만큼 가깝진 않았다. 그가 약간 앞으로 숙이며 목소리를 낮추었다.

"당신과 저만의 일이라면야 당연히 저는 당신의 돈을 받고 싶죠. 하지만 이런 상황에선 그럴 수 없어요. 저는 가야 합니다."

그가 자리에서 일어났다. 타일러는 손을 뻗어 그를 잡으려 했지만, 캐머런은 목소리를 낮추었다.

"제이크, 우리에게 시간을 주세요. 이미 자리가 다 찼다고요?

우리 돈도 다른 사람들의 돈과 똑같아요. 제발 무슨 일인지 말해 줘요. 우리도 그만큼 자격이 있습니다."

"여기까지 날아오느라 힘들었다고요."

타일러가 차분히 거들었다.

그는 또다시 주변을 살펴보았고 자리에서 몸을 낮추었다. 그는 맥주를 크게 한입 마시고 몸을 움츠렸다.

"당신도 알잖아요. 우리가 지금 어디에 있는지. 페이스북 첫 번째 본사는 여기서 하드드라이브를 던지면 닿을 만큼 가까워요. 그리고 새로운 본사는 이 길 따라 약 8킬로미터 떨어진 곳에 있어요."

캐머런은 작은 공간 안으로 깊이 가라앉는 느낌이었다. 왜 일이 이렇게 되었는지 이제야 알 수 있었다.

"우리 옆에 있는 저 사람들 보이죠?"

제이크가 이어 말하였다.

"저랑 같이 스탠퍼드에서 공부했어요. 지금은 디지털 포스트 카드 관련 스타트업에서 일하고 있죠. 저들의 마지막 단계가 뭐라고 생각해요? 저 구석에 있는 사람들은 비디오 압축 기술을 연구하고 있어요. 저 사람들의 출구전략은 무엇일까요? 스타트업에겐 6주간의 시험 무대만 있고 얼마든지 실패할 수 있어요."

창업은 역사적으로 확률이 매우 낮은 게임이다. 대다수 스타트업은 영광스럽게 실패했다. 이는 또 다른 계획 B, C, D 등으로 가야 함을 의미한다. 실리콘밸리는 체계와 의사 결정 수형도와 게임 이론을 생각하는 엔지니어들로 구성된 도시다. 모든 사람은 돈이 필요하지만, 다른 것도 고려해야 했다. 이 레스토랑에 있는 99%의 사람들은 상황이 나빠지게 되면 페이스북과 같은 대기업에 '인수'나 '인수고용'이 되어 그나마 체면을 세우는 길을 택할 것이고, 그 길은 그들의 다음 스타트업 아이디어에 도전할 미래 자금을 보장해 준다.

제이크는 말을 이었다.

"정치질일지도 모르죠. 하지만 정치는 이런 몽상가의 땅에서 중요해요. 창업가들은 당신의 현금을 원할 수도 있고, 아무런 반감이 없을 수도 있죠. 사실 그들은 당신을 좋아할지도 몰라요. 하지만 그들은 그들의 나무의 모든 나뭇가지를 자르고 싶어 하지 않아요. 그들에겐 이사들뿐만 아니라 다른 투자자들도 있어요. 저커버그가 과연 자신이 세상에서 제일 싫어하는 두 사람이 단 1페니라도 가져가게끔 하겠어요? 당신의 달러도 똑같은 돈이지만, 문제는 거기에 표시가 되어 있다는 거죠."

캐머런이 말했다.

"미친 소리예요. 꼭 우리가 아무리 노력해도 돈을 줄 수 없는 것처럼 말하네요."

그는 미소조차 짓지 않았다.

"여기선 안 돼요. 지금 당장은 차라리 페이스북 카페테리아에 앉아 있는 게 나을지도 몰라요. 실리콘밸리에 있는 식당이란 식당에서는 모두 페이스북에 대해 이야기하고 있다고요. 다음에 누구의 회사를 살까? 내일은 얼마나 많은 백만장자가 나올까? 언제 신규 주식을 상장할까? 당신은 실리콘밸리 식당이 햄버거를 내준 것에 고마워해야 할지도 몰라요."

실리콘밸리는 기술 창업자들에게 오아시스 같은 곳이었을지 모른다. 그러나 쌍둥이는 오아시스에 앉아 있는데도 그저 사막처럼 느껴졌다.

제이크는 맥주 한 모금을 더 마셨다. 그렇게 거칠게 말하려고 의도했던 건 아니었을지 모르지만 그의 말은 캐머런에게 큰 충격이 되었다. 그의 모든 희망이 사라졌다. 카네기호수와 올림픽 팀을 떠난 이후 내면에서 자라온 구원의 불길, 즉 그들이 다시 시작하고 이야기를 바꾸며 여전히 기업 세계의 일부가 될 수 있다는 열망은 제거되고 질식되어 죽은 채 남겨졌다.

어쨌든 이 역시 저커버그가 그들에게서 빼앗은 것이다. 제이크는 다시 일어서서 사과의 눈빛을 보내며 주머니에서 구겨진 20달러짜리 지폐를 꺼냈다. 캐머런과 그의 동생은 제대로 된 지갑하나를 사지 못할 정도로 가난해 보이는 그가 구겨진 지폐를 탁자 위에 놓고 가는 모습을 지켜보았다.

이곳이기 때문에, 꿈을 좇는 이 젊은 창업가는 윙클보스 쌍둥이가 자신의 맥주 값을 내는 것처럼 보이는 것마저 두려워하고 있었다.

2012년 7월

오전 3시, 이비자.

스페인 해안에서 90마일 떨어진 지중해 파티섬*.

100킬로그램에 195센티미터인 두 형제는 그냥 웅크린다고 사라질 수 없었다.

타일러는 큰 어깨를 사용해 붐비는 댄스 플로어 한가운데를 밀고 나가며, 몇 분마다 고개를 숙여 천장에 부착된 줄에 흔들리는 반나체 곡예사들을 피했다. 음악이 너무 커 마치 땅에서 튀어나오는 듯한 전자 음악의 울림을 타일러는 뼛속까지 느낄 수 있었다.

곡예사들과 함께 거대한 체리 모양 네온사인이 그를 둘러싼 수많은 미인들 위로 날아올랐고, 몇 분마다 그는 물결치듯 흥겹게 노는 사람들을 비추며 도는 화려한 레이저 빛으로부터 눈을 가려야 했다.

사람들은 어리고 매력적이며 완벽했다. 하지만 타일러는 누구

.....
* 대규모의 파티가 자주 열리는 섬을 일컫는 말

를 만날 생각이 없었다. 망막을 태우는 레이저 빔으로부터 눈을 가릴 수 없을 때는 가능하면 아무도 마주 보지 않으려고 최선을 다하고 있었다. 그 순간, 그는 아무도 아닌 무명 그 자체였으면 했다. 마치 그게 가능하기나 한 것처럼. 하지만 서른 살의 타일러는 그가 기억하는 한 무명일 수가 없었다.

향락적인 이 댄스 플로어는 세상에서 가장 아름다운 파티섬들 중 하나로서 해안을 따라 위치하고 있었는데, 아무나 쉽게 어울릴 수 있는 곳이 아니었다. 파차 나이트클럽은 이전 스페인식 농장의 대농원에서 디스코텍으로 변신한 곳으로, 지금은 유럽 엘리트들의 최고의 발판이자 할리우드의 특권층들을 위한 퇴폐적인 놀이터가 되었다. 세계의 젊은이들이 이 클럽에 몰려들었고 다양한 댄스 플로어와 수백만 달러의 음향시스템과 VIP룸, 그리고 유명 DJ들로 이름을 날렸다. 오늘 이 밤의 파티는 'X까 나는 유명해F@@K Me I am Famous'라는 이름이었다. 그와 그의 형은 VIP 테이블로 오면서 그는 나오미 캠벨, 케이트 모스, 그리고 패리스 힐튼Paris Hilton을 지나쳤다. 그는 모르는 척하려고 최선을 다했다.

"여긴 진짜로 제정신이 아냐."

타일러는 음악 소리를 향해 레이저와 사람들을 뚫고 나아가다 비틀거리면서 거의 넘어질 뻔했다. 캐머런은 씩 웃으며 익살스럽게 엄지손가락을 치켜세웠다. 캐머런은 꽃과 빨간 체리로 만들어진 우스꽝스러운 화환을 목에 걸고 있었다. 그의 얼굴에는 거품 자국이 있었고 옆 문에는 또 다른 파티들이 있었다. 타일러는 댄스 플로어에 정기적으로 흰 거품들이 채워지고 있다고 생각했다. 그는 '놀랍네. 이보다 더 나빠질 수도 있겠는걸. 불쌍하게 거품을 뒤집어쓸 수 있을지도'라고 생각했다.

이제 캐머런과 함께 있게 되자 그들은 더욱 눈에 띄었다. 일란성 쌍둥이는 금방 눈에 띈다. 고교 시절까지만 해도 대개는 상냥한 호기심으로 다가왔다. 그들은 외모가 같았을 뿐만 아니라 고등학교 1학년 이후에는 조정 연습을 함께 했다. 덕분에 그들이 살았던 그리니치 코네티컷에서는 모두가 그들이 누군지 알고 있었다. 하버드에서도 마찬가지였다. 그들은 캠퍼스의 거물이었고, 대표팀 선수들이었으며, 엘리트 클럽으로 대통령들과 왕들을 배출한 포세린 클럽의 저명한 회원이었다.

"도대체 우리가 여기서 무엇을 하고 있는 거지?"

마침내 타일러는 주변 사람들을 관찰하고 있는 형에게 물었다.

"즐기고 있다고 생각하는데."

야광 비치볼이 캐머런 머리 가까이 위험하게 튀어 오르더니 사람들 머리 위를 지나갔다.

"내가 즐기는 것처럼 보여?"

캐머런이 말했다.

"거품 파티를 하는 건 괜찮지만 삼키지는 마. 그렇게 하면 레지오네어병*에 걸릴 게 분명해."

타일러는 홀 끝에 있는 바를 가리키며 번쩍거리는 테스트 튜브 샷**과 벤돌리어 백***을 걸치고 있는 여성들을 가리켰다. 비록 감각이 과부화된 지금으로선 알코올이 불필요한 것 같았지만, 타일러는 이것이 그들의 밤을 끝내는 적절한 방법이라고 생각했다.

휴가 중이라 기분이 이상했다. 쌍둥이는 평생 진정한 휴가를 가져 본 적이 없었다. 보통 자유시간은 훈련을 의미했다. 대학을 졸업한 후에도 그들은 하루에 6시간, 일주일에 6일, 1년에 50주씩 훈련했다. 그리고 각 시즌 이후 재충전을 위해 2주간의 휴식이 주어졌다.

하지만 지금은 끝났다. 그들은 더 이상 경쟁하는 조정 선수가 아니었다. 그리고 그들은 투자자도 아니었다. 오아시스에서의 미팅 이후 제이크와의 계획은 무산되었다. 제이크를 통해 실리콘 밸리에서 벤처 자본가로서의 그들 앞날에 장애물이 있음을 깨닫

.....
* 레지넬라 박테리아가 옮기는 일종의 폐렴
** 시험관 모양 잔에 담은 술
*** 탄띠처럼 넓은 끈을 사선으로 맬 수 있는 납작한 가방

고 그들은 뉴욕으로 후퇴하였다. 그것은 무척이나 불합리한 일이었다. 모든 창업가들의 최종 목표는 동일할 테니 아무도 그들의 돈을 받지 않을 것이다. 페이스북은 그 지역의 모든 창업가들의 꿈을 빨아들여 거대한 진공 상태가 되었다. 타일러와 캐머런은 그들에게 독이 되었다. 어느 누구도 그들의 이름을 투자자의 펀드 테이블에서 감히 언급할 수 없었던 것이다. 아무리 자금을 필요로 한다 해도 그들에게 윙클보스의 돈은 죽음의 입맞춤이었다.

타일러는 이전에 그들이 이미 바닥을 쳤다고 생각했지만, 지금은 더 아래로 내려갔다. 그들은 뉴욕으로 돌아와서 상황을 살피며 다음에 무엇을 해야 할지 고민해 보았다.

단순히 합의를 하고, 금액이 얼마가 되든 간에 그냥 물러나자는 건 아니었다. 타일러와 캐머런보다 더 많은 금액으로 합의하고 떠난 또 다른 페이스북 이탈자였던 왈도 세브린은 소문에 의하면 수십억 달러를 받았다고 한다. 그는 그 금액으로 물러설 수 있었지만 그들은 그럴 수 없었다. 그들의 DNA가 용납할 수 없었다. 왈도는 싱가포르에서 부유한 생활을 하고 있다는 소문이 있었다. 그러나 쌍둥이는 태생부터 달랐다.

그렇더라도 그들은 현실을 직시해야 했다. 그들은 포기하기를 거부했지만, 다시금 충전하고 생각하여 앞으로 나아갈 새로운 길을 찾아야 할 필요가 있었다. 이비자에서 무언가를 해 보자는 건 캐머런의 아이디어였다. 타일러는 비행기에 오르는 순간부터 이 결정을 계속 후회했다. 그들은 싱글이며 젊었고 멋진 파티를 즐기곤 했다. 하지만 그들은 언제나 계획이 있었다. 타일러에게 는 지금의 순간만 즐기는 삶에 적응하는 게 어려웠다.

바의 중간에 이른 타일러는 독해 보이는 테스트 튜브 샷을 응 시하며, 벌써 미국으로 돌아가는 가장 이른 비행기를 탈 생각을 하고 있었다. 그때 낯선 누군가가 그의 팔을 붙잡고 싱긋 웃으며 짙은 브루클린 억양으로 그를 멈춰 세웠다.

"어이, 거기 윙클레비Winklevii 아니에요?"

윙클레비는 고교 시절 그들에게 붙여진 별명으로서, 영화와 언론에 각인된 이름이었다.

"우린 실은 지금 나가는 중입니다."

타일러는 자리를 뜨려고 애썼지만 그자는 쉽게 놓아주려 하지 않았다. 타일러는 그를 바라보았다. 젊고 아마 30대 초반으로, 근육질에 단단하면서 가슴이 튀어나온 짧은 소매 셔츠를 입고 있었다. 거친 눈매에 바싹 깎은 머리카락을 가지고 있었지만 웃 음은 매우 다정해 보였다.

"당신들에게 할 얘기가 좀 있어요. 정말 중요하고, 혁명적인 이 야기죠."

캐머런은 그의 적극적인 접근을 타일러보다는 호의적으로 받아들였다. 캐머런은 가끔 그랬다. 타일러는 고향 친구들과 그다지 교류하지 않는 편이었지만, 캐머런은 때때로 고향 친구들이 가장 재미있다고 느꼈다. 게다가 이비자에서 만난 동향 사람이라면, 더욱 친근감을 느낄 것이다.

"우린 이미 혁명에 참여했어요. 그렇게 잘되지는 않았지만. 아무튼 고마워요."

"페이스북? 그건 혁명이 아니에요. 페이스북은 이미 기성세대죠."

캐머런의 말에 그 남자가 말했다.

미친 소리 같았지만, 타일러는 그게 사실이라는 걸 알고 있었다. 사람들의 실제 소셜 네트워크를 온라인에 올려놓고, 사람들이 만나고 소통하며 공유하는 방식을 바꾼 혁명적인 아이디어는 독립적이며 반란 같은 것이었다. 하지만 지난 몇 년 동안, 심지어 오아시스에서의 만남 이후 몇 달 동안에도 계속 페이스북은 인터넷에서 지배력을 넓혀 왔고, 실리콘밸리의 산소를 빨아들이듯 엄청난 양의 데이터를 수집하여 정보를 수익화하였다. 그러자 많은 사람이 페이스북을 로빈 후드보다 빅 브라더*로 여기기 시작했다.

......
* 조지 오웰의 소설 『1984년』에서 비롯된 용어로, 정보를 독점함으로써 사회를 통제하는 권력을 의미한다.

타일러가 물었다.

"그래서 무엇을 생각하고 있나요? 또 다른 소셜 네트워크?"

그는 다시 미소를 지으며 매우 혼란스러운 행동을 했다. 그는 주머니에 손을 넣고 미국 달러 지폐를 꺼냈다.

"젠장, 그래요, 지구에서 가장 오래된 소셜 네트워크."

05 | 지하실

찰리 쉬렘은 한 번에 두 계단씩 아래로, 또 아래로 내려가고 있었다. 아무 장식도 없는 거친 콘크리트 벽에 한 손을 대고 그의 비밀 기지로 내려가는 좁은 나무판을 탐색하며 나아갔다. 이곳은 기업의 왕좌로, 그의 지하 본부이자 작전 본부였다.

키 165센티미터인 그의 연약한 모든 신경은 귀를 막은 플라스틱 이어폰에서 나오는 기괴할 정도로 강력한 EDM(Electronic Dance Music) 음악으로 폭발하고 있었다.

월가의 투자 회사 중 하나에서 일을 했던 대학 친구 한 명이 찰리의 새 회사 시작을 축하하기 위해 불러냈던 이후로 찰리는 2주 연속 전자음악에 꽂혀 있었다. 그 친구는 그를 맨해튼 다리 건너편, 첼시에 있는 클럽 중 한 곳으로 데리고 갔다. 찰리는 그날 밤 새벽 두 시까지 몽롱한 상태였기 때문에 세세한 기억들은 뒤죽박죽이었다. 그가 떠올린 것은 매우 시끄럽고 터질 듯한 굉음과 튜브탑에 핫팬츠 그리고 말도 안 되게 높은 하이힐을 신은 도시 여자들로 가득 차 있었다는 것이다. 찰리는 자신이 그들 중 아무에게 말도 걸지 못할 거라고 확신하고 있었다. 거긴 뉴욕이었고 대부분은 찰리보다 머리 하나가 더 컸다. 게다가 그의 친구는 코너에서 보드카를 쌓아 놓고 있었는데, 찰리에게 익숙한 싸구려 술이 아니었다. 투자은행에서 일하는 건 법인카드를 포함하여 좋은 점이 많았다. 그 당시엔 신용카드가 여전히 왕이었다.

찰리는 맨 아래 계단을 내려와 깨진 키보드와 고장 난 무선 라우터로 넘쳐나는 종이 상자 위로 몸을 던졌다. 비슷한 상자들이 좌우에 쌓여 있었는데, 이것은 그가 고등학교 때부터 했던 이전 사업에서 남은 물건들이었다. 물론 그중 몇 개에는 종교의식 때 사용하는 촛대, 기도문, 모자가 들어 있었다. 근처 플랫부시 예시바*에서 다른 아이들이 토라**를 공부할 동안, 찰리는 자유시간에 학교를 빠져나와 이웃들에게 전화해서 부서진 전자제품, 컴퓨터, 라우터, DVD플레이어, 심지어 카세트 레코드까지도 그의 지하실에 고치러 가져오라고 했다. 그는 '에피퍼니***'라는 단어를 좋아해 회사 이름을 에피퍼니 디자인앤프로덕션Epiphany Design&Production이라고 지었다. 그가 고등학교와 대학을 다니는 사이 이 회사는 두 번째 회사로 발전하였고, 온라인에서 데일리 체크아웃Daily Checkout라고 불렸다.

이런 이유로 그 상자들은 브루클린의 지하실 전체에 피라미드

‥‥‥
* 정통 유대교 학교
** 유대교 경전, 찰리는 시리아계 유대인 이민자의 후손이다.
*** epiphany. 구세주의 현현, 주현이란 뜻을 가지고 있다.

처럼 시멘트벽에 높게 쌓여 있었고, 찰리는 마치 파라오처럼 이를 자랑스러워했다. 상자 너머 망가진 철제 선반 위에 그의 오랜 사업 도구인 납땜용 인두, 회로판, 펜치, 전선 절단기, 연장 코드가 살아 있는 생물처럼 사방에 흩어져 있었다.

찰리는 이 혼돈 속에서도 자신만의 길을 만들어 마침내 컴퓨터에 나란히 세운 세 대의 모니터와 키보드 같은 그의 장비가 겨우 다 들어가 있는 작은 나무 책상으로 다가갔다. 책상은 중학교 때부터 예시바에 있던 고등학교, 그리고 학위를 따려고 브루클린대학교에 갈 때까지 사용했던 것이었다.

그는 언젠가 이곳이 잡지의 표지가 될 날이 올 것이라는 걸 알고 있었다. 조심스럽게 분해하여 스미소니언 박물관에 옮겨져 조지 워싱턴의 이빨, 그리고 스티브 잡스의 1호 맥 컴퓨터와 나란히 있게 될 것이다.

찰리는 잡스의 맥 컴퓨터가 스미소니언 박물관에 전시될지 확신할 순 없지만 분명 거기 있어야만 하고, 또 자신의 책상이 그 옆에 있어야 한다고 생각했다. 그들은 캘리포니아의 차고에서 혁명을 시작하였다. 잡스와 워즈니악은 로스 알토스 차고에서 개인용 컴퓨터를, 빌 휴렛과 데이비드 패커드는 팔로 알토의 차고에서 음성발진기를, 래리 페이지와 세르게이 브린은 스탠퍼드 대학원생일 때 멘로 파크에 있던 수잔 보이치키의 차고에서 구글을 창업했다. 그러나 여기 브루클린에는 차고가 별로 없었다. 대신에 지하실이 있었다. 찰리가 자라난 브루클린 지역에는 그런 지하실들이 밀집해 있었고, 모두 어둡고 지저분하며 퀘퀘한 냄새가 진동하였다.

위에서 보면 노스트랜드에서 웨스트 6번가에 이르는 1번가에서 4번가 사이의 좁은 거리는 다른 자치구와 크게 다르지 않지만, 찰리의 집은 7만 5천 명의 정통 시리아계 유대인들만이 사는 중심 지역으로서 인종적, 종교적, 문화적으로 다른 일종의 섬이었다. 그들은 스스로를 '시스SYs'라고 불렀지만 다른 정통 유대교인들처럼 검은 옷을 입지는 않았다. 그들은 다른 유대인과 이방인들 사이에서 스스로 경제와 사업을 자유롭게 할 수 있었으며 그들은 그들만의 오래된 경전을 갖고 엄격한 전통으로 강하게 연결된 커뮤니티였다. 1935년에 시리아 랍비들에 의해 결정된 '칙령'에 따라 이 그룹은 매우 배타적인 커뮤니티로 남게 되었다. '우리 공동체의 어떤 남성이나 여성도 비유대인과 결혼할 권리가 없다. 이 법은 우리가 허구이며 가치가 없는 것으로 간주하는 개종에도 적용된다.' 따라서 모든 찰리의 사촌들, 숙부, 숙모, 할아버지들 그리고 몇 대에 걸친 가족들은 그의 집에서 반경 4분의 1마일 이내에 살면서 브루클린에 확고히 자리 잡고 있었다. 그들을 변함없이 묶어 왔던 맹목적인 랍비의 규율에도 불

구하고 시리아 유대인들은 동시에 금융, 부동산, 소매업, 전자 및 이제는 흔히 말하는 테크놀로지 등 바깥 세상으로 사업을 확장하고 있었다.

찰리는 책상으로 다가가 의자를 당겨 앉았다. 이어폰을 빼고 전화기를 키보드 옆에 놓았다. 그리고 컴퓨터를 켜 스카이프 계정을 열었다.

1분도 안 되어 그의 사업 파트너가 왼쪽 하단 모니터에 나타났고 화면을 모니터링하는 동시에 코딩을 하면서 대화를 이어갔다. 자유롭게 흐르는 강물처럼 코드가 모니터 가운데를 내려갔다.

"늦었어요."

그의 파트너가 찰리 컴퓨터의 내부 마이크로 거칠게 말했다.

"늦는 게 습관이 된 거예요?"

찰리는 계속 스트리밍 코드를 주시하고 있었다. 그는 개럿 넬슨의 화법에 익숙해졌다. 전반적으로 부족한 사회적 통념, 통명스러운 음성, 내용의 절반 정도만 알아들을 수 있는 웨일스 특유의 억양에 나름대로 익숙해지고 있었다. 이것이 그들이 대부분의 의사소통을 이메일 또는 인스턴트 메신저로 진행하고 있는 이유였다. 사실 찰리는 그의 비즈니스 파트너와 지금까지 나눈 실제 대화는 통틀어 고작 17분 미만일 거라고 생각했다. 텍스트는 개럿 넬슨의 악센트에 방해받지 않았다. 그리고 그의 아스퍼거 증후군*은 큰 장점이었다. 그는 어떤 단어도 낭비하지 않았다. 모든 것이 비즈니스였다. 이는 그를 찰리의 완벽한 파트너이자 균형을 이루는 사람으로 만들었다.

"이거 정말로 좋은데요."

찰리가 코드를 치면서 말했다.

"거래는 순조롭게 진행될 거고 서버는 꽤 큰 고객층을 잘 처리할 수 있을 거 같아요. 아주 좋은 시작이에요."

그는 머릿속으로 계산할 때면 거의 자신의 의자를 흔들었다. 비록 그의 몸은 작았지만 끊임없이 움직였고 그래서 종종 그의 몸집에 비해 더 많은 공간이 필요한 것처럼 보였다. 그는 또한 굉장히 빠르게 말하는 경향이 있었다. 실제로 그의 모든 것들이 빠르게 움직였다. 그의 발, 입, 두뇌. 그의 머리카락, 뺨 그리고 턱의 수염도 계속 빨리 자라는 것처럼 보였다. 오전 5시로부터 불과 몇 시간이 지나지 않은 정오임에도 면도를 안 한 것처럼 벌써 자라 있었다.

대학에서 초점을 전자공학에서 컴퓨터 코딩으로 옮겨 결국 세계적인 수준의 해커가 되는 법을 스스로 터득할 수 있었던 것도 이렇게 빠르게 생각하는 것 덕분이었다. 하드웨어 작업은 느리

.....
* 사람들과 정상적인 사교가 어려운 일종의 발달장애

고 꼼꼼했지만 코딩이나 해킹을 할 때는 번개와 같은 속도로 움직였다. 물론 해킹에는 위험이 따르기 마련이고, 조심하지 않으면 큰 문제에 휘말릴 수 있다.

가나 대학을 해킹했을 때 찰리는 나중에 보안 취약점에 대해 자세히 설명하는 비공개 브리핑 자료를 보냈다. 이는 '책임 있는 폭로'로 알려진 보안계의 예의였다. 그는 또한 독일의 공항 보안 시스템에 침투하는 등, '양키Yankee'라는 이름의 아바타로 뉴욕에 기반을 두고 활동하면서 해킹 포럼 추종자들을 키웠다.

찰리는 돈을 목적으로 하는 악성 해커는 아니었다. 그는 보안 시스템의 약점을 찾아내려고 하는 선량한 해커에 가까운 사람이었다. 이 해킹으로 인해 그는 한 번도 직접 만난 적이 없는 개 럿과 함께 새로운 사업을 시작하게 되었다. 이는 찰리가 생각했던 진정한 혁명적 사업이었다.

그의 새로운 모험은 3년 전 대학 졸업반이었을 때 시작되었다. 별다른 사건이 없었던 해킹 포럼의 논평을 마감한 어느 날 암호기술 메일링 리스트에서 갑자기 이상한 짧은 메일 하나를 보게 되었다. 그 메일은 '사토시 나카모토로부터'라고 되어 있었다. 그 메일에서 사토시는 새로운 브랜드인 암호화폐를 개발했다고 언급했다. 그는 자세한 내용은 첨부한 '백서'에 있다고 언급했다.

처음에 찰리는 농담이라고 생각했다. 바보 같은 헛소리야! 그는 자신에게 그렇게 말했다. 그나저나 이 사토시 나카모토가 대체 누구지? 그는 사토시라는 인물에 대한 정보를 찾기 위해 해커 포럼을 둘러봤지만 아무것도 찾을 수 없었다. 더 이상한 것은 30대 중반의 일본 남자라고 주장하는 사토시가 완벽하고 관용적인 영어로 이메일을 썼다는 사실이다.

찰리가 보았을 때, 사토시는 암호학, 수학, 컴퓨터 과학, P2P* 네트워크, 경제 등의 분야에서 전문가인 종합적인 천재이자 박식가임에 분명했다.

어떻게 이 사람은 그렇게나 똑똑하고 유능한데도 인터넷에서 완벽한 환영이자 유령일 수 있을까? 어떻게 찰리가 그 혹은 그녀 혹은 그들에 대해 알지 못했을까?

찰리가 '양키'라는 이름으로 암호화된 게시판과 포럼을 돌아다니다 만난 온라인 친구, 개릿 넬슨의 열정이 아니었다면 그는 아마 이메일과 백서를 무시하고 자신의 삶을 계속했을 것이다.

그와 자주 교류하면서 찰리는 개릿이 쉽게 동요하지 않을 타입이라고 생각했다. 사토시와 그 백서가 나타나기 전까지만 해도 찰리는 개릿이 신체적으로 흥분하는 게 불가능할 거라고까지 여겼다.

하지만 개릿은 확실히 흥분하고 있었다. 이건 크고 중요한 혁

.....
* 사용자간 직접 접속을 의미한다.

명이었다.

그 후 몇 년이 지나서 찰리는 개럿이 맞다는 걸 알았다.

그는 마지막 몇 줄의 코드가 화면 위로 흐르자 자신의 얼굴을 화면 더 가까이에 댔다. 그는 거기에 몰두하느라 개럿이 스카이프에서 하는 말에 거의 귀를 기울이지 않았다. EDM 음악이 여전히 찰리의 책상 위 핸드폰의 이어폰에서 흘러나오고 있었다. 그리고 그의 머리 위 지하실 천장에서 양지머리를 굽고 있는 어머니의 발자국 소리가 울려 퍼지고 있었다.

사토시의 백서를 읽은 지 거의 3년이 지난 후 그는, 그것이 모든 것을 바꿀 거라고 확신했다.

찰리는 그 변화를 타고 엄마의 지하실을 벗어나 역사 속으로 들어갈 예정이었다.

06 | 희망이 없는 곳에서 사랑을 발견하다

"돈이 소셜 네트워크라는 건 확실히 흥미로운 관점이네요."

타일러는 한쪽 팔꿈치로 받치며 에그쉘 화이트 색상의 데이베드에 몸을 뻗고 있었다. 그는 산뜻한 흰색 리넨 셔츠에 화려한 빌보콰* 수영복을 입고 머리엔 페도라 모자를 쓰고 있었다. 캐머런은 그 옆에 비슷한 데이베드에 앉아서 셔츠 없이 똑같이 화려한 수영복을 입고 있었다. 캐노피는 내리쬐는 햇살을 잠시 막아주었고 지중해 바람은 해안을 따라 지열을 식혀 주고 있었다.

"그쪽은 소셜 네트워크에 대해 좀 알고, 전 돈을 알고 있죠. 돈은 사람을 연결시켜 줘요. 이게 바로 커뮤니케이션의 모습이고요. 이제는 진정한 가상세계로 갈 때입니다."

그들이 전날 밤 클럽 파차에서 만난 근육질의 남자, 데이비드 아자르는 브루클린 출신의 사업가로 수표 현금 환전 체인을 소유하고 있었다. 그는 바로 맞은편에 앉아 있었는데, 하얀 셔츠를 가슴골까지 푼 채로 빈백 의자와 오토만 사이에 있는 가구 위에 다리를 꼬고 있었다. 그 데이베드 바로 옆 햇살이 비치는 나무

......
* 고급 수영복 브랜드

테이블에는 각국의 로제 와인 술병과 샴페인 잔 그리고 과일이 수북한 접시가 있었다.

그 세 명은 세상에서 가장 유명한 VIP 비치 클럽일 블루마린 이비자 한가운데에서 꼭 죽은 사람처럼 퍼져 있었다. 이 클럽은 고급 레스토랑과 유럽식 낮 파티가 혼재하는 낙원이었다. 데이 베드는 오후 한나절에 4백 유로였으며 DJ 뒤편은 세 배나 비쌌다. 아무도 일요일 오후에 수다나 떨려고 블루마린으로 오지는 않는다. 여기는 태양과 최고급 알코올과 고동치는 음악을 즐기며, 동반구의 유명 인사들과 상류층 사람들을 찾아보기 위해 오는 곳이다.

사람들은 같은 스타일의 베드에 누워 있거나 5성급 레스토랑에서 식사를 하거나 댄스 플로어 위에서 사롱*을 두르고 에스파드리유**를 신고 파도처럼 움직였다. 이들은 대개 유럽인이었고, 대체로 매력적이었다. 여성들은 아주 작은 비키니 차림으로 반짝거렸고 가끔은 상의를 입지 않았다.

남성들은 셔츠가 없거나 흰 면 티셔츠나 리넨셔츠를 걸치고 있었고 잘생긴 데다가 황갈색 피부를 갖고 있었다. 모델들이 곳곳에 있었고 그중 몇몇은 그들 형제도 아는 이름과 얼굴이었다. 두 베드 너머에 있던 한 여성은 그들이 바르셀로나에서 이 섬으로

......

* 말레이시아, 인도네시아 등지에서 남녀 구분 없이 허리에 둘러 입는 천
** 로프 같은 것을 꼬아 만든 가벼운 신발로 윗부분은 천으로 되어 있다.

오기 위해 탑승했던 이베리아 항공의 기내 잡지에서 발견한 사람이었다. 아마도 그녀는 해변 클럽 중앙에서 바다로 곧장 이어지는 긴 패션 런웨이 같은 나무 길을 통해 블루마린에 도착했을 것이다. 그곳에서 부속선과 제트스키가 보호 구역의 진입지에 세워 놓은 초대형 호화 요트 사이를 오가며 손님을 태웠다.

새로운 메시지의 알림이 계속 있었지만 아무도 핸드폰을 확인하지 않았다. 블루마린에선 세상에서 가장 유명한 사람조차도 단순한 풍경의 일부에 불과했다.

타일러가 이탈리아 인스타그램 스타들이 높은 루부탱 구두를 신고 지나가는 나무 길에서 그의 시선을 돌리며 말했다.

"그쪽이 무엇을 팔던 그 돈이 대서양을 건너서 우리 펜션의 주인에게 전달되는 데 도움이 된다면 귀를 기울이죠."

사실 여행한 지 이틀이 지나도록 그들의 펜션 보증금은 도착하지 않은 상태였다. 이 문제는 2012년 돈이 어떻게 작용했는지 혹은 그렇지 않았는지를 보여 준다. 당신은 페이스북을 사용해 전 세계 어느 곳 누구와도 연결되며, 스카이프를 통해 얼마나 먼 곳에 있든지 대화할 수 있고, 이메일을 통해 누구와도 무료로 의사소통이 가능하다. 그러나 만일 돈을 보내기를 원한다면, 행운을 빌어야 한다. 지금은 2012년이었지만, 이 클럽이 처음 문을 열었던 1973년보다 전 세계로 보내는 송금이 더 쉬워졌다고는 말할 수 없었다. 당신은 인터넷이 존재하기도 전에 만들어졌으며 중개인과 임대료를 찾는 사람들로 내내 어수선한, 분열된 은행 시스템의 유물을 사용해야 한다. 이 네트워크의 중앙 당국이 거래를 허가했다 하더라도 당신의 돈은 달팽이의 속도로 A지점에서 B지점으로 이동한다. 솔직히 말하자면, 2012년에도 뉴욕에서 이비자로 돈을 보내기 원할 때 가장 빠르고 확실한 방법은 현금을 가득 담은 가방을 들고 JFK 공항에서 비행기를 타는 것이었다.

그러나 쌍둥이는 그러지 못했고, 빌린 펜션에 현금이 도착하기도 전에 이비자에 도착했다. 감사하게도 이탈리아 출신인 집주인 시몬은 미소를 지으며 개조한 SUV를 타고 그들을 데리러 왔다. 그는 손에는 스마트폰을, 머리에는 블루투스 헤드폰을 쓰고 있었다. 그는 세계 경제가 어떻게 돌아가는지를 이해했다. 흔치 않은 일이긴 했지만.

데이비드 아자르는 와인을 한 모금 마시면서 말하였다.

"제가 말하려고 하는 건 완전히 새로운 것이에요. 진정한 디지털 머니죠. 분권화되어 이메일같이 주고받을 수 있어요. 중개자가 없어요. 권한을 가진 기관도요. 인터넷을 통해 전기의 속도로 이동해요. 냅스터Napster*가 음악에서 그랬던 것처럼 돈을 그렇

.....
* 인터넷 음악 공유 서비스

게 하는 시스템이죠."

타일러는 컴퓨터 뒤에서 젊은 프랑스인이 계속 위아래로 몸을 흔드는 DJ 부스를 바라보고 있었다. 댄스 플로어의 사람들은 DJ를 따라 움직이며 너무 가까이 붙어 있어 몸이 어디서 시작하고 어디서 끝나는지 알기 어려웠다.

10년 전에는 DJ가 수많은 레코드판을 금속 케이스에 담아 끌면서 이동했다. 오늘날 DJ는 자기 주머니 속에 USB나 휴대용 저장장치에 플레이리스트를 담아 이동할 수 있다. 음악이 이렇게 물리적 세계에서 디지털 세계로 이동하는데, 왜 돈은 안 된단 말인가?

사실 많은 면에서 화폐도 상당히 디지털화되어 있다. 백 달러를 현금으로 입금할 때 은행은 예금자가 찾을 때까지 그 돈을 금고에 보관하지 않는다. 그 백 달러는 바로 디지털화되고, 은행들은 거의 현금을 갖고 있지 않다. 연방 은행법에 따라 시중 은행들은 실제 예금액의 10%만을 유동 준비금으로 보관하고 있다. 이는 당신이 백 달러를 예금하면 금고엔 실제로 10달러만 보관하고 있다는 의미다. 나머지 90달러는? 디지털이다. 컴퓨터 하드 드라이브 또는 클라우드 속의 1과 0으로 존재한다.

누군가 갖고 있는 유일한 실물 화폐는 우리의 지갑 안에 있는 것뿐이다. 나머지는 이미 디지털로 바뀌어 중개인이 수수료를 부과한다.

아자르가 말하는 새로운 형태의 돈은 이런 모든 단계를 건너뛴다. 이미 데이터로 되어 있다.

디지털, 분권화, 금융당국 불필요. 이게 그의 포인트였다. 의심의 여지 없이 아자르는 열정적인 세일즈맨이었다. 사실 그가 말하는 방식, 그의 열정은 그가 마치 브루클린 자동차 대리점에서 막 나온 사람처럼 보였다. 그러나 그는 프랑스 DJ처럼 정확한 음정으로 발음하고 있었다. 화폐는 현재 서 있는 곳이 말하듯 강력한 중재자들인 비자Visa, 마스터카드MasterCard, 웨스턴 유니언Western Union, 도처의 정부기관들과 같은 지배 시스템을 겪어 왔다. 그 시스템은 시차와 설명이 안 되는 수수료, 그리고 관료적 정체와 같은 명백한 결점을 지닌 독단적인 시스템이었다.

타일러와 그의 형은 또 다른 독단적인 시스템과 맞서 싸우다 이비자로 도망쳐 왔다. 첫 번째는 캘리포니아 연방법원이었는데, 핵심 세력은 제임스 웨어 판사로 그는 쌍둥이가 페이스북을 상대로 소송을 다시 제기할 수 없다고 판결했다(상관할 바는 아니지만 웨어는 수년 동안 흑인 인권운동 기간에 발생한 인종 차별적 살인 사건의 희생자가 된 남동생이 있다고 주장했다. 이는 거짓말이었으며 이후 사법적 징계를 받았다). 그다음 그들의 사건은 9차 연방 순회 항소 법원으로 넘어갔으며 그 법정의 수석재판관은 웨어 판사의 평결을 지지한 알렉스 코진스키였다(그 또한 수년에 걸쳐 여직원들을 성추행했다는 혐의로 기소되었다. 그는 여직원들이 그의 사무실에 있는 동안 컴퓨터에 포르노 사진을 올려놓았다. 전해진 바에 의하면 암소처럼 보이도록 페인트칠한 네 발의 여성 나체 사진을 포함하여 노골적인 성적 이미지가 포함되어 있었다고 한다).

디지털, 분권화, 독단적인 권위 없음.

함정이건 우연이건 타일러는 이 브루클린 세일즈맨의 영업에 이끌렸다. 아자르는 계속 말을 이어갔다.

"냅스터와 마찬가지로 이건 P2P입니다. 그리고 이건 모두 공개되어 있습니다. 내부자 정보도, 투자 전략도 없습니다. 모두 오픈 소스이고 민주적입니다. 이 새로운 화폐 체계는 인간이 아닌 수학에 바탕을 두고 있습니다."

아자르는 그들 사이의 테이블에 있던 병들 중 하나를 들고 그의 잔에 물을 채웠다.

"이는 비트코인이라고 합니다."

그는 잔을 높이 들면서 말했다.

"일종의 암호화폐죠."

캐머런은 데이베드에서 그의 말을 따라했다.

"암호화폐, 왠지 법에 어긋나 보이네요. 합법인가요?"

"저는 그 말이 여기 적용된다고 생각되지 않아요. 그게 비트코인의 탁월한 부분이죠. 정부의 승인 없이도 굴러가요. 쳐들어갈 본부도 없죠. 인터넷 자체를 중단하기 전에는 멈출 수 없어요."

인터넷을 중단한다고? 타일러는 그 근육질의 세일즈맨이 말을 돌리고 있다는 것을 알 수 있었다. 그는 기술에 대해 신경을 쓰고 있는 것 같지 않았고, 자신이 팔고 있는 것에 대해 그의 영업 멘트를 넘어선 심오한 지식을 가지고 있는 것 같지도 않았다. 하지만 그가 말했듯이 그는 돈을 알고 있었다. 월스트리트 돈이 아닌 브루클린의 시리아계 정통 유대인으로부터 확장되고 있던 수표 현금 환전 체인을 운영하면서 우연히 알게 된 일종의 돈이었다. 그는 통화의 감정적 연결, 즉 전통적 은행 시스템에 접근할 수 없는 사람들이 수표를 현금으로 바꾸고자 하는 절박함을 이해하고 있었다. 그는 속도와 유동성에 대해 모두 알고 있었다.

다시 아자르가 말하기 시작했다.

"전통적인 현금은 신뢰가 전부죠. 당신은 시스템 기구에 믿음을 가져야 합니다. 그리고 중개인을 신뢰해야 하고요. 하지만 비트코인은 그 누구도 신뢰할 필요가 없습니다. 말씀드렸듯이 이 모두가 수학에 기초하고 있기 때문입니다."

타일러는 그 세일즈맨과 그의 말에 집중하고 있는 형을 바라보았다. 그들 둘 다 이전에 들어 보지 못한 이야기였다. 쌍둥이가 가 보았던 어떤 스타트업 사업설명회에서도, 어떤 실리콘밸리 모임에서도 들어 보지 못한 내용이었다, 오아시스에서도 샌드힐 로드에서도 말이다. 이 암호화폐가 어떻게 작동하는지, 수학이 어떻게 관련되어 있는지는 아직 분명하지 않았다. 그러나 신뢰에 의존하지 않고, 기관의 허가를 필요로 하지 않는 시스템이라니, 너무 달콤하게 들려 오히려 진짜 같지 않았다.

"타일러! 여기요! 파차에서 어젯밤 봤잖아요. 같이 한잔해요!"

타일러는 아자르를 지나 목소리가 들려오는 방향으로 나아갔다. 거기에는 네 개의 데이베드에서 그를 향해 손을 흔드는 한 무리의 미국인들이 있었다. 타일러는 뉴욕에서 만난 적이 있는 두 명을 알아보았다. 조쉬 또는 제이슨이라는 이름의 키 큰 미술 애호가는 1970년대 초 그래피티 마스터에게 헌정된 갤러리를 운영하고 있었으며, 다른 한 명은 마크라메 비키니 차림의 흑갈색 머리를 한 여성이었다. 그룹의 나머지 사람들은 비슷하게 세련되어 보였다. 그들 중 누구도 25세를 넘지 않았고, 이 파티 섬에 대해 모르는 사람도 없었다. 지구 반대편에 있는 이 파티섬에 처음 온 사람도 없었다. 큰 은행 계좌와 십여 개의 신용카드를 가진 부유한 밀레니얼 세대들*인 이 '인플루언서'들은 적극적으로 페이스북 형성을 도왔다. 타일러는 이 사람들 중 누구도 비

.....
* 1980년대에서 2000년대 사이에 태어난 세대

트코인에 대해 들어 본 적이 없을 거라고 확신했다. 그들이 가장 잘 알고 있는 돈이란 손가락과 목, 심지어 발가락에까지 차고 대대로 물려주는 것이었다.

"곧 갈게."

타일러의 부름에 형 캐머런이 대답했다. 그는 이미 의자에서 일어나 손가락에 로제 와인 한 병을 쥐고 있었다. 그러고 보니 그의 형이 뉴욕에서 그 흑갈색 머리의 여성과 데이트를 한 게 아닐까? 타일러는 확신할 순 없었지만 형 캐머런이 예쁜 아가씨에게 술을 따르기 전에 암호화폐에 대해 설명하려고 하지는 않을 거라는 데 돈을 걸 수 있었다.

"당신의 친구들이에요?"

아자르가 물었다.

"알겠습니다. 지금은 휴가 중이시죠. 하지만 뉴욕에 돌아갈 때 다시 이야기하고 싶어요."

타일러가 형의 손에 있는 병을 가리켰다.

"이 한 병을 사려면 얼마의 비트코인이 필요할까요?"

"지금요? 확실하지는 않아요. 제 폰으로 확인해 봐야 해요. 오늘 아침 비트코인 1코인당 7달러 정도에 거래되었어요. 지금은 가격 변동이 너무 심해요. 지금은 많은 사람들이 아는 것도 아니고, 이것으로 아무것도 살 수 없으니까요. 누군가 실제로 페이스북을 하기 전의 페이스북과 같죠."

의심할 바 없이 아자르는 페이스북을 예시로 들어 그들을 감정적으로 설득하려고 하고 있었다. 물론 효과가 있었다. 타일러의 마음이 페이스북, 즉 그들을 이비자로 이끌었던 상황으로 되돌아갔다. 타일러와 그의 형은 사법 제도를 신뢰했지만 패하고 말았다. 인간의 신뢰에 의존하는 시스템이 그들을 실패하게 만들었던 것이다. 그들은 신뢰가 아닌 수학을 강하게 어필하는 시스템에 강한 매력을 느꼈다. 수학은 어느 누구도, 심지어 저커버그도 깰 수 없는 규칙 위에 세워졌다.

타일러는 그들이 아자르의 주장이 비록 수박 겉핥기에 그치는 수준이라는 것을 알고 있었지만, 그 이상으로 이 새로운 화폐에 대해 아무것도 알지 못했다. 이 기술이 실제 무엇인지 또는 무엇을 나타내는지 확실히 알 수 없지만 이런 결론에 도달했다. 비트코인은 무가치하거나, 아니면 언젠가는 어마어마한 가치가 생길 것이다.

타일러는 데이베드에서 일어나 맨발로 DJ 부스의 진동을 느끼며 말했다.

"우리가 이 일에 참여하고 싶다면 어떻게 할까요? 비트코인을 좀 사면 되나요?"

"그렇게 하시죠. 아니면 한 단계 더 깊이 들어갈 수도 있어요.

제가 말했듯이 비트코인은 변덕스럽죠. 비트코인을 사는 건 도박과 같아요. 누구나 알듯이 도박사가 된다고 해서 정말로 부자가 되는 건 아닙니다."

아자르는 웃으면서 계속 말을 이어갔다.

"당신은 진짜 부자가 될 수 있어요. 당신이 도박장이 된다면 말이죠."

그 비유는 좀 빗나갔다. 그들은 도박장이 아니라 은행이다. 카지노에 계속 비유하자면 '출납 창구'가 될 것이다.

"캐머런, 운전 조심해. 전신주에 부딪치게 되면 우린 은행이든 도박장이든 아무것도 못해."

캐머런은 주행 차선으로 바꾸면서 SUV의 속도를 낮췄다. 타일러가 맞았다. 40분 전 롱아일랜드 고속도로에 오른 후 캐머런은 전화 미팅에 너무 빠져 무의식적으로 운전을 하고 있었다. 다시 말해, 머릿속 맹렬히 질주하는 생각과 일치하는 그랑프리 경주 스타일로 빠르게 운전했다는 것이다.

"이 고속도로 위에는 더 이상 전신주가 없는 거 같아."

그는 자동차 스피커 콘솔의 음소거 버튼 위에 자신의 엄지손가락을 대며 말했다.

누가 더 이상 전신주를 필요로 하겠는가? 그의 옆 좌석에 있는 스마트폰은 차량 컴퓨터의 블루투스를 통해 가장 가까운 기지국에 보이지 않게 연결되었다.

그가 버튼을 누르자 음소거 기능이 풀리면서 그가 나눈 모든 대화가 디지털 정보로 바뀌고 0과 1의 전자 패킷으로 묶여 기지국을 지나 더 큰 데이터로 이어졌고, 이는 수 마일 떨어져 있는 또 다른 기지국에 연결되어 마침내 오늘 아침의 목적지인 맨해튼 23번가 사무실의 스마트폰으로 날아갔다.

자신들의 사무실(윙클보스 캐피탈 본사)을 만들고 있던 곳에서 몇 블록 떨어져 있는 곳에 도착해 미팅하기 전까지는 결정을 유보하는 게 더 신중한 판단일지도 모른다. 하지만 캐머런은 그들이 이비자에서 돌아와 아자르와 연락한 이래로 줄곧 마음이 들끓고 있었다.

아자르는 트위터로 캐머런을 팔로우하고 있었다. 캐머런은 블루마린에서 그에게 이메일 계정을 알려 주었는지 아닌지 기억나지 않았다. 모델들로 가득한 해변에서 낮술을 마셔서 정신이 사나웠고, 전용 수영장이 있던 빌라도 마찬가지로 집중에는 도움이 되지 않았다. 고맙게도 아자르는 재치가 있었다. 그의 첫 트위터는 캐머런을 크게 웃게 만들었다.

제가 이비자 블루마린에서 가상화폐에 대해 논의한 게 당신인지 당신의 동생인지 모르겠네요. 뉴욕에서 만나죠.

이는 빠르게 공식적인 대화로 이어졌고 마침내 직접 만나게 되

비트코인 억만장자의 신화

었다. 캐머런과 타일러는 뉴욕에 로프트 아파트*가 있었지만, 대부분 여름은 햄튼에 있는 부모님 집에서 보냈다. 햄튼은 이비자와 비교할 순 없지만 나름 유명한 휴양지로, 고급스러운 레스토랑과 유명한 맨해튼 나이트클럽의 여름 출장소로 알려져 있었다. 쌍둥이는 대부분의 시간을 해변에서 보내며 비트코인이라는 주제로 찾을 수 있는 것이면 어떤 자료든 닥치는 대로 확인하고 있었다. 당시에는 비트코인에 대한 단 한 권의 책도 발간되어 있지 않았다. 하지만 인터넷을 샅샅이 뒤지면서 쌍둥이는 블로그 게시글, 레딧 게시물, '비트코인 사용자'로 알려진 얼리어답터들이 쓴 글, 그리고 사토시 나카모토의 비트코인 백서를 발견했다. 그들은 이 새로운 가상화폐에 대한 학술적 의견을 얻기 위해 그들이 MBA 학위를 취득했던 하버드 및 옥스포드 교수들에게 이메일을 보냈다.

그들의 연락을 받은 그 어떤 교수도 비트코인에 대해 들어 본 적조차 없었다. 심지어 그중 몇 사람은 세계적인 엘리트 경제학자였음에도 말이다. 그들이 지금까지 공부를 통해 알게 된 내용을 설명하자 그중 몇 명은 생각할 것도 없이 비트코인은 일종의 신용 사기 또는 다단계 금융 사기라고 대답했다. 그러나 캐머런이 그들에게 왜 그런지를 강하게 질문했을 때, 교수들은 신용 사

`······`
* 높은 천정과 큰 창, 벽돌과 시멘트 천정의 개방형 공간에 미학적인 디자인을 적용한 아파트

기가 무엇이고 이것이 왜 다단계 금융 사기인지 명확하게 설명하지 못했다.

캐머런은 SUV를 제한속도 아래로 살짝 줄이고 대화를 위해 버튼을 눌렀다.

"파티가 막 시작되었어요,"

불쑥 목소리가 들렸다. 말이 너무 빨라 서로 충돌하는 듯했다.

"비트코인 경제 시가총액은 단지 1억 4천만 달러에 불과해요. 금은 7조예요. 금은 이제 사용할 곳이 별로 없어요. 가게에 가서 금으로 된 껌 한 통을 사 봐요."

전화에서 들리는 목소리는 이따금 식별하기가 어려웠다. 시속 100킬로미터로 달리는 차인 데다가 중앙선 맞은편의 응급 차량 사이렌 소리까지 들리니 전화 목소리를 구별하는 게 두 배나 힘들었다. 하지만 캐머런이 오늘 그가 만나러 가는, 팀에서 가장 어린 찰리 쉬렘의 목소리를 식별하기엔 전혀 어려움이 없었다. 빠르게 말하는 찰리의 습관뿐만이 아니라 그의 나이에 상응하는 에너지 레벨 때문이었다. 그는 겨우 스물두 살로, 아직도 정통 시리아계 유대인 이웃들이 자리 잡고 있는 브루클린의 어머니 집 지하실에서 살고 있었다. 하지만 그는 확실히 신동이었다. 캐머런은 그와 많은 이메일을 주고받았다. 그가 공동 설립한 회사이자 아자르가 그룹 투자금을 모으려고 했던 사업은 이미 비트코인 커뮤니티에 큰 반향을 일으키고 있었다.

하지만 그들이 비트코인 회사에 투자를 할지 말지를 결정하기 전에 캐머런과 그의 동생은 우선 비트코인이 무엇인지를 제대로 이해해야만 했다. 무엇이 좋은가? 또한 제 역할을 하는 돈인가? 무엇이 금보다 더 낫게 만들었을까? 결국 돈이란 무엇인가?

"좋아요. 하지만 금은 내재가치가 있어요."

타일러가 말했다.

"금은 보석으로 사용되고 트랜지스터에도 있죠."

"현금은 어때요?"

찰리가 대답했다.

"70년대 이후 현금은 이제 금으로 보증되지 않아요. 정부는 원하는 만큼 찍어 낼 수 있죠. 다단계 금융 사기를 말하는 거예요. 거긴 내재가치가 없어요."

"현금은 내재가치가 있죠."

캐머런이 대답했다.

"산 정상에서 얼어 죽을 만큼 춥고 가진 거라곤 현금밖에 없다면 온기를 위해 현금을 태울 수도 있잖아요."

"아! 『클리프행어』에 나왔던 거네요."

아자르의 목소리가 자동차 스피커를 통해 나왔다.

"전 그 영화를 좋아해요."

"금의 내재가치는 과대평가되어 있어요."

전화기 너머로 다른 목소리가 들려왔다.

캐머런은 타일러를 쳐다보고 있었다. 새로운 목소리는 찰리의 마케팅 팀장인 에릭 부어히스였다. 부어히스는 찰리보다 연상이었으며 부드러운 말투를 썼고, 무척 예리한 동시에 비트코인에 정통해 보였다. 콜로라도 태생인 부어히스는 프리 스테이트 프로젝트를 위해 뉴햄프셔 주로 이동하기 전까지는 전 세계를 여행한 철저한 자유주의자*였다. 오스트리아 경제학파의 전도사로서 철학자이자 행동주의자인 부어히스는 최근 뉴욕에서 찰리의 신생 회사 운영을 돕기 위해 합류했다. 그가 비트코인에 끌린 부분은 비트코인은 어떤 국가에도 의존하지 않고 진정으로 국경이 없는 화폐 형태라는 것이었다.

"만약 당신이 섬에서 난파당한다면 당신에게 금은 아무런 도움이 되지 않을 거예요."

그러자 타일러가 부어히스에게 대답했다.

"만일 주중 아무 때나 금덩어리나 돈다발로 음식이나 물을 사야 한다면요?"

부어히스가 말하였다.

"그런 상황이라면 비트코인은 금이나 현금과 비슷한 내재가치

·····
* 자유시장에 최소한의 정부 개입을 주장하는 급진적인 학파

를 가질 수 있어요. 하지만 차이점은 당신이 현금과 금, 비트코인과 함께 무인도에 갇혀 있는데 당신이 스마트폰을 가지고 있다면 비트코인을 사용하게 될 거란 거예요. 왜냐하면 비트코인은 기술적인 내재가치를 지녔기 때문이죠. 비트코인은 게임을 완전히 바꿀 수 있는 잠재력을 지니고 있어요."

캐머런과 타일러는 고속도로에 오르기 30분 전에 세븐일레븐이 함께 있는 주유소에 들렀다. 다시 출발하고 8킬로미터를 지난 뒤에야 타일러는 자기 지갑을 주유기 위에 놓고 온 걸 깨달았다. 그들은 즉시 차를 돌렸다. 이 경험은 이비자 펜션에 늦게 입금된 돈처럼 실물 화폐의 타고난 결함을 명확하게 확인시켜 주었다. 그들은 다시 질문했다. 그나저나 돈이 무엇일까?

롱아일랜드 고속도로변 주유대 상단의 가죽 지갑 안에 놓여 있는 이것은 사망한 대통령들과 저명인사들 사진이 들어간 녹색 종이 몇 장에 불과할까?

아니면 땅속에서 추출되어 금괴로 만들어지거나, 또는 동전이 되었다가 어딘가의 금고에 다시 보관되는 반짝거리는 광물에 불과한가?

혹은 급속하게 변화하는 세상에 보조를 맞추는 어떤 특별한 무엇이 될 수 있을까? 이 새로운 무엇이 캐머런 옆자리에 놓인 스마트폰 안에서 광범위하게 활용되고 있는 기술만큼이나 실용

적이고 꾸준할 수 있을까?

"'베이커리'에 오신 것을 환영합니다. 이 벽면이 말을 할 수 있다면 글쎄, 욕설을 하지 않을까요? 여긴 꽤 오랫동안 연기에 찌들어 있었거든요. 하지만 여긴 우리가 멋진 아이디어를 떠올리는 곳이에요. 보다 나은 내일을 위해 오늘의 신경세포를 환하게 밝히는 거죠."

찰리 쉬렘은 캐머런과 타일러가 상상해 온 신동 CEO에 꼭 들어맞는 이미지를 지녔다. 작은 키에 약간의 수염, 곱슬곱슬한 머리카락은 너무 두껍게 바른 헤어젤로 반짝거렸다. 그는 윙클보스 쌍둥이의 조정 키잡이만큼 작았지만, 그의 존재감은 8개월 된 스타트업 사무실을 지배하고 있었다.

그는 쌍둥이를 23번가 현관 밖에서 만나자마자 서커스 단장처럼 행동했다. 그는 두 팔을 활짝 벌리고 환한 미소를 짓고 있었다. 그는 어색한 힙스터식 포옹으로 쌍둥이를 안았다. 캐머런은 긴장된 에너지가 그에게서 흘러나오는 것을 느끼지 않을 수 없었다. 찰리는 사실 떨고 있었다. 격자무늬 반소매 셔츠, 오래된 카키색 바지에서 마리화나 냄새가 흘러나오고 있었다.

쌍둥이를 만난 이후 찰리의 에너지 레벨이 올라가기 시작했다. 그들을 사무실로 안내할 때 찰리는 그의 척 테일러 컨버스 신발 밖으로 뛰쳐나갈 것처럼 들떠 있었다. 책상과 컴퓨터는 어지럽게 널려 있었고, 꼬인 전선들이 사방으로 뻗어 있었다. 찰리는 노출된 벽에 부착된 평면 스크린 아래 멈춰 서서 현재 비트코인 가격을 보여 주었다. 7달러 43센트. 그리고 그는 자신이 어떻게 일찍이 비트코인에 관심을 갖게 되었는지를 설명했다. 다음으로 그는 '베이커리'라고 부르는 방으로 그들을 데리고 갔다. 그곳엔 '말하는 벽면'이 있었는데 그렇게 부르는 이유는 따로 있었다.

23번가를 바라볼 수 있는 창문과 함께 작고 비좁은 곳에 찰리가 좋아하는 취미용 도구들이 선반과 구석 곳곳에 있었다. 캐머런은 적어도 세 개의 마리화나 흡입기, 그리고 컴퓨터 장비와 서류철 사이에 있는 세라믹 재떨이를 볼 수 있었다. 또한 그는 알 수 없는 장치도 보았는데, 나중에 찰리가 가습기 형태의 마리화나 흡입기라고 설명하였다. 나무상자 밖으로 유리관이 나와 있었는데 상자 내에서 마리화나를 태우면 증기로 변환되는 장치였다. 그는 이 발명품이 몇 년 이내에 확실히 인기를 끌 것이라 믿었다. 캐머런은 그의 동생과 찰리를 따라 방으로 이동했다. 거기서 그들은 마르고 보통 키, 가늘고 붉은 머리와 다부진 체형을 가진 부어히스와 이비자에서 알게 된 오랜 친구인 아자르를 만났다. 그곳에서 캐머런은 미니어처 오일 드럼통 같은 한 쌍의 통을 보았다. 좀 더 가까이 들여다보자 드럼통이 키릴 문자로 덮여 있다는 걸 알 수 있었다. 그가 읽을 수 없는 언어였지만, 하버드에서 수강했던 180시간의 언어학을 통해 그 단어가 러시아어라는 걸 알 수 있었다.

"그렇죠, 이건 정말 멋져요."

찰리가 그중 하나를 집어 캐머런에게 건네며 말했다.

"미니어처 오일 통 모양의 보드카. 반대편에 뭐라고 쓰여 있는지 보세요."

"NEFT, 우린 비트코인 경제를 지지한다."

캐머런이 크게 읽었다.

"뒷면에 있는 바코드를 스캔하면 비트코인으로 살 수 있어요. 기막히게 훌륭하죠."

캐머런에게 찰리와 그의 회사 소개는 재미있기도 하고 어느 정도 황당하기도 했다.

그는 다소 특별한 점이 있었다. 그는 똑똑하고 산만했지만 무슬림 신비주의자 같은 분위기가 있었다. 한 가지 확실한 것은, 샌드힐가의 스타트업처럼 주름진 카키색 바지를 입고 밸리에서 초기 투자금을 모으는 실리콘밸리 스타일과는 전혀 다르다는 것이다.

부어히스는 작은 모양의 드럼통을 가리키며 말했다.

"비트코인은 소문자 b를 가지고 있는 디지털 화폐입니다. 찰리가 말했듯이 디지털 지갑에서 소문자 b가 있는 비트코인을 캔 옆면 QR코드에 내장된 주소로 보냅니다. 아주 간단하지만, 이건 일부에 지나지 않아요."

캐머런은 조사를 통해 최초의 비트코인 거래는 2010년 5월 22일 물건을 사는 데 사용되었다는 걸 알고 있었다. 그 역사적인 날, 피자에 굶주린 플로리다의 프로그래머 라스즐로 핸예츠는 허기진 배를 채우려고 비트코인 일부를 사용하기로 마음먹었다. 그런데 단 한 가지 문제가 있었다. 당시에는 비트코인을 지불 수단으로 받아들이는 상점이 없다는 점이었다. 그럼에도 불구하고 핸예츠는 비트코인 포럼에 '비트코인으로 피자?'라는 제목의 메시지를 올렸다. 이 포럼은 당시 비트코인 사용자들의 주요 온라인 모임 장소였다.

피자 두 판에 1만 비트코인을 지불하겠습니다. 라지 사이즈 2개 정도가 되어야 다음날 먹을 수 있는 게 남습니다. 저는 나중에 먹을 수 있도록 피자를 남겨 두는 걸 좋아합니다. 직접 피자를 만들어서 저희 집에 가져와도 되고 배달지에서 주문해도 됩니다. 하지만 저는 비트코인과 교환하여 음식 배달 받기를 원합니다. 제가 직접 주문하거나 준비할 수 없는 곳, 호텔 같은 데서 아침 식사를 주문하는 것처럼 먹을 걸 가져다주시면 좋겠습니다.

온라인에서 '저코스'라고 불리던 열여덟 살의 제레미 스터디번트는 이 주문을 받기로 결심하였다. 그들은 인터넷 채팅을 통해 거래를 확정했고 핸예츠는 저코스에게 1만 비트코인을 보냈다. 그 당시 파파 존스 피자 두 판은 30달러 정도였다. 핸예츠는 비트코인 토크 포럼에서 거래를 확정하였다.

제가 1만 비트코인을 피자와 성공적으로 교환했음을 보고합니다. 저코스 감사해요!

그날은 영원히 비트코인 피자 데이로 기억될 것이다. 그 이후 비트코인 사용자들은 핸예츠가 지불했던 피자 두 판의 현재 가치를 추적하기 위해 '@bitcoin_pizza'와 같은 수많은 트위터 계정을 만들었다. 이 글을 쓰고 있는 현재 그 피자 두 판의 가치는 약 3,660만 달러.

"대문자 B로 시작하는 비트코인에서 실제 활동이 일어납니다."

찰리가 말했다.

찰리는 대화를 어려워하는 것 같았다. 아자르가 그전에 대화 중 찰리의 배경에 대해 쌍둥이에게 말한 적이 있었다. 아자르도 살았던 적이 있는 이 브루클린 시리아계 유대인 공동체에서 찰리는 사회성이 부족한 아이였다. 아자르와 찰리는 서로 몇 블록 떨어져 살았는데, 찰리는 항상 컴퓨터에 재능이 있었다. 그는 한 번도 피구 선수로 뽑힌 적이 없는 종류의 아이였는데, 갑자기 주목받았고 그 순간을 최대한 활용하려고 했다. 윙클보스 쌍둥이에게 그는 전혀 낯설지 않은 캐릭터였다.

"대문자 B의 비트코인은 프로토콜, 다른 말로 하자면 전체 비트코인 네트워크를 의미합니다."

부어히스가 말했다. 그의 신중한 어조는 찰리의 빠른 말투와 선명한 대조를 이루었다.

"소문자 b의 비트코인은 비트코인 네트워크를 따라 이동하는 디지털 자산을 말합니다."

"같은 말이지만 대소문자에 따라 의미가 달라지죠."

찰리가 끼어들었다.

"프로토콜은 인터넷의 디지털 통로예요."

부어히스가 계속 이어 말했다.

"이것은 당신들의 이메일이 여행하는 파이프이며, 지구 반대편 청취자에게 목소리를 전달하는 터널과 같습니다. 대문자 B

비트코인 프로토콜은 비트코인을 포인트 A에서 포인트 B로 이동시키며, NEFT 보드카의 미니어처 오일통을 살 수 있게 해줍니다."

"비유가 조금 위험해 보이네요."

캐머런이 말했다.

"대문자 B 비트코인이 배관이라면 소문자 b 비트코인을 디지털 폐수 그 이상으로 만드는 건 뭐죠?"

부어히스가 웃으며 말했다.

"금을 값어치 있게 하는 특성들이 비트코인을 가치 있게 만들죠."

캐머런과 그의 동생은 새로운 디지털 통화에 대해서는 이제 막 배우기 시작했을지 모르지만, 그들은 하버드에서 경제학을 전공한 사람으로서 구식 화폐 세계에 정통했다. 하버드에서 그들은 로널드 레이건 대통령의 수석 경제 자문이었던 마틴 펠드스타인에게 배웠다. 마틴 펠드스타인은 만화영화 『심슨 가족』의 '미스터 번스' 캐릭터의 모티브가 된 사람이었다. 쌍둥이는 애덤 스미스, 밀턴 프리드먼, 그리고 존 메이너드 케인스의 책들에 깊이 빠져 있었다. 그들은 고전적인 수요와 공급의 사례를 통해 금이 사람들이 기꺼이 지불하려는 대가를 지녔다고 이해했다. 그

......
* 『심슨 가족』의 등장인물 중 제일 부자인 기업가 캐릭터.

들 또한 무엇이 금의 수요를 일으키는지 알고 있었다. 그 수요는 금을 쓸모 있는 화폐로 만들었다. 그들은 한때 파워포인트로 이 주제에 대해 발표한 적도 있었다.

인류사회 초기에 금이 화폐가 된 것은 바로 금의 화학적 특성 때문이었다. 원자 주기율표에서 원자들의 특성들을 분석해 보면 후보군을 하나씩 지워 나갈 수 있다. 화폐로 사용될 물질은 반응성이 높으면 안 된다. 자칫하면 손안에서 폭발할지도 모르기 때문이다. 또한 부식성이 높아서도 안 된다. 녹이 슬기 때문이었다. 여기서 다른 38개 원소는 이미 탈락이었다. 화폐는 희소해야만 하지만 너무 희소해서도 안 된다. 구리와 같은 금속은 너무 풍부한 반면, 오스뮴 같은 금속은 운석에서만 발견되어 너무 희귀했다. 따라서 또 다른 26개의 원소들이 배제되었다.

남겨진 건 8개의 귀금속 중 5개뿐이었다. 로듐, 팔라듐, 백금, 은 그리고 금이었다.

로듐과 팔라듐은 화폐가 사용된 지 수천 년이 지난 1880년대에야 발견되었다. 산업혁명 이전에는 백금은 용해점이 너무 높아 화로에서 녹이기 쉽지 않았다. 결국 은과 금만이 남았다. 은은 쉽게 변색되었고 보다 광범위하게 산업적으로 활용할 수 있어 화폐로 만들기에는 너무 쓸모가 많았다. 결국 금만이 화폐가 될 수 있었다.

"금은 자연에 존재하는 자원으로 희소하고, 오래가며, 가지고 다닐 수 있어요. 나누어지기도 하고, 대체 가능하죠. 가짜를 만들기도 어렵고, 진품 여부를 쉽게 확인할 수 있어요. 그리고 가치가 있죠."

타일러가 말했다.

"똑같아요."

부어히스가 말하였다.

"비트코인 역시 그런 모든 특성을 지닌 자원이에요."

찰리가 끼어들었다.

"비트코인은 금보다 나아요."

"맞아요. 비트코인은 금처럼 그렇게 희소하지 않지만, 공급이 고정되어 있어요."

부어히스가 말했다.

"사토시 나카모토의 오리지널 백서에 따른 디자인에 의하면 2천1백만 비트코인 이상 만들어질 수 없어요. 금의 공급은 새로운 저장지가 발견될 때마다 계속 늘어나지만요. 그리고 비트코인은 금보다 더 작게 쪼개질 수도 있어요. 하나의 비트코인은 1억 분의 1까지 나누어질 수 있어서, 사람들은 0.00000001비트코인도 가질 수 있어요. 그리고 당신은 이걸 누구에게나 이메일처럼 동시에 보낼 수 있어요. 이메일로 골드바를 누군가에게 보낸다고 생각해 봐요."

"날개 달린 금, 골드 2.0!"

찰리가 말했다.

"모든 게 컴퓨터 소스코드로 만들어지고 말이죠."

타일러가 보탰다.

찰리는 돌아가는 상황을 즐기고 있는 듯했다. 그리고 자기 자신에게 주는 보상처럼 마리화나 파이프를 잡았다.

"코드가 법이죠."

부어히스가 말했다.

"수학적인 법."

캐머런이 물었다.

"같은 비트코인을 두 번 사용하지 못하게 하는 이유가 뭔가요? 내가 같은 사진을 이 메일로 두 번 보낼 수 있다면, 왜 내 비트코인으로는 그렇게 할 수 없는 거죠?"

부어히스가 말했다.

"중복 사용 방지입니다."

이것은 현실 세계의 현금에는 존재하지 않았던, 디지털 화폐의 유일한 문제였다. 당신이 누군가에게 20달러 지폐를 주었다면 당신은 돌아서서 방금 전에 주었던 것과 똑같은 돈을 누군가에게 줄 수 없다. 하지만 1과 0이 넘쳐나는 디지털 세상에서는 그런 물리적인 제약이 없다.

역사적으로 중앙 당국자들(연방준비은행, 비자, 마스터카드)의 도움으로 거래들을 모니터링하여 동일한 디지털 화폐가 동일인에 의해 두 번 사용되지 않도록 함으로써 이런 문제를 방지했다. 하지만 비트코인은 어떤 권위기관도 재판관도 없다. 이런 일을 컴퓨터 공학업계에선 '비잔틴 장군들의 문제'로 불렸으며, 해결할 수 없는 문제라고 생각했다. 완전히 분산된 시스템에서 어떻게 합의를 만들어 낼 수 있을까?

"그런 점에서 이게 진짜 훌륭한 거예요."

찰리가 마리화나 파이브를 쳐다보면서 말했다.

"사토시는 백서에서 문제를 풀었어요. 이로 인해 모든 것이 시작되었죠. 답은 비트코인 전체시스템을 작동시키는 원리예요. 채굴."

캐머런은 비트코인 생태계의 엔진 역할을 하는 '채굴' 시스템에 관해 자기 생각을 정리하기 위해 몇 시간을 인터넷 검색에 투자하였다. 비트코인이 어떻게 작동하는지는 여전히 제대로 이해할 수 없었지만, 그는 이미 매료되어 있었다. 부어히스는 비트코인 채굴꾼들, 즉 전문 소프트웨어를 실행할 수 있는 컴퓨터를 가진 사람들이 어떻게 거래에서 생성된 복잡한 수학 문제를 해결하여 비트코인 거래를 검증하고 감시하는지를 설명해 주었다.

일단 한 채굴자가 새로운 블록에 대한 수학 퍼즐을 풀면 그 블록은 이제까지의 모든 비트코인 거래가 기록된 글로벌 원장인 비트코인 '블록체인'에 추가된다. 채굴자들은 그들의 노력으로 네트워크에서 새롭게 발행된 비트코인을 보상으로 받는다. 이를 '블록 보상'이라 한다. 채굴자가 네트워크에 더 많은 컴퓨터 연산 능력을 사용할수록 그들은 더 많은 수학 문제를 풀고 더 많은 블록 보상을 받을 수 있게 된다.

"좀 더 기술적인 용어로 말하면,"

부어히스가 말했다.

"채굴자의 해시레이트가 클수록 보상을 받을 가능성은 더 높아집니다."

캐머런은 몇 년 전 컴퓨터공학 수업 시간에 들어 알고 있었다. 해시레이트는 컴퓨터가 1초 동안 연산을 얼마나 수행할 수 있는지를 측정한 값이다. 채굴자들은 비트코인 현재 거래의 블록 입증을 위한 수학문제 해결을 위해 다른 사람들과 격렬하게 경쟁하고 있었다. 이들 채굴자들은 더 빠른 칩을 구매하고, 냉각 데이터 센터에 그들의 컴퓨터를 보관하는 등 그들의 하드웨어에 더 많이 투자할수록 새롭게 생성되는 비트코인 보상을 얻을 가능성이 높아진다. 그리고 다시 경쟁이 시작된다.

그 과정을 이해하려고 노력하는 와중에 캐머런은 어떤 간단한 비유가 떠올랐고 그 자리에서 말해 보기로 했다.

"『찰리와 초콜릿 공장』영화를 기억하시죠?"

캐머런이 말하기 시작했다.

찰리는 캐머런이 말하는 도중에 잠시 뜸을 들일 때 연기를 내뿜었다.

"재미는 기대하지 마세요. 움파룸파*가 겁줄 거니까요."

찰리는 캐머런 바로 옆에서 대마초를 피우며 점점 몽롱해지고 있었다. 캐머런은 산만해지지 않으려 애쓰면서 말을 계속했다.

"영화 속 꼬마는 캔디바 속에 있는 골든 티켓을 찾고 있었어요. 꼭 광부처럼요. 여기서 골든 티켓은 윌리 윙카 초콜렛 공장을 구경할 수 있게 하는 티켓이에요. 마치 블록 보상처럼 말이죠. 이제 그가 골든 티켓을 찾아 나선다고 가정해 보죠. 그 꼬마는 캔디바를 샀을 때 구매를 입증할 테고, 그러면 공장의 회계 장부, 즉 윌리 윙카의 블록체인에도 동시에 기록될 거예요. 이제 전 세계에 골든 티켓을 찾으려는 수많은 꼬마가 있다고 가정해 보죠. 윙카가 가게를 열자마자 그들은 윙카 블록체인을 감시하고 다른 사람들의 작업을 체크하려고 할 거예요. 윌리 윙카가 만들어 낸 경쟁 때문에 전 세계의 아이들은 윙카 캔디바의 거래를 검증하고 기록하는 데 협조하게 됩니다. 그리고 누가 얼마나

.....
* 영화 『찰리와 초콜릿 공장』에 나오는 소인족

지불했는지를 윙카가 추적할 수 있도록 돕죠. 이로 인해 그의 이윤은 보호되고, 그의 공장은 사업적으로 잘 유지되며, 모두를 위한 초콜릿이 만들어지도록 확실하게 보장합니다."

부어히스가 미소를 지었다.

"아주 좋은데요. 비트코인의 원리를 완벽하게 설명해 주네요. 중개인도 지키는 사람도 없이 당신은 채굴자들의 공개 경쟁, 즉 거래를 입증하고자 스스로 동기 부여된 개인들로 구성된 시스템을 갖고 있는 것이죠. 은행이나 어떤 정부도 거래의 판결을 위해 중간에 있지 않고, 파이의 한 조각조차도 가져가지 않아요. 중개인은 수학으로, 혹은 당신의 예시처럼 영화 속 꼬마의 경쟁자로 교체되었어요."

타일러가 말했다.

"비트코인의 윌리 윙카이자 영화 속 모든 무대를 만든 사람은 사토시 나카모토죠."

캐머런은 책을 읽고 비트코인의 창시자가 그의 비유 속 가상 인물인 윙카 못지않게 신비롭다는 걸 알게 되었다. 2008년 10월 31일에 사토시 나카모토는 그의 유명한 비트코인 백서를 발표했다. P2P 전자현금 시스템, 암호 메일링 리스트. '암호화 기술과 정치적 영향에 할애하는 저소음 조절 메일링 리스트', '공인된 삼자 없이 거래하는 완전한 P2P 방식의 새로운 전자현금

시스템이다.'

비트코인의 주요 특성을 담고 있는 백서의 내용은 아래와 같다.

- P2P 네트워크에서는 중복 사용이 방지된다.
- 화폐 인쇄 또는 제3의 인증 기관이 불필요하다.
- 익명으로 참여가 가능하다.
- 새로운 코인은 해시캐시* 스타일의 작업 증명으로 만들어진다.
- 새로운 코인 생성을 위한 작업 증명은 동시에 중복 사용을 방지하기 위해 네트워크를 강화한다.

그리고 3개월 뒤에 비트코인 소프트웨어 첫 번째 버전이 출시되었다. 3천만 줄의 코드라인으로 사토시는 그 이전 누구도 하지 못한 업적을 남겼다. 그는 믿을 수 있는 중개기관의 필요성을 제거한 것이다. 2009년 1월 3일에 사토시는 첫 번째 비트코인 블록인 블록 제로, 즉 '제네시스 블록'을 입증하였다. 제네시스 블록에 새겨진 내용은 그 날 런던 타임지의 헤드라인 뉴스 제목이었다.

......
* 자주 이용하는 콘텐츠를 컴퓨터 기억장치에 저장해 둔 뒤 필요할 때마다 인터넷에 접속하지 않고도 이용할 수 있는 기술

재무장관, 은행에 두 번째 구제 금융 임박

그 문구는 인간의 오류와 그것이 금융 시스템에 미치는 영향을 냉정하게 상기시켜 주었다. 그 이후 사토시는 사라져 버렸다. 그리고 다시는 찾을 수가 없었다. 수년에 걸쳐서 많은 저널리스트들이 숨어 버린 그를 추적하였지만 할 수 있는 게 거의 없었다. 사토시 나카모토는 가상인물처럼 보였다. 일본어로 사토시는 '명확한 생각' 또는 '현명하다'는 뜻이고 나카는 '내부' 또는 '관계'라는 뜻이다. 모토는 '기원' 또는 '기초'라는 뜻이다. 모두 합치면 그 이름은 '내부 기초를 명확하게 생각하다'라는 뜻이 된다. 이게 단서인가? 아니면 만트라*인가?

사토시는 그의 백서와 소스 코드, 블로그 포스트, 그리고 비트코인 코어 개발자들과 주고받은 메일을 통해 인터넷에 총 8만 단어를 남겼는데 이는 일반적인 소설 한 편의 길이에 해당된다. 하지만 그럼에도 불구하고 그는 개인적인 단서를 거의 남기지 않았다. 그의 이름은 일본인 남자의 것이었지만, 관용적인 표현과 미국식 철자와 영국식 철자를 번갈아 사용하는 흠 없는 영어를 구사했다. 그가 쓴 글에는 어느 지역 시간대인지도 표시되어 있지 않았다. 추적 저널리스트들은 이 신비로운 발명가 후보

.....
* 기도 · 혹은 명상 때 외는 주문

로 적어도 약 열다섯 명을 거론했다. 여기엔 테슬라의 억만장자인 일론 머스크, 2009년에 사토시로부터 첫 비트코인 거래를 한 게임의 디자이너이자 암호학자인 할 피니가 포함되어 있었다. 그러나 이러한 추측 중 어느 것도 단서가 되지 못했다.

부어히스는 말했다.

"나에게 사토시를 둘러싼 미스터리는 버그가 아닌 비트코인의 특성이에요. 비트코인의 장점은 사토시와 같은 특별한 누군가를 중심으로 만들어진 게 아니라는 겁니다. 비트코인을 이해하기 위해서는 비트코인만 이해하면 돼요."

찰리는 몽글몽글 피어오르는 연기 뒤에서 기침을 하고 나서 씩 웃었다

"중력이 아이작 뉴턴을 믿기 때문에 작용하는 건 아니에요."

10분 뒤에 일행이 베이커리를 나와서 스타트업 사업의 경영 본부로 이동하는 것으로 찰리는 그의 가이드 투어를 끝냈다.

그는 한 쌍의 데스크탑 컴퓨터에서 구동되는 자신의 소프트웨어를 그들에게 보여 주었다.

"우리 회사인 비트인스턴트는 비트코인 경제의 일부입니다. 우리는 사람들이 비트코인을 쉽게 살 수 있도록 도와주는 사업을

하죠. 우리는 현금을 받고 이를 비트코인으로 바꿔 즉시 보내 줍니다."

"소액의 수수료로 말이죠."

부어히스는 캐머런과 그의 동생 뒤에서 또렷하게 말했다.

"보세요."

찰리가 말을 이었다.

"현재, 단 하나의 거래소가 비트코인 사업의 거의 90%를 담당해요. 만약 당신이 거래소에서 비트코인을 산다면 당신은 계좌 개설, 서류 작성, 해외 송금 등의 고통을 겪어야 하죠. 계좌가 승인되기를 몇 주 동안 기다려야 하고, 또 돈이 도착하기를 며칠 동안 기다려야 해요. 너무 괴롭고 힘든 일이죠. 비트인스턴트에서는 우리가 이 모든 걸 처리해 드립니다. 당신은 우리에게 현금만 주면 돼요. 나머지는 우리가 다 합니다."

"당신이 출납 창구네요."

캐머런이 말했다.

"환전을 책임지는 사람 말이죠."

"맞아요. 저희는 현금을 바로 코인으로 바꿔 드려요. 현금을 저희에게 주면 저희는 30분 이내에 당신의 가상 지갑 속에 비트코인을 넣어 드리는 거죠."

"이 가상 지갑은 해커들로부터 안전한가요? 혹시 핸드폰을 잃어버린다든가 컴퓨터가 해킹된다면……."

"옛날 서부 시대 때 은행 금고가 없어졌던 것처럼요?"

찰리가 보탰다.

"맞아요. 비트코인은 다른 안전 이슈가 있어요. 비트코인은 디지털이지만 실물이기도 하거든요."

찰리가 왼손을 들어 올렸다.

캐머런은 이 젊은 창업가의 새끼손가락 주위에 은빛이 반짝이는 것을 보았다. 찰리는 조심스럽게 반지를 꺼내어 캐머런과 그의 동생에게 반지 안쪽에 새겨진 수백 자의 작은 알파벳들을 보여주었다.

"이게 당신의 개인 키인가요?"

캐머런이 물었다.

그는 비트코인을 제어할 수 있는 '비밀번호'에 대해 말했다. 각 비트코인 개인 키(Key)는 1과 0의 조합이 될 수 있는 256비트 숫자로 2의 256승의 가능성을 허용하는 256비트 숫자였다. 투시도에 넣어 보면 우주에 있는 관찰 가능한 원자들보다 더 많은 수이다. 어떤 사람이 이 암호를 맞출 수 있는 확률은 115콰트로비진틸리언*분의 1이다.

"마지막 다섯 자리 알파벳과 숫자만 제 머릿속에 있죠."

……
* 0이 78개 붙는 단위를 가리킨다.

"당신이 스스로 반지에 암호를 새겨 넣었나요?"

"사실은 제 아버지께서 하셨어요. 아버지는 보석상을 하시거든요. 제가 아버지께 새겨 달라고 부탁했어요. 여기 제 비트코인의 20%가 손가락 위에 있어요. 이걸 우린 오프라인의 '냉동 창고'라고 불러요."

"이 방법이 정말 실용적인가요?"

타일러가 물었다.

"USB 드라이브에 저장할 순 없나요? 안전한 곳에 보관해야죠."

"그러면 일부는 USB에, 일부는 암호가 보호되는 컴퓨터에 저장하면 되죠. 새끼손가락 반지에도, 팔뚝의 문신에도 일부 넣고요. 요점은, 사람들이 비트코인으로 무얼 하든 우린 관심 없다는 거예요. 그저 그들이 비트코인을 빨리 그리고 쉽게 갖게 하고 싶어요. 그들이 비트코인을 가지고 뭘 할지는 그들의 자유고요."

부어히스는 그 말에 동의하고 있었다. 캐머런은 그들이 철학을 언급하고 있음을 알았다. 정부의 감독과 무관하게 사람들은 자신의 돈으로 원하는 것은 무엇이든 할 수 있어야 한다는 생각은 자유주의 사상의 초석이었고, 당시에는 이런 생각으로 비트코인에 대해 관심을 갖게 된 사람들이 많았다. 초창기 비트코이너'의 대부분은 부어히스와 같이 다른 사람에게 해를 끼치지 않는 한 개인의 행동 방식에 대해 누구도 발언권을 가질 수 없다고 믿었다. 이런 철학은 조금은 위험한 방향으로 확대될 수 있었다.

캐머런이 말했다.

"보관도 문제지만, 거래는 또 다른 문제죠. 사람들은 비트코인으로 보드카나 피자를 사지는 않아요."

그는 방 건너편에 있는 산업용 마리화나 물 파이프를 힐끗 보았다. 찰리가 웃었다.

"실크로드에 대해 말씀하시는군요."

이것은 비트코인의 금기시되는 주제는 아니지만, 금기 그 자체라 할 수 있다. 실크로드는 사용자들이 불법 상품과 서비스를 사고팔 수 있는 악명 높은 온라인 사이트였다. 불법 마약을 파는 아마존이라고 할 수 있는 사업이 수백만 달러 규모로 성장하게 된 것은 가상화폐 성장과 맞물려 있었다. 그 둘은 서로 떼려야 뗄 수 없을 정도로 엉켜 있었다.

"전형적인 사업성 검토는 아니지만,"

타일러가 말했다.

"우리는 실크로드를 확인해 보았어요. 마약만이 아니라, 총기, 청부 살인 등 모두 어두운 내용들이에요."

......
* 비트코인 신봉자들 혹은 이용자들

실크로드에 접속하기 위해서는 단순히 컴퓨터에 웹주소를 입력하는 게 전부가 아니었다. 캐머런과 타일러는 그들의 컴퓨터를 익명으로 만드는 토르라는 특별 소프트웨어를 깔아야 했다. 그렇게 실크로드의 단 몇 페이지를 둘러본 것만으로도 캐머런과 타일러는 걱정이 될 지경이었다. 그들이 사이트에서 본 것은 거의 믿기 어려운 것뿐이었다. 사진들로 가득한 페이지는 죄다 마약 일색이었다. 코카인, 헤로인, 마리화나를 검색할 수 있었고 원하는 것을 발견했을 때 그들은 비트코인으로 살 수 있었다. 비트코인으로 마약을 바로 현관까지 배달시킬 수 있었던 것이다.

비록 골수 자유주의자인 부어히스는 이곳을 단순히 정부의 간섭 없이 쇼핑할 수 있는 곳으로 여겼을지 모르지만, 타일러와 캐머런은 다르게 생각했다. 이건 분명히 범죄였다. 실크로드 같은 사이트가 존재하는 온라인 지하세계인 '다크웹'은 그 용어 자체도 소름 끼쳤다. 이것이 가상화폐의 잠재적인 첫 번째 사용 사례라는 것은 분명 문제였고, 비트코인이 주류로 진입하려고 할 때 처참히 실패하게 만드는 큰 장애물이 될 수 있었다.

"거기선 맛있는 브라우니도 팔아요."

찰리가 말했다.

"실크로드는 단지 콘셉트의 증명일 뿐이에요."

부어히스가 말했다.

"비트코인으로 실제 물건을 사고 팔 수 있다는 거죠. 비트인스턴트에서의 우리 일은 한 발짝 물러서 있어요. 우리는 사람들이 비트코인을 가질 수 있도록 돕죠. 그 이상도 그 이하도 아니에요."

캐머런은 이미 온라인에서 부어히스가 쓴 글을 충분히 읽은 상태였다. 부어히스의 주장은 좀 더 근본적인 것이었다. 그는 마약을 범죄시하는 것에 반대하며, 사람들의 행동에 대해 규제하려는 정부 차원의 어떤 법제화에 대해서도 반대하고 있었다. 사실 찰리가 부어히스를 첫 직원으로 고용했을 당시 그는 뉴햄프셔에서 강압적인 정부와 싸우는 자유주의 신자들의 정치적 십자군인 프리 스테이트 프로젝트의 일원으로서 활동하고 있었다.

부어히스는 대부분의 과세 형태와 군사 활동, 그리고 대부분은 아닐지라도 많은 금융 법에 반대하는 것처럼 보였다. 하지만 동시에 찰리보다 몇 살 위인 그는 매우 실용적이며 사려 깊은 사업가로 보였다.

"이미 저희 시스템을 통해 한 달에 2백만 달러 정도가 이동하고 있어요."

부어히스가 계속 말했다.

"현재 진행되는 비트코인 구매의 10회 중 3회는 우리들 통해 취득된 것이고 그 숫자는 증가하고 있죠."

찰리가 말했다.

"우리가 1위를 계속 유지할 수는 없겠지만, 이제 열 명을 고용했고 앞으로 두 배, 세 배로 늘릴 생각이에요. 우리는 비트코인의 애플이 될 겁니다."

캐머런은 이전에 영업용 사업설명회에 많이 참여했다. 그래서 이러한 과장이 낯설지는 않았다. 하지만 찰리는 그런 부류가 아니라고 할 수 있다.

그는 정말로 기회를 잡으려고 애쓰고 있는 것 같았다. 그리고 안 될 이유는 무엇인가? 그는 온라인에서 만난 개럿 넬슨이라는 조용한 파트너의 도움으로 어머니의 지하실에서 회사를 시작했다. 개럿 넬슨은 자폐증을 앓고 있었지만 해외 어디선가 떨어진 곳에서 사업의 기술적인 측면을 지원하고 있었다. 찰리는 그의 어머니로부터 1만 달러를 빌려 사업을 시작했다. 이는 첨단 테크놀로지 세계에선 유명한 종류의, 무에서 수십억을 벌어들인 이야기였다.

찰리가 믿는 것처럼 비트인스턴트는 단순한 로켓선일지도 모른다. 캐머런과 그의 동생은 실리콘밸리에서 로켓을 찾고 싶었지만 실리콘밸리는 그들을 반기지 않았다.

찰리는 함께 배타적인 공동체에서 성장하였으며 투자팀을 만들어 찰리의 회사에 자금을 조달하려고 하는 아자르를 통해 그들을 두 팔 벌려 환영하였다. 그는 자본이 충분한 쌍둥이 형제가 합류하기를 원했다.

캐머런은 주위를 살폈다. 비트인스턴트에 벌써 열 명의 직원이 정말로 있다면 그들은 책상과 의자까지 같이 써야 할 판이었다. 지금까지 찰리는 13만 달러를 모집했다. 어머니로부터 1만 달러를, 그리고 뉴욕 컨퍼런스에서 라이브 웹캐스트를 한 후 만난 색다른 투자자로부터 나머지를 얻게 되었다.

찰리는 라이브 웹캐스트에서 비트인스턴트에 투자해 달라고 온라인 청중들에게 호소했다. 그가 접근했던 어떤 투자자도 비트코인을 이해하지 못했고 자금을 대주지도 않았지만, 그는 비트인스턴트가 운영되기 위해 작은 펀드가 필요하다고 말하였다. 그렇게 라이브 웹캐스트를 마치고 4시간 후 그는 유명한 비트코인 지지자인 로저 버로부터 스카이프 연락을 받았다.

버는 비트코인 업계에서 그의 포교 활동과 많은 투자 활동 때문에 '비트코인 예수'로 불리고 있었다. 그는 찰리에게 얼마가 필요한지 물어보며 짧은 스카이프 대화를 시작하였다. 찰리가 금액을 말하자마자 그는 즉시 동의하였으며 직접 만나지 않은 상태인데도 계약을 체결하였다. 버는 찰리에게 비트인스턴트 지분 15%인 12만 달러를 송금하였다.

캐머런이 버에 대해 파악한 바로는, 그는 부어히스의 철학과 유사한 신념을 갖고 있었지만 더 급진적이고 더 근본주의자였다. 버는 한때 자유당 소속으로 캘리포니아 주의회 의원 선거에 한 번 출마한 적이 있지만 2006년 인터넷 불법 폭죽 판매 혐의로 연방 교도소에서 10개월 복역한 후 일본으로 이민을 갔다.

버는 초기부터 비트코인을 사기 시작했고 비트인스턴트와 같은 12개 이상의 신생 기업들에게 투자했다. 캐머런과 타일러는 그를 만난 적이 전혀 없었고, 찰리가 그에게 보낸 몇 개의 이메일만 받아 보았다. 현재로서는 그가 여전히 조용한 엔젤 투자자로 남을지, 아니면 비트인스턴트가 성장함에 따라 목소리를 더 높이고 관여할지는 알 길이 없었다.

부어히스와 버는 이념에 따라 움직였지만 그들은 동시에 전문가들이기도 했다. 찰리는 그보다 덜 이념적이었고, 오히려 열정에 따라 움직였다. 어느 정도는 편견일 수도 있지만, 이는 좋은 기업가들이 공통으로 지닌 특성이다. 그리고 그들은 모두 세상을 변화시키는 데 대해 열중하는 전도사들이었다. 이건 진실이었다.

분명히 우려되는 부분도 있지만, 캐머런은 모든 초기 단계의 스타트업 거래에는 약점이 있다는 걸 알고 있었다. 비트인스턴트에 투자함으로써 비트코인에 발을 담그는 게 바른 방향이라고 무언가가 그에게 말하고 있었다. 과감하고 자기 확신에 차 있지만 조금은 순진해 보이는 꼬마인 찰리 쉬렘이 그들이 찾고 있었던 로켓선일 수 있으며 그들도 비트코인 예수, 찰리의 어머니와 같은 투자자들일 수도 있다는 생각이 들었다.

그들과의 대화 초반에 아자르는 비트인스턴트에 투자하려는 다른 팀들이 있다고 언급한 바 있었다. 특히 이들은 암호 분야에서 전문가들이며 벌써 찰리와 투자 합의서를 구체적으로 검토하고 있다고 말했다. 만일 윙클보스 캐피탈이 그들과 경쟁하려면 빨리 움직여야 했다.

캐머런은 다음에 무엇을 해야 할지 정확히 알고 있었다. 그는 벤처 계약에서 완전히 손을 뗀 건 아니지만 그렇다고 실리콘밸리에 있지도 않았다. 그들은 이제 플랫아이언 지역에 있다. 이곳은 뉴욕이었고, 레스토랑들과 클럽들이 실리콘밸리의 스타 기술자들조차 외면하는 걸 주저하지 않는 도시였다. 이곳은 맨해튼 시내로 윙클보스 쌍둥이의 놀이터였다. 그는 찰리 쉬렘 같은 사람을 어떻게 감동시킬 수 있는지 좋은 아이디어를 갖고 있었다.

때때로 당신은 묻고, 또 물으며 이 길에 대한 작은 힌트가 되어 줄 신호를 갈구한다. 하늘에서 번개가 내려와 당신의 앞을 비추어 달라고 말이다. 그러나 당신은 아무것도 얻지 못한다. 심지어 반딧불조차 없다. 때때로 당신은 불타는 관목을 얻기도 한다.[*]

찰리는 대형 이중문을 지나 통유리로 둘러싸인 거실로 들어가면서 홀로 생각했다.

이곳의 바깥은 발코니에 연결되어 있었는데, 화분에 심은 식물이나 이케아나 포터리반의 격자무늬 위에 덩굴이 자리잡고 있는 테라스가 아닌, 정말로 사람이 키우고 있는 사과 과수원을 즐길 수 있을 만큼 충분히 큰 발코니였다. 그는 발코니에서 밖이 내다 보이는 통유리로 둘러싸인 거실로 이어지는 대형 이중문을 걸으면서 홀로 생각했다. 불타는 관목은 잊어버리자. 유럽 패션쇼 모델로 가득 찬 소호의 펜트하우스는 어떨까?

한편 이곳을 펜트하우스라 부르는 것은 참으로 상상력이 부족한 것이기도 했다. 뒤에서 한 발짝 늦게 부어히스가 따라오며

……
[*] 성경에서 모세가 신의 계시를 받았을 때 불타는 관목을 보았다는 일화에서 유래한 비유

사실상 그를 문지방 너머 카펫이 깔린 1층으로 밀어내다시피 하지만 않았어도, 찰리는 그가 플랫아이언 지역에서 택시를 타는 짧은 시간 동안 기절해 일종의 해리성 둔주* 상태가 되었다고 생각했을 것이다. 여기는 타블로이드 신문에나 나올 법한 곳이었다. 찰리 주변의 모든 것들이 찬란히 반짝거렸다.

우스꽝스러운 창문부터 가구에 이르기까지, 모두가 현대적이면서 구부러진 물결 모양이었다. 또한 머리 위 6미터가 되는 천장에 움푹 들어간 조명이 아래를 비추고 있었다. 그리고 그 사람들. 그곳엔 사람들이 백 명이나 있었지만 붐비지 않았으며 모두가 사교적이었다. 여행 가이드북에서 읽거나 브라보**에서 보았던 소호의 모습이었다

모두 키가 크고 날씬했으며 세련된 옷을 차려입고 있었다. 쇼핑하는 동안 샴페인을 마시는 부티크에서 산 옷임을 증명하기 위해 유명 디자이너 브랜드를 확인할 필요도 없을 정도였다.

"자, 이제 파티가 시작됩니다."

부어히스가 가까이 왔을 때 찰리가 말했다.

"확실히 그래요."

찰리는 부어히스가 자신을 자제하고 있다는 것을 알 수 있었다. 엄밀하게 말하자면 부어히스는 항상 자신을 자제하고 있었

.....
* 해리성 기억 상실증에 더해 자신의 정체성까지 잃어버리는 병
** 케이블 TV 채널 중 하나

비트코인 억만장자의 신화

다. 그는 늘 그렇게 현명했다. 비록 그는 찰리보다 겨우 다섯 살 위였지만 이미 진정한 사업가였고, 재능 있는 연설가이자 세일즈맨이었다. 로저 버가 찰리에게 부어히스를 소개한 사람이었다. 찰리의 회사를 살리는 큰 투자 결정 직후, 버는 찰리에게 당신이 고용하기에 완벽한 사람을 알고 있다고 말했다. 처음에 찰리는 "전 뉴햄프셔 출신의 이상한 사람은 고용하지 않을겁니다"라고 말했다. 하지만 부어히스를 뉴욕 테크 이벤트에서 만난 순간 찰리는 설득당했다. 부어히스는 매크로 문제들을 이해했으며, 찰리가 만났던 사람들 중에 가장 똑똑한 경제 이론가 중 한 명이었다. 업무적으로 필요할 때면 그는 강인하면서도 또 그만큼 설득하는 능력이 뛰어났다.

부어히스는 찰리가 세상을 보는 방식으로 세상을 보지 않을 것이다. 그건 분명 잘된 일이었다. 그는 찰리와 달리 뉴햄프셔보다 훨씬 더 먼 곳에서 온 사람이었다. 찰리가 부어히스를 만난 그 순간, 누군가가 그들을 정신을 차리게 할 필요가 있을 정도였다. 왜냐면 그 순간 찰리는 기분이 너무 좋아서 날아갈 것만 같았기 때문이었다.

"우리의 손님들."

부어히스가 무리를 가리키며 말했다.

쌍둥이는 그리스 신화에서 나온 것처럼 그곳에 다시 나타났다. 한 명은 종업원들로 꽉 찬 바에서 염소 수염에 레게머리를 한 남자와 이야기를 나누고 있었다. 조금 떨어진 곳에서 타일러, 아니면 캐머런일 그는 연회석 한자리에 앉아서 허벅지 반까지 올라온 은빛 칵테일 드레스를 입고 있는 여인에게 말을 걸고 있었다. 그 여인의 피부는 너무 창백했고 빛났으며 도자기 같아 실제 사람 같아 보이지 않았다. 그녀는 실에서 벗어난 일종의 마리오네트 같았다.

캐머런, 혹은 타일러는 그 여인의 귀에 뭔가를 말하며 찰리에게 손짓하고 있었다. 그녀는 웃고, 다시 한번 진심으로 웃으며, 연회석 긴 의자를 토닥이고 있었다. 그녀는 실제였고, 찰리와 이야기하고 싶어 하는 것처럼 보였다. 찰리는 카펫을 가로지르며 나아가는 내내 갑자기 나타난 듯한 장애물에 부딪치지 않도록 최선을 다했다.

손바닥을 벌린 듯한 커다란 플라스틱 의자의 손가락들이 그를 향해 손을 뻗으며 그를 잡으려 했다. 흑백의 프랑스 하녀 복장을 입은 웨이트리스 한 쌍이 가죽 뷔스티에* 밖으로 부풀어 오른 가슴으로 찰리가 움직일 때마다 목 조르겠다고 위협하고 있었다.

한 B급 케이블 텔레비전 스타는 우스꽝스럽게 생긴 담배를 권하며 그에게 멈추라고, 서라고, 천천히 하라고 손짓하였다.

......
* 어깨와 팔을 다 드러내며 몸에 딱 붙는 여성용 상의

사실 찰리는 이미 너무 취해 있었다. 살짝 취한 수준이 아니었다. 그와 쌍둥이가 그날 오후 일찍 비트인스턴트 사무실로부터 가까운 어딘가에서 만났던 몇 시간 전부터 취해 가고 있었다. 쌍둥이가 사무실 가이드 투어를 제안했고, 그러다 찰리는 타일러와 캐머런의 공사 중인 본부에서 NEFT 보드카를 마시게 되었다. 그때부터 과음이 시작된 것이다. 그곳은 아직 건설모를 써야 하는 공사 현장이었고, 석고보드의 어수선한 정글짐과 목재 기둥 그리고 먼지로 가득했지만 그 크기는 무시하기 어려운 사이즈였다. 사방 1,500미터. 두 벽에 팔이 동시에 닿을 수 있는 크기의 지하실에 살았던 찰리에게 그곳은 타지마할 같은 느낌이었다. 의심의 여지 없이 윙클보스 캐피탈은 그에게 깊은 인상을 주었다. 그러나 무엇보다도 쌍둥이인 타일러와 캐머런이 인상적이었다.

연회에 있던 쌍둥이 중 한 명이 매끄러운 북유럽풍으로 디자인된 테이블로 샴페인 두 잔을 가져왔다.

"찰리, 여기 앤야랑 인사해요. 불가리아 출신이에요. 앤야가 비트코인이 궁금하다고 하네요."

찰리는 더듬더듬 인사를 하고 나서 샴페인을 한 모금 깊이 마셨다.

"이건 돈의 미래죠."

그는 마침내 해냈고, 그녀는 웃었다. 그러고 나서 그녀는 패션위크에서 마지막으로 파리에 갔을 때를 이야기하기 시작했다. 그녀는 구두를 사고 싶었지만 그녀가 가진 것은 불가리아 돈인 레프뿐이었다. 누가 레프와 유로 환율을 계산하고 싶어 한단 말인가? 그리고 찰리가 여기서 무엇을 할 수 있단 말인가? 그녀는 다시 웃었다. 찰리는 그녀가 자신에게 관심이 있다는 것을 깨달았다.

"이건 믿을 수 없는 일이에요."

찰리는 말했다. 그는 자신의 생각이 입 밖으로 새어 나왔다는 걸 너무 늦게 깨달았다. 쌍둥이는 웃었다.

"아니요. 오늘은 토요일 밤이에요. 정말 좋은 파티는 모두 주중에 있죠. 하지만 뭔가 건질 게 있다고 생각해요. 아직 11시도 안 되었다고요. 몇 군데 더 들려야 해요."

그는 우아한 테이블로 돌아와 돔 페리뇽 한 병을 잡았다. 그리고 병을 기울여 찰리의 잔을 채우고, 그들 사이에 있던 불가리아 여인의 잔도 채웠다.

"여러분, 안전벨트를 매세요. 밤은 이제 막 시작되었어요."

세 시간 후 찰리는 이스트 빌리지 술집 뒷벽에 몸을 기댄 채

럼주가 가득 담긴 유리잔에 정신을 집중하고 있었다. 그 옆에는 캐머런(이제 그가 캐머런이라 확신할 수 있다)이 있었다. 왜냐하면 주크박스 옆에는 타일러가 있었기 때문이다. 캐머런은 찰리가 타일러의 현재 여자 친구, 또는 전 여자 친구, 아니면 곧 여자 친구가 될 것이라고 확신한 경이로운 금발 머리와 이야기하고 있었는데, 그 주제는 베이징 올림픽 선수촌에 관한 이야기로 남미 조정팀, 러시아 권투선수, 그리고 식중독에 관한 것이었다. 찰리는 의식을 명확히 유지하기가 힘들었다. 그들이 뒷문 통로로 들어온 비밀 술집에서 벌써 세 번째 잔을 마셨기 때문이기도 하지만, 불가리아 모델이 아직도 그와 함께 있었고, 조금 떨어져 그녀가 파리에서 구두를 구하지 못했을 때 그녀와 함께 있던 친구 두 명과 춤을 추고 있었기 때문이기도 하다. 그녀는 친구들 중 한 명에게 몸을 밀착시키지 않을 때 찰리를 보며 미소를 짓고 있었다.

부어히스는 결코 쌍둥이와 일이 그렇게 잘 진행되고 있다고 믿지 않았다. 부어히스는 자리에서 한 시간 일찍 나오면서 찰리를 구석으로 데려가 그들이 월요일 사무실로 돌아가기 전까지 어떤 결정도 하지 말라고 말했다. 찰리는 부어히스가 쌍둥이의 돈을 받아들이는 것에 의구심을 갖고 있다는 사실을 알고 있었다. 그는 쌍둥이에게 강한 인상을 받았고, 실리콘밸리 기관보다 그들을 더 선호했다. 그러나 그들은 적어도 아직까지는 비트코이너가 아니었다. 비트코인에 대해 가르치고 그들로 하여금 이 생태계에 투자하도록 독려하는 것과 그들의 돈을 받아 관계를 맺는 것과는 별개의 문제였다.

한편 버는 훨씬 더 단호했다. 아자르가 윙클보스 쌍둥이의 참여를 추진하자 버는 의구심을 표명했다. 그는 찰리에게도 윙클보스 쌍둥이는 비트인스턴트에 대해 자신들과 같은 비전을 갖고 있지 않다고 말했다. 버는 쌍둥이가 서로 의견이 맞지 않는 사람들을 고소하기 좋아하는 사람들이라고 여겼다. 덧붙여 말하자면, 비트인스턴트는 사업도 잘되어 그들의 돈이 필요 없었다. 그들은 주방에 더 이상의 요리사가 필요하지 않았다.

최근에 버와 쌍둥이가 스카이프로 연락했을 때 실제로 논쟁이 벌어졌고, 찰리는 처음으로 초기 투자자들 사이에서 불협화음을 경험했다. 버는 쌍둥이와의 거래가 그들의 일을 단지 더 복잡하게 만들었다고 주장했다. 하지만 찰리는 생각을 바꾸지 않았다. 그는 이 문제에 대해 아자르와 생각이 같았다. 윙클보스 쌍둥이는 비트인스턴트와 비트코인 생태계를 위한 일종의 제트기 연료와 같다고 생각했다. 결국엔 찰리의 회사였기에 버는 양보할 수밖에 없었다.

찰리는 버가 그들의 출신과 그들이 대표하는 것, 또는 그들이

비트코인 억만장자의 신화

기득권을 대표한다는 생각 때문에 반사적으로 윙클보스 쌍둥이를 반대한다고 믿었다. 찰리는 그들을 실제로 만나 함께 시간을 보냈다. 그들의 대외적 이미지가 무엇이든, 찰리는 자신과 유사한 언더독 정신을 쌍둥이에게서 느낄 수 있었다. 그들은 세상에, 그리고 그들 자신에게 증명하고 싶어 했다. 그러나 쌍둥이에 대한 버의 유일한 인상은 영화 속 이미지가 전부였다.

버는 자신의 생각을 굽히지 않았고, 그와 갈등이 있는 사람에게도 일에게도 매우 전투적이었다. 에릭 부어히스는 어느 정도 제도권과 다른 생각을 가진 수준이었지만, 버의 자유주의는 차원이 달랐다. 찰리는 이 사상이 좋은 의도에서 출발했다고 생각했다. 버는 진심으로 자유시장이 가장 높은 생활 수준과 가장 많은 사람들에게 가장 큰 행복을 가져다줄 거라고 믿었다. 부어히스는 이보다는 덜 급진적이지만, 연방과 주 정부와 규제 등을 싸워야 하는 대상으로 보았다. 버가 생각하기에 윙클보스 쌍둥이, 즉 영화 속의 '하버드 맨'은 기득권층의 환상이었다.

찰리는 이상주의자가 아니었다. 그는 어머니의 지하실을 벗어나 자신의 길을 만들어 나가려 했다. 그는 버나 부어히스의 생각을 존중했지만, 그에게 이데올로기는 무언가를 성취한 이후 시간이 있을 때나 필요한 것이었지 그 이전은 아니었다.

그는 불가리아 모델을 뒤돌아보며 미소 지었다. 망할. 그녀는 그보다 15센티미터나 컸고, 위엄 있는 물결 모양의 칠흑 같은 머리카락에, 몸 전체를 마치 마법의 물고기 비늘처럼 감싸는 은빛 드레스를 입고 있었다. 빌어먹을. 그는 정말로, 정말로 술에 취해 있었다.

그는 갑자기 움직여서 바로 캐머런(혹은 타일러)을 지나고 다시 타일러(혹은 캐머런)를 지나 길고 좁은 통로 아래로 내려가 솜브레로* 그림이 있는 나무 문으로 들어갔다. 그는 가까스로 소변기에 이르자마자 자기 신발 위에 모두 토하고 말았다.

마침내 진정되어 소변기 건너편 세면대까지 갈 수 있을 만큼 회복되었을 때, 그는 자신이 웃고 있다는 걸 깨달았다. 비록 취했지만 어느 때보다 행복했다. 부어히스는 자신이 원했던 모든 걸 가질 수 있었다. 버는 격렬히 반대할지도 몰랐지만 찰리는 자신의 결심이 정해진 걸 알고 있었다.

그는 수도꼭지 아래로 얼굴을 숙이고 찬물로 그의 뺨이 생기를 되찾고 정신을 차리게 만들었다. 그는 방금 신발에 토했지만 그렇다고 해서 속도를 늦추지는 않을 것이다.

.....
* 챙이 넓은 멕시코 모자

09 | 스탬포드, 코네티컷

"여기 배가 하나밖에 없었던 때가 아직도 기억나는구나. 사방이 온통 푸른 물이었지. 열정적인 아이 두 명이 노를 젓고 있는 배 한 척만 있었어. 그때를 떠올리면 미소가 지어져."

하워드 윙클보스는 맨 위 난간에 팔꿈치를 괴고 하얀 나무 울타리에 기대고 있었다. 눈에 띄는 흰 머리카락이 여린 바람결에 흩어지고, 조종사 안경 같은 선글라스가 오전의 햇빛을 가리고 있었다. 타일러는 아버지보다 머리 하나 정도가 컸지만 예순아홉의 아버지는 여전히 그의 인생에 커다란 존재감으로 남아 있다. 그는 다시 열다섯 살로 돌아가 공원들로 둘러싸인 롱아일랜드 해협의 굽이진 해안선이 그들을 둘러싼 공원과 교차하는 곳을 내려다보고 있었다.

4킬로미터에 이르는 넓은 오솔길과 피크닉 구역 그리고 공원은 코네티컷주 그리니치 타운*의 원래 터이기도 하다. 토드 포인트** 정상에서 바라본 풍경은 화가의 붓이 닿기 전의 팔레트 같았다. 눈부신 모래, 무성한 풀, 투명한 물……. 노랑, 초록 그리고
……
* 1640년 청교도들이 시노웨이족으로부터 스물다섯 장의 가죽 코트 값을 지불하고 사들인 곳
** 그리니치 포인트 해변의 또 다른 이름

푸른 색채가 손대지 않은 채 그대로 있었다. 타일러는 파란색을 배경으로 하얗게 물살을 가르는 일곱 척의 보트를 식별할 수 있었다. 보트 안에 있는 젊은 남녀들은 동시에 움직이는 흐릿한 움직임에 지나지 않았다.

"이렇게 많은 보트를 보면 여전히 현실 같지 않아요."

타일러가 말했다.

보트들이 물 위에 있다는 사실, 즉 그리니치에서 조정 스포츠가 성장하고 번성하여 매년 수백 명의 사람들이 참여한다는 사실은 타일러와 그의 가족에게 의미가 있었다. 타일러와 그의 가족이 처음 시작한 것이기 때문이다. 그와 캐머런은 조정 경기 팀을 그들의 진정한 첫 번째 스타트업 사업으로 생각했다. 타일러와 그의 형이 수년 전에 위험을 감수하면서 시작했기 때문에 지금 그들이 물 위에 있게 된 것이다.

"여기서 보면 참 쉬워 보이는데. 그렇지 않아?"

그의 아버지가 이어 말하였다.

"모든 복잡함, 힘든 일, 고통, 물리학이 잔잔한 수면과 그 모든 아름다움 아래에 숨겨져 있어."

타일러는 웃었다. 그는 캐머런을 살펴보았다. 그는 둘 다 같은 생각을 하고 있다는 걸 알고 있었다. 이것이 언제나 그들의 아버지가 세상을 보는 방식이었다.

모든 것의 배후에 수학이 있다. 하워드 윙클보스는 물 위에 있는 배를 그냥 바라볼 수 없었다. 그는 기계적인 중심, 회전력, 지렛대의 힘, 추력 대 항력, 마찰력, 이 모두가 균형과 조화를 만들기 위해 결합되는 것을 보았다. 이것이 그의 생각이 작동하는 원리였다. 그는 항상 현실을 해결할 수 있는 수학 문제로 바꿔 보려 노력했다. 이는 혼돈에서 질서를 구하는 일종의 역엔트로피였다.

하워드 윙클보스는 코네티컷의 그리니치에서 태어나지 않았다. 그의 이야기는 진정한 미국인 성공담이다. 그는 수학과 천부적인 재능으로 자신과 윙클보스 가문을 상류 계층으로 끌어올렸다.

쌍둥이의 고조할아버지 어거스트 윙클보스는 독일 하노버에서 이주해 온 석탄 광부로서 펜실베이니아 더치 카운티에 정착했다가 바로 탄진폐증으로 사망하였다. 그의 아들인 쌍둥이의 증조할아버지는 여덟 살에 광부가 되었다. 말년까지 그는 무거운 곡괭이를 한쪽 어깨에 얹은 채 굴과 갱도에서 허리를 구부려 석탄을 캤기 때문에 L자 모양의 등을 가지게 되었다. 그의 형제인 작은 증조할아버지는 갱도차에 치여 한쪽 다리를 다쳤다. 엉망이 된 그의 다리는 가족 식탁에서 동네 의사의 손에 잘려 나갔다.

쌍둥이의 할아버지인 하워드 윙클보스 시니어는 평생 광부로 지내지는 않았지만 그 시작은 광부였다. 독학으로 정비를 배운 그는 펜실베이니아 머서에 있는 가족 농가에서 부모와 11남매(여섯 명의 형제와 다섯 명의 자매)와 함께 살았다. 그는 우연히 집 근처 도로에서 갑자기 차가 고장난 부유한 남자를 도왔는데, 이 부유한 남자는 차를 고친 대가로 그에게 매우 많은 돈을 지불했다. 이에 고무된 하워드 시니어는 광산을 떠나 전업으로 자동차를 고치기 시작하였다. 결국에는 그 남자의 도움으로, 그는 광부로 일한 돈을 모아 형제들과 함께 조악한 임시 차고를 열어, '농가 창고 남자'라는 별명을 얻었다. 하워드 시니어의 아버지, 즉 쌍둥이 형제의 증조부는 이 일에 몹시 화를 냈다. 당시에는 말이 자동차보다 훨씬 더 우월하다고 생각했기 때문이었다. 말은 사람들이 의지할 수 있고 고장도 나지 않는 반면, 자동차들은 곧바로 작동할 수 없었다. 그러나 결국 하워드 시니어는 잡화점을 포함해 여러 사업을 시작하였다.

쌍둥이 형제의 아버지인 하워드 주니어는 그의 아버지로부터 자동차에 대한 사랑과 기업가 정신을 물려받았다. 그는 모든 여가 시간을 맨손으로 포드 모델 A를 만드는 데 투자했기 때문에

비트코인 억만장자의 신화

고등학교를 거의 낙제할 뻔하였다. 그는 매일 방과 후 아버지의 잡화점에서 일했고, 저녁 식사 후 밤늦게까지 자동차 만드는 일에 열중하곤 했다. 주변 사람들은 그가 미쳤다고, 차를 만들어봤자 결코 펜실베이니아 주의 검사 요건을 통과하지 못할 거라고 말했다. 하지만 그는 폐차장과 창고 세일, 그리고 통신 판매용 카탈로그에서 부품과 조각을 뒤져 마지막 너트와 볼트까지 찾아 모델 A를 완벽하게 만드는 데 집중하였다.

그는 2년에 걸쳐 차를 만들었고 주 정부 검사를 통과해 합법적으로 운전할 수 있게 되었다. 그리고 고등학교 졸업시험은 간신히 통과할 수 있었다. 아무튼 그는 자신이 만든 그 차를 몰고 펜실베이니아 주립대학교 입학 사무실에 갔지만 사무실 여직원이 그의 성적표를 한 번 흘낏 보더니 그를 돌려보냈다. 단념하지 않고 그는 그로브시티대학교로 향했다. 그는 자신이 손수 만든 자동차로 입학 사정관에게 강한 인상을 주었다.

그가 그로브시티대학교에 다닐 때, 중요한 두 가지 일이 일어났다. 첫째는 그가 아버지로부터 물려받은 사업가적 기술을 계속 개발한 일이고, 둘째는 후에 그의 아내가 된 캐롤 레너드를 그곳에서 만난 일이다. 1961년 신입생 주간에 하워드와 그의 부모는 캐롤과 그녀의 부모 앞에서 등록을 위해 줄을 서고 있었다. 캐롤의 어머니인 밀드레드는 장난스럽게 그들 앞에 있던 잘생긴 남자를 캐롤에게 가리켰다. 당시 캐롤을 몰랐던 하워드의 부모 역시 그들 뒤에 있던 매력적인 금발 여학생을 하워드에게 가리켰다. 한 달 뒤에 하워드가 캐롤의 집에 전화했을 때 그들은 둘 다 부모님과 '절대 추측할 수 없는' 이야기를 나눴다.

그때부터 하워드와 캐롤은 1960년 전후 세대 대학생의 가장 완벽한 조합이었다. 캐롤의 아버지는 뉴욕 경찰국 형사였고 어머니는 롱아일랜드 뉴 하이드파크의 교사였다. 그녀는 고등학교 때 프롬 퀸'이었으며 규칙을 어기는 것보다 따르는 것이 편안한 성향이었다. 그녀는 이해가 빨랐고 성경의 잠언에서 찾을 수 있는 보편적인 진리에 대한 지혜를 지니고 있었다. 그녀의 어머니는 성경을 종종 인용하곤 했다. 하워드는 잘생겼고, 운동도 잘하였으며, 확신에 차 있는 신생 기업가로서 언제나 자신감이 넘쳤다. 또한 그는 위험을 감수하고 규칙에 대해 창의적으로 대처하는 것을 쉽게 생각하였다. 함께 있을 때면 그들은 완벽한 팀이었다.

하워드는 캐롤 또는 동아리 친구들과 시간을 보내지 않을 때는 사업 구상에 시간을 보내고 있었다. 그는 냄비와 프라이팬을 방문 판매하면서 대학교 학비를 벌었다. 곧 그는 동아리 친구들을 고용하여 미니 조리기구 기업을 운영했다. 하워드는 졸업과

.....
* 고등학교 졸업 학년들이 갖는 댄스파티에서 뽑은 여왕

비 트 코 인 억 만 장 자 의 신 화

동시에 경영학을 공부하여 자신을 발전시키기로 결심하였다.

캘리포니아의 산호세주립대학교는 학비가 학점당 49.50달러에 불과하며 입학 요건이 거의 없다는 사실을 알고 그는 서쪽으로 향했다. 그러나 그때 산호세주립대학교 경영학석사(MBA) 프로그램은 이미 마감이 되어서 그는 다음 해에 MBA를 시작하리라 마음먹고 석사과정으로 보험을 공부하게 되었다.

산호세주립대학교 그리고 오리건대학교에서 박사 학위를 얻기 위해 공부하던 사이 그의 열정은 기계적인 개발에서 초기 연산의 새로운 과학으로 이동하게 되었다. 그 당시 오리건 대학에 여름학기 과목으로 연금이 개설되었지만, 이 과목은 수학적으로 복잡한 사업 영역으로 이해하기 어려웠기 때문에 당시엔 그가 유일한 수강생이었다. 이 수업은 그의 일생을 바꾸는 계기가 되었다. 그는 연금 계산의 다양한 방법을 비교하기 위해 혁신적인 컴퓨터 시뮬레이션을 만들었고, 이 덕분에 와튼스쿨의 교수직을 맡게 되었다. 더 나아가 『수치상 예시와 함께한 연금 수학』이라는 획기적인 책 또한 집필했다. 한편 캐롤은 초등학교에서 아이들을 가르치면서 펜실베이니아대학교에서 교육학 석사 학위와 박사 학위를 받았다.

마침내 하워드는 컨설팅 회사를 시작하기 위해 와튼스쿨을 떠났다. 그는 뛰어난 학생들, 즉 자동차를 만들고 냄비와 프라이팬을 파는 데 시간을 보내지 않은 학생들을 많이 고용하였다.

그의 컨설팅 회사인 윙클보스 컨설턴트는 비록 필라델피아에 사무실을 두고 있었지만, 영업을 하고 고객과 만나기 위해 여행하는 일이 많았기 때문에 공항에서 충분히 가깝기만 하다면 미국 어디서나 거주할 수 있었다. 필라델피아에서 13년 넘게 산 후 변화를 모색하던 그와 캐롤은 캘리포니아 팔로 알토에서 어린아이들을 키우기로 결심했다.

당시 팔로 알토는 실리콘밸리로 불리지 않았다. 아름다운 날씨와, 하워드의 많은 친척들이 황량한 펜실베이니아를 떠나 이곳에 정착하여 새로운 가정을 꾸미면서 팔로 알토는 이상적인 장소로 변모했다.

어린아이가 있는 가정으로서 그들은 아름다운 마을과 멋진 공원 그리고 근처 스탠퍼드대학교의 자극을 즐겼다. 캐머런과 타일러는 길 끝자락에 있었던 놀이터에 푹 빠져 있곤 했다. 그들은 눈이 오나 비가 오나 장난감을 수레에 쌓아 놓고 거리를 따라 놀이터로 끌고 갔다.

하워드가 차고 위에 있는 자택 사무실에서 일하거나 혹은 사업차 출장 중일 때, 캐롤은 어린아이들을 키우며 지역 사회에 자원봉사를 하는 데 열중하였다. 하워드는 종종 그의 아이들에게 인생의 모든 성공이 아내 덕분이라고 말했다. 특히 가정을 부양하는 측면에서 이것은 진실이었다.

몇 년 뒤에 하워드는 당시 세계에서 가장 큰 보험 회사 중 하나로, 뉴욕에 위치한 존슨 앤 히긴스에 회사를 팔았다. 그리고 그와 캐롤은 가까운 교외 지역인 코네티컷 그리니치로 이사하였다. 이후 2년 동안 그는 존슨 앤 히긴스의 수석 부사장으로 일하며, 뉴욕과 그리니치를 오가며 일했지만 궁극적으로는 언젠가 다시 자기 사업을 하리라고 마음먹고 있었다. 1987년, 나이 마흔넷에 그는 다시 시작하기로 결심했고 '윙클보스 테크놀로지스'라는 새로운 회사를 만들었다.

이 회사는 지난번 회사와 달랐다. 회사에 컨설턴트로 고용되어 복잡한 연금 계산을 수행한 후 최종 보고서를 제출하던 방식 대신에, 하워드와 그의 팀은 그런 계산을 실행하는 데 필요한 소프트웨어를 만들어 사람들이 직접 계산할 수 있게 했다. 윙클보스 테크놀로지스는 청구 가능한 시간에 얽매인 컨설턴트가 아니라 소프트웨어 제공자가 되었다. 당시 데스크탑 퍼스널 컴퓨터는 그야말로 새로운 아이디어였다. 하워드는 퍼스널 컴퓨팅 초기 기술이 빠르게 성장하고 발전하면서 새 기업의 소프트웨어도 반응이 폭발할 거라고 장담했다. 캐롤의 변함없는 격려와 지원이 없었다면 그는 그런 모험을 해낼 수 없었을 것이다.

학교 수업이 끝나면 쌍둥이는 종종 아버지의 사무실에 가서

숙제를 했다. 과제물 중간에 사무실을 둘러보고, 소프트웨어 엔지니어들과 이야기를 나누며, 주변에 놓여 있던 컴퓨터 잡지를 읽고, 컴퓨터를 하고 놀면서 테크놀로지 회사가 어떻게 일하는지를 내부에서 지켜보곤 했다. 캐머런과 타일러는 스타트업이라는 말이 존재하기도 전에 그 안에서 성장하였다.

윙클보스 가계는 전통적으로 스포츠 집안은 아니었다. 모두가 활동적이고 운동을 좋아하긴 했지만 저녁 식탁 주제가 단지 뉴욕 양키즈 점수만 있는 건 아니었다. 대신에 하워드는 그가 관심을 갖고 있던 사업, 테크놀로지, 컴퓨터, 수학, 금융시장 등에 대해 말하길 좋아했다. 반면에 캐롤은 문학, 영화, 인간 이해, 문화, 예술과 같은 주제로 대화의 깊이를 더했다. 하워드와 캐롤은 나름대로 지적으로 특별한 거물이었다. 그들은 지식과 지혜의 좋은 예를 보여 주었다. 캐머런과 타일러의 롤모델은 스포츠계 인사들이 아니었다. 그들은 아버지 사무실에서 읽었던 경제지에 실려 있던 스티브 잡스나 빌 게이츠와 같은 스타트업 창업자들로서, 아버지처럼 테크놀로지를 통해 세상을 바꾸려는 사람들이었다.

하워드가 아이들에게 자신이 아는 사업에 대한 모든 걸 가르친 반면, 캐롤은 아이들이 인생에서 훨씬 폭넓은 교육을 받을 수 있도록 도왔다. 그녀는 아이들이 어디에 있든 열정을 찾을 수 있는 기회를 제공하기로 결심하였다.

타일러와 그의 형은 현재 부유한 가정에서 자랐지만 그들의 부모는 그들이 본래 탄광에서 일하는 광부였다는 가족 역사에 대해 결코 잊지 않도록 했다. 캐롤의 선조들은 19세기에 꿈을 품고 미국으로 건너온 독일 이민자들이었으며, 그녀의 할아버지는 록어웨이 비치의 소방관이자 호텔 지배인이었다. 그리고 그녀의 삼촌은 2차 대전 때 미 육군에서 복무했으며 태평양 전투에 참여했다. 그녀의 아버지는 살인 사건 담당 형사였다. 하워드의 가문과 마찬가지로, 캐롤의 가문도 선한 기독교 윤리를 실천하였으며 사람의 말이 중요하다고 믿고 있었다. 하워드와 캐롤은 세상이 정직과 열심히 일하는 능력이 무엇보다 존중되는 곳이라 믿으며 성장했다. 승리는 중요하지 않았다. 최선을 다했고 최고의 성실함과 인격으로 자신의 일을 수행했다는 사실이 중요하였다. 하워드 시니어는 항상 아들에게 이렇게 말했다.

"난 얼마나 많은 사람들이 나의 길을 따라오는지는 관심 없어. 난 그저 눈 속에 발자국을 만드는 첫 번째 사람이 되고 싶을 뿐이야."

타일러의 아버지가 말했다.
"난 너와 캐머런이 조정을 처음 시작했던 때가 기억나는구나.

모든 사람이 너희를 뚫어지게 쳐다보았지. 캠퍼스를 떠나 노를 젓기 위해 숲으로 사라질 때까지 말이다."

타일러는 웃었다. 그와 그의 형은 광산촌에서 자라지 않았다. 사실 거긴 여기서 거리도 멀었다. 하지만 그렇다고 해서 그들이 자신의 길을 개척하는 것을, 눈 속에 첫 발자국을 남기려 하는 걸 막을 수는 없었다. 『파리대왕』* 같은 고등학교 환경에서 키가 너무 크고 서로 똑같이 생긴 두 아이는 눈에 띄었지만, 그게 언제나 좋은 건 아니었다. 라틴어와 컴퓨터 그리고 웹 페이지 만드는 일에 집착하는 건 고등학교 생활에 별 도움이 되지 않았다. 그들은 12년 동안 클래식 피아노를 배우지도 HTML로 코딩하는 법을 독학하지도 않았다.

이때만 해도 쌍둥이는 마크 저커버그가 나중에 그들에 대해 고정관념을 가지고 전형적인 하버드 파이널 클럽 운동꾼이라고 판단했던 것과는 거리가 멀었다. 하지만 지리학적 우연은 결국 그들이 어린 시절을 지배했던 열정으로 이어졌고, 운동 중심의 지역 사회에서 그들의 위상을 바꾸었다.

이 모든 일은 그들의 옆집 이웃인 이선 에이어로부터 시작되었다. 그는 183센티미터로 쌍둥이보다 열 살 위였다.

그는 미국에서 가장 좋은 조정 프로그램 중 하나가 있는 엔도

.....
* 윌리엄 골딩의 소설로, 무인도에 표류된 소년들이 야만적으로 변하는 이야기를 다룬다.

버의 기숙학교에 다녔다. 이후 그는 하버드대학교와 케임브리지 대학교에서 노를 저었다. 그는 집에 올 때마다 물 위에서의 느낌과 전 세계에서 온 다른 조정 선수들과의 경쟁에 관한 이야기 등 조정에 관한 멋진 이야기들을 쌍둥이에게 들려주었다. 그때부터 타일러와 캐머런은 조정에 흥미를 느꼈다.

그들의 어머니는 그들이 조정을 배울 수 있게 해 주려고 지역 주소록을 확인하기 시작했지만, 그리니치에는 조정 프로그램이 없었다. 사방이 물이고 기숙학교와 대학에서 조정을 한 마을 어른들이 있었지만 타일러와 캐머런이 참여할 수 있는 지역 조정 프로그램은 없었다. 여기저기 보트 창고에 전화를 걸어 보았지만 어머니가 들은 이야기는 모터보트에 기름이 떨어졌을 때 노를 저어 본 게 유일하다는 것이었다.

하지만 그녀는 여전히 포기하지 않았고, 마침내 30마일 북쪽 웨스트 포트에 있는 조정클럽을 발견했다. 1996년 8월 어느 여름날에 그녀는 아이들을 차에 태우고 운전해 버려진 목조 건물 안에 자리 잡고 있던 조정 클럽으로 들어갔다. 이곳은 원래 웨스트 포트 기차역이었다. 소가턱강변에 자리 잡은 이 초라한 클럽은 몇 년 전 아일랜드 출신의 제임스 맨건에 의해 설립되었다.

쌍둥이는 나무로 만들어진 긴 보트 창고로 들어갔지만 그 안에서는 아무도 만나지 못했다. 그래서 수풀이 우거진 오솔길을 따라 물가로 내려갔다. 그 길에서 그들은 맨건을 처음 마주쳤다. 이미 182센티미터가 넘는 키에 아직도 자라는 중인 열다섯 살 쌍둥이를 보자 그는 함박웃음을 지었다. 그는 강한 아일랜드 억양으로 신이 현관에 그들을 떨어뜨려 주었다고 말하였다. 그들은 오른쪽 왼쪽이 완전히 똑같았고 매일 성장하는 인재였다. 맨건은 즉시 그들을 훈련시키겠다고 했다.

그들이 처음 훈련을 시작했을 때는 도대체 무슨 일에 휘말린 건지 알 수 없었다. 오래된 기차역은 수도도 전기도 난방도 없었다. 발걸음을 옮길 때에도 무척 조심해야 했는데, 그렇지 않으면 바닥으로 바로 떨어질 수 있었다. 가장 가까운 탈의실은 길 건너편 이동 주유소에 있는 화장실이었다.

물에 나간 첫날 그들은 강력 접착 테이프로 수리한 오래되고 낡은 연습용 보트에서 열한 번의 스트로크를 간신히 끝낼 수 있었다. 맨건은 내내 밝게 웃으며 언젠가는 한 번의 훈련에 수백 번 혹은 천 번 이상 하게 될 거라고 말하였다. 그리고 접착 테이프나 선체의 상태에 대해서는 신경 쓰지 말라고 하였다. 또한 이 스포츠는 마차가 아닌 말이며, 보트는 너희가 누구인지도 어디 출신인지도 지갑에도 신경 쓰지 않으며, 오직 너희가 하는 일에만 관심을 가진다는 것이 제일 중요하다고 하였다.

"우린 너희가 대표팀에도 나가지 않겠다고 했을 때 정신이 나갔다고 생각했단다."

하워드가 말했다.

"너희 어머니가 다락에 에르고미터*를 놓아 달라고 했을 때 너희 어머니도 제정신이 아니라고 생각했어."

타일러는 중세 고문 기계와 비슷하게 생긴 잔인한 훈련 장치와 그 다락방에서 얼마나 많은 겨울을 보냈는지를 떠올리며 움찔했다. 하지만 그들이 올림픽에 나갈 수 있었던 건 그 에르고미터 덕분이었다. 매월 전국의 10대들은 20분간의 에르고미터 테스트 결과를 미국 조정 웹사이트에 게시한다. 타일러와 캐머런은 자신들의 결과가 그들 나이 중에서는 전국 상위 10위 안에 든다는 사실을 알았을 때 완전히 다른 수준에서 경쟁할 수 있는 가능성이 있다는 걸 깨달았다.

그다음 그들은 그리니치 최초의 대표 조정팀을 만들어 달라고 사립 학교 교장에게 요청하기로 결정하였다. 아버지의 도움으로 그들은 롱아일랜드 사운드 근처에 보트를 댈 수 있는 공간을 확보하고 몇몇 학생들이 등록하도록 설득하였다. 스포츠에 대해 아무것도 모르던 쌍둥이는 전국 수준에서 경쟁할 수 있을 만큼 훈련하고 (때로는 다락에서도) 땀을 흘렸으며, 미국 주니어 국가 조정팀을 만들어 불가리아에서 열린 1999년 주니어 세계 선수

.....
* 실내 조정 훈련 기구

권 대회에 참가하였다. 그러고 나서 그들은 맨땅에서 그들의 첫 번째 스타트업인 고등학교 대표 조정팀을 만들었다. 이 스타트업은 그들이 하버드에 조기 입학을 하는 데 도움이 되었다. 그들은 단순히 운동선수일 뿐 아니라 학업과 조정에서 그들의 능력을 입증한, 박식한 '학자 운동선수'임을 보여주었기 때문이었다. 그리고 그들이 맨땅에서 뭔가를 만드는 일은 그들을 처음으로 다른 세계로 가는 이상한 길에 놓이게 할 것이다.

그들에게 조정 경기 기술은 스타트업 생활의 축소판이었다. 승패의 차이는 면도날처럼 얇았고 그러한 압박 아래에서 팀으로 협력하고 성공하는 법을 배울 수 있었다. 캐머런은 종종 보트 창고에서 배운 인생 최고의 교훈에 대해 자주 언급하였다. 이는 조정과 거의 관계가 없었다.

타일러는 왜 그와 형이 그들의 아버지를 토드 포인트로 초대했는지에 대해 이야기하기 시작하였다.

"우리가 열다섯 살에 노 젓기를 시작했을 때 노 젓기에 대해 알고 있는 것보다 지금 비트코인에 대해 더 많이 알고 있어요. 당시에도 큰 결정이었지만 지금도 큰 결정인 것 같아요."

타일러는 항상 사업상 자문과 지도를 아버지에게 의지했다.

그의 아버지가 고등학교 때 포드 모델 A을 만든 것과 같은 방식으로 성공적인 컨설팅 회사를 만들어 낸 수학 천재였기 때문일 뿐만은 아니었다. 그는 여전히 그의 아버지를 가장 윤리적이고 고결한 분으로 여겼기 때문이다. 어쩌면 이건 그가 한때 광산 지역에 살았기 때문일지도 모른다. 윙클보스 주니어는 그들에게 옳고 그름이 중요하며, 악수는 변호사가 작성할 수 있는 어떤 계약보다 중요하다고 가르친 사람이었다. 저커버그와의 상황이 나빠졌을 때 그들의 아버지는 그들 중 누구보다 젊은 페이스북 CEO의 행동에 큰 충격을 받았다. 그는 순진한 사람은 아니었지만 어떻게 사람이 그렇게 남을 속이는 무례한 행동을 할 수 있는지 이해할 수 없었다. 타일러와 캐머런이 페이스북 주식 대신 현금 받기를 거절했을 때에도 그는 일을 바로잡으려는 그들의 노력을 지지했다. 얼마나 많은 변호사들이 그들에게 바보라고 말했는지는 중요하지 않았다. 그들의 아버지가 그들 뒤에 서 있다는 사실은 그들에게 자신들이 올바른 결정을 하고 있다는 사실을 깨닫게 하는 자신감을 주었다.

"캐머런이 처음에 그랬어요. 이건 완전히 헛소리거나 아니면 미래의 대박이라고 말이죠."

타일러가 말했다.

그의 아버지는 고개를 끄덕이며 물을 바라보고 있었다. 그들은 이미 전화로 그리고 그날 아침 식사 동안 비트코인에 대해 장시간 논의했다. 그의 아버지는 즉시 이제 3년 된 가상화폐 이면에 숨겨진 수학적 아름다움을 보았다. 블록체인의 우아함, 즉 영구적으로 거래가 기록되는 개방형 분산 거래원장은 바로 그를 이해시켰다. 그리고 수학과 암호학, 복잡한 방정식을 수행하는 컴퓨터로 채굴되는 고정된 공급원을 가진 비트코인의 훌륭함은 확실히 그의 수학적 정신을 흥분시켰다. 그러나 그는 실크로드와 비트코인 세계의 그늘진 면에 관한 타일러와 캐머런의 염려에 관해서도 공감하였다.

"나는 비트코인은 더 깊이 파고들 가치가 있다고 생각해. 하지만 비트인스턴트는 좀 더 생각해 볼 문제야. 찰리, 그 애는 다루기 힘들 거야."

"찰리 혼자서 비트인스턴트를 만드는 건 아니에요."

타일러가 말했다.

"마케팅 책임자도 있고 시드 투자자도 있어요."

"자유주의 철학자이자, 무정부주의자지."

"전 로저 버가 무정부주의자라고 생각하지는 않아요. 자신을 개인주의자로 부르는 것 같아요."

"난 대학교 때 아인 랜드*에 대해 어느 정도 읽었어. 누군가는

.....
* 러시아의 소설가 겸 객관주의 철학 창시자

실제로 책임자가 되어야 해. 고삐를 잡고 일들이 옆길로 가지 않도록 해야 하지. 누군가는 규정을 따르도록 처리하고, 사람들을 고용해 매일 운영해야 해. 그리고 위험을 관리하고 법률적인 문제를 해결해야 하지. 지금 당장은 이 모두가 찰리라는 아이에게 달려 있어. 그게 너희들이 실제 투자할 사람이야. 사업 계획이나 철학이 문제가 아니야. 아이가 쇼를 운영하고 있다는 거지.”

타일러는 아버지가 옳다는 걸 알았다. 그들은 단지 아이디어가 아니라 사업가라는 사람에게 투자하는 것이다. 이것이 벤처 투자자가 된다는 의미다.

캐머런이 말했다.

“그는 똑똑해요. 야심도 있고요. 입증할 수 있는 무언가를 갖고 있어요.”

그들은 좋은 출발점에 있었다. 하지만 찰리는 부어히스의 철학에 휘둘리는 것 같았고, 버의 극단적인 이데올로기에 사로잡힌 것 같았다. 그가 한 말은 걱정스러웠다. ‘요점은, 사람들이 비트코인으로 무얼 하든 우린 관심 없다는 거예요.’ 그저 툭 던지는 듯한 말이었지만 그들은 떨쳐 버릴 수 없었다. 사업적 관점에서 보자면 이해가 되는 부분이었다. 비트인스턴트는 교환의 부가적인 수단이었다. 단지 현금으로 비트코인을 얻을 수 있도록 도와주는 것뿐이다. 하지만 철학적 관점에서 보면 매우 위험한 생각이었다. 자유주의자 혹은 개인주의자들은 사람들이 그들의 돈으로 원하는 것은 무엇이든 할 수 있어야 한다고 믿었다. 하지만 실제로는 사람들이 그들의 돈으로 원하는 것을 할 수 있는 자유가 없었다. 거기엔 법률과 규정 그리고 형법이 있었다.

비트코인은 시작된 지 얼마 안 되었기에 규제가 없었다. 그러나 이는 한시적이다. 결국 정부는 사람들이 그들의 비트코인으로 무엇을 하는지에 대해 점점 관심을 많이 갖게 될 것이다.

그들은 비트인스턴트와 함께 찰리에게 베팅할 것이다. 위험할 것이지만 그게 바로 그들이 하는 사업이 아닌가? 위험 감수? 그게 바로 그들이 찾고 있던 게 아니었던가? 엄청난 가능성을 가진 무언가를 위해 위험을 택하는 기회가 아닌가? 이번에야말로 마크 저커버그 없이 다시 한 번 혁명에 참여할 것인가?

심지어 수학적 사고력을 지닌 아버지도 이것만큼은 동의했다. 비트코인은 엄청난 가능성을 가지고 있었고 위험을 감수할 가치가 있었다. 불가능해 보이는 곳에서 제2의 기회를 갖게 되는 일은 흔하지 않다.

한 시간 뒤 타일러는 SUV에 타고 형 옆에 앉아 있었다. 캐머런은 핸드폰에 있는 연락처를 확인하고 있었다. 타일러는 산들바람이 뺨을 스치는 것을 느낄 수 있도록 창문을 내렸다. 그들의 아버지는 오솔길 끝에 서서 토드 포인트에 기대어 보트가 노를 저어 가는 것을 지켜보고 있었다. 그와 그들의 어머니도 자주 이곳에 왔었다. 그저 쌍둥이의 노 젓는 모습을 회상하기 위해서만은 아니었다.

이곳은 타일러와 캐머런의 누나인 아만다가 가장 좋아하던 장소이기도 했다. 그녀는 여러 면에서 타일러와 그의 쌍둥이 형의 장점을 합쳐놓은 듯한 사람이었다. 그녀는 무한한 에너지를 지닌 뛰어난 학생이자 스타 운동선수였으며 카리스마 넘치는 여배우였다. 어린 시절 그녀의 재능은 쉽게 그들의 재능을 압도하곤 했다. 무엇보다 가장 중요한 것은 그녀가 우아함의 화신이었다는 점이다. 떠오르는 별이었던 그녀는 윌리엄스대학교에 진학했을 때 갑자기 우울증으로 쇠약해지기 시작했다. 가족은 그녀의 건강에 대해 깊이 걱정했고 무슨 일이 일어나고 있는지 알아내려고 노력했다. 정신 건강이 무엇인지 알아가는 2년간의 지옥 같은 여정이었다. 그들은 갑자기 과학이 이해할 수 없는 땅에 도착했다. 여기서 적절한 진단과 치료를 일치시키는 일은 그랜드 캐니언을 걸어 다니며 눈을 가린 채 피냐타*를 치는 것과 같았다. 가족 외에는 아무도 이해할 수 없는 개인적인 투쟁이었다. 이는 부러진 팔도, 원인을 알아내 쉽게 고칠 수 있는 질병도 아니었다. 치욕으로 가득 찬 미지의 세계였다. 회복되는 중에도 그녀는 때

.....

* 아이들 생일 파티 때 눈을 가리고 막대기로 쳐 터트리는 과자나 사탕이 가득 든 통을 이르는 말. 멕시코에서 유래한 놀이이다.

때로 약물을 통해 고통을 벗어나려고 했고, 결국 약물로 인해 2002년 6월 뉴욕에서 목숨을 잃고 말았다. 그녀는 스물세 살이었고, 그녀에게 기적은 더 이상 없었다.

그녀의 비극적인 최후는 공공장소에서 일어났다. 비가 오는 6월 14일 자정 무렵, 그녀는 첼시에서 촬영 중인 로버트 드 니로 영화 세트장의 트레일러 계단에서 미끄러져 넘어졌다. 뉴욕 포스트는 즉시 그 비극을 타블로이드판에 여러 날조된 기사로 실었다. 언론은 잔인하게도 그들의 개인적인 투쟁을 단순한 싸움으로 잘못 묘사했고, 그녀가 누구의 딸인지를 더 중요하게 다루었다. 그녀는 이 땅에서 밝게 타올랐지만 지금은 하늘 높이 날고 있는 별이 되었다.

저는 그 별들 중 하나에서 살 거예요. 그곳에서 저는 웃을 거예요. 그러면 밤에 하늘을 볼 때 모든 별이 웃고 있는 것처럼 될 거예요.
  -앙투안 드 생텍쥐페리, 『어린 왕자』 중에서

그녀의 묘비에는 그녀가 가장 좋아하는 책의 글귀가 새겨져 있었다. 당시 타일러와 캐머런은 스무 살의 젊은 대학생으로서 3학년 진급을 앞두고 대부분의 시간을 조정 훈련과 기숙사에서 사업 아이디어를 생각하는 것으로 보낼 때였다. 그들 가족에게는 아픔의 시간이었다. 아만다는 항상 캐머런과 타일러를 완벽하게 구분하고 단 한 번도 헷갈린 적이 없는 전 세계에서 유일한 사람이었다. 그들이 올림픽에 출전하게 되었을 때, 그들은 경주 보트에 그녀의 이름을 붙였다. 베이징 올림픽 때 그들이 첫 번째 국제 조정대회에서 결승전에 진출하면서 다른 메달리스트들을 꺾고 전례가 없는 위업을 달성했을 때 아만다의 영이 그들과 함께 있었다. 그리고 아만다가 세상을 떠난 지 2년 만에 쌍둥이 그들을 오늘날의 위치에 있게 한 고통스럽고 배배 꼬인 일련의 사건에 휘말리게 되었다.

"준비되었어?"

캐머런은 손가락으로 전화기 위의 연락처를 가리키며 물었다.

타일러가 고개를 끄덕였다. 밖에서 보면 언제나 그들에게 모든 일이 쉬운 것처럼 보인다. 하지만 타일러는 그렇지 않다는 걸 알고 있었다. 그들의 아버지와 아버지의 역사, 그리고 가족의 고난이 그들에게 가르쳐 준 사실은 일이 쉬운지 험한지가 아니라 그것을 어떻게 마주하느냐가 중요하다는 것이었다. 넘어지면 다시 일어나면 된다.

그리고 위대한 일을 할 기회가 있다면 잡아야 한다.

캐머런이 번호를 눌렀다.

"그래서요?"

데이비드 아자르의 브루클린 억양이 차 안에 울려 퍼졌다.

"우리가 이 일을 하는 거예요?"

"계약서를 작성해요."

타일러가 말했다. 아자르가 몰랐던 것은 그들이 비트인스턴트에 투자하려는 80만 달러는 타일러와 캐머런의 진짜 계획에 비하면 아무것도 아니라는 사실이다.

"환상적이에요! 그리고 여러분, 저는 우리 투자 그룹에 맞는 완벽한 이름을 지었어요. 준비되었어요? 맥과이어 투자그룹. 어때요? 제리 맥과이어'? 돈을 보여 주세요?"

캐머런은 음소거 버튼을 누르고 타일러를 바라보았다.

"아직 마음을 바꿀 수 있어."

그가 말했다.

타일러가 웃었다.

그의 마음속에서, 그들은 이미 방아쇠를 당겼다.

.....
* 「제리 맥과이어」라는 영화의 주인공. 스포츠 에이전트로 큰돈을 거머쥔다.

비 트 코 인   억 만 장 자 의   신 화

찰리는 핸드폰을 책상 위에 내려놓고 의자에 등을 기댔다. 사무실 공기가 무겁고 습하게 느껴졌다. 에어컨이 다시 꺼졌다. 찰리는 부어히스와 순식간에 코딩을 할 수 있는 빨간 머리 수석 소프트웨어 엔지니어 아이라 밀러에게 건물 관리인을 불러서 에어컨을 고치겠다고 약속했다. 에어컨은 기다릴 수 있었다. 하지만, 제길. 순간 찰리의 머릿속이 빙글빙글 돌고 있었다. 그의 얼굴이 붉어졌지만 그건 늦여름 더위와는 아무 상관이 없었다.

그는 이제 캐머런과의 통화를 끝낸 참이었다. 오후에만 세 번째 통화로 그날 하루로는 여덟 번째, 이번 주로는 열다섯 번째였다.

찰리는 지금까지 쌍둥이와 이런 특별한 전화를 해 본 적이 없었다. 완전히 미친 짓이었다. 만약 한 달 전에 누군가 찰리에게 그가 곧 사무실에 앉아 윙클보스 쌍둥이를 대신하여 비트코인을 살 거라고 말했다면, 그리고 그들이 그에게 사달라고 부탁한 액수를 말했다면, 그는 바로 방 밖으로 나가면서 웃었을 것이다.

미친 일이었기 때문이다. 이건 완전 대박이었다. 찰리는 쌍둥이를 위해 비트코인을 구입하기 시작했을 뿐만 아니라, 그와 부어히스는 실제로 그들에게 디지털 지갑을 설치하는 방법을 보여주었고, 그들의 가이드 역할을 하며 그들에게 비트코인 경제가어떻게 돌아가는지 교육시켰다. 이를 통해 쌍둥이는 비트인스턴트가 어떻게 작동하는지, 그리고 찰리가 세상을 어떻게 바꾸려하는지도 알게 되었다.

당시 비트코인은 여전히 주류와는 거리가 멀었다. 비록 찰리는 베이커리에서 열린 자신의 사업설명회에서 인정하지 않았을지도 모르지만, 비트코인을 대량으로 소유한 사람들은 마약상, 마약 구매자, 온라인 게시판에서 비트코인을 접한 얼리어답터괴짜들, 그리고 버와 부어히스 같은 자유주의자들뿐이었다. 비트코인이 작동하기 위해서, 비트인스턴트가 애플이 되기 위해서는 주류 미국인들이 암호화폐 게임에 뛰어들어야 했다. 그리고이를 위해 비트코인은 홍보대사를 필요로 했다.

항상 폴로 카탈로그 표지에서 나온 것처럼 보이는 일란성 쌍둥이보다 누가 더 나은 홍보대사가 될 수 있을까? 그러나 쌍둥이는 비트인스턴트의 회사 지분 22%에 80만 달러를 투자하는것만으로 만족하지 않았다. 거래를 성사시키는 동안 그들은 찰리에게 비트코인을 직접 구매할 수 있도록 도와 달라고 요청하였다. 찰리는 그들을 데리고 첫 단계, 즉 첫 구매를 시도하기에 이르렀다.

처음부터 쌍둥이는 보안에 무척 신경을 썼다. 찰리는 그들이 약간 편집증적이라고 생각했다. 대부분의 사람들은 디지털 지갑을 다운로드한 다음 이에 대해 두 번 다시 생각하지 않는다. 하지만 이건 그들의 돈이었고 그들은 조심할 권리가 있었다.

그들의 제안에 따라 그는 베스트 바이*에서 두 대의 '깨끗한' 노트북을 구입했다. 핫 노트북(연결용) 한 대와 콜드 노트북(고립용) 한 대 그리고 12개의 USB 드라이브. 그러고 나서 그는 그들이 디지털 지갑을 설치하는 것을 도왔다. 인터넷에 연결된 핫 노트북에 비트코인 소프트웨어 클라이언트를 다운로드한 다음 USB를 통해 인터넷에 접속되지 않는 콜드 노트북에 전송해야 했다. 일단 소프트웨어가 콜드 노트북에 설치되면, 디지털 지갑을 만들고 개인 키를 생성하였다. 그런 다음 개인 키 사본을 각 USB 드라이브로 전송시키면 쌍둥이가 안전하게 저장할 수 있었다.

캐머런은 이 서비스를 통해 백 달러의 비트코인을 구매하려고 시도함으로써 비트인스턴트에 대한 초기 실사를 마쳤다. 찰리가 첫 번째 비트인스턴트 예금 전표 백 달러를 인쇄해 주자, 캐머런은 그 전표를 가지고 가장 가까운 월그린**으로 향했다. 당시 비

.....
* 전자제품 판매 체인점
** 미국 최대의 잡화, 식품, 건강보조제품 판매업체

트인스턴트는 머니그램MoneyGram*과 소프트페이SoftPay** 둘 다 거래했는데, 이는 그들이 사업을 할 수 있는 1만 개의 상점 네트 워크를 가지고 있다는 것을 의미했다. 비트인스턴트의 웹사이트를 통해 입금 전표를 생성하고 월그린, 듀안 리드***, CVS****, 또는 세븐일레븐에 들어가서 계산원에게 현금을 건네기만 하면 비트코인을 살 수 있었다. 실제로 암호화폐 커뮤니티에서는 '레드폰'으로 첫 비트코인을 샀다면 진짜 원조라는 말이 농담이 되었다. '레드폰'은 머니그램 지점에 흔히 있는 전화기를 가리켰다.

캐머런은 월그린에 가서 전화기를 들고 교환원에게 비트인스턴트 예금 전표에 있는 코드를 말하였다. 교환원은 거래를 확인하였고, 캐머런은 가게 계산원에게 빳빳한 백 달러짜리 지폐를 건네주었다. 캐머런은 영수증을 받은 후 밖으로 나가 찰리에게 전화를 걸었고, 찰리는 그에게 백 달러 상당의 비트코인이 캐머런과 타일러의 디지털 지갑에 있는 주소로 방금 이전되었다고 말해 주었다.

그들의 첫 번째 비트코인이 비트인스턴트의 적립금에서 바로 빠져나갔다. 쉽고 빠른 거래였다. 비트인스턴트의 개념이 증명되었다. 하지만 캐머런과 그의 동생은 이걸로 끝이 아니었다. 이건

······
* 미국의 자금 이체 기업
** 모바일 결제 플랫폼
*** 뉴욕 편의점 체인
**** 미국 편의점 체인

대담한 시도 축에도 못 끼었다.

그날 오후, 그들은 찰리에게 더 사고 싶다고 말했고, 은행 계좌 중 하나에서 10만 달러 이상을 송금할 예정이라고 말했다.

10만 달러. 실로 엄청난 금액이 아닐 수 없다. 비트인스턴트에서 매일 비트코인을 사고파는 고객들은 많아 봐야 몇백 달러 수준이었다. 물론 몇몇 손이 큰 고객도 있었지만 10만 달러에 가까운 금액은 없었다.

찰리의 큰 충격에도 불구하고 송금은 시작에 불과했다.

송금이 계속되었다. 쌍둥이는 비트코인을 더 많이 사길 원했다. 그러나 쌍둥이가 사고자 하는 금액은 찰리와 비트인스턴트를 제치고 거래소 자체에서 직접 구매해야만 하는 금액이었다. 즉 마운트곡스*로 가야 한다는 뜻이었다. 그들이 거래해야 할 곳이 비트코인 거래의 80퍼센트가 이루어지고 있는 마운트곡스라고 말했을 때 캐머런과 타일러의 표정을 찰리는 아직도 기억할 수 있다. 그곳은 우스꽝스러운 이름만큼이나 더 우스꽝스러운 기원을 가지고 있다. 그곳의 소유주인 마크 카펠레스는 도쿄 시부야로 이주한 28세의 프랑스인으로 스스로를 비트코인의 왕이라 불렀고, 20대의 대부분을 유튜브에 고양이 동영상을 올리며 시간을 보냈다.

.....
* 마운트곡스(Mt. Gox)를 문자 그대로 해석하면 '기체 산소 산'이 된다.

그는 본래 「매직Magic: the Gathering」이라는 게임용 카드 거래 허브였던 웹사이트를 사들였다. 그러고 나서 회사명을 'Mt. GOX'라고 하였는데, 이는 'Magic: The Gathering Online eXchange'의 머리글자였다. 이곳에서 벌어지는 것은 투박하고 엉성하고 전혀 규제가 안 되는 거래 그 자체였다. 거래소에서 매일 수백만 달러씩 비트코인 거래가 있었지만 규제나 감독이 전혀 이뤄지지 않았다. 설상가상으로 돈을 넣고 빼는 데 6일 이상이 소요되었다.

그럼에도 불구하고 쌍둥이가 비트코인에 투자하려고 한 금액을 고려했을 때, 이곳이 그들의 유일한 선택지였다. 찰리는 이미 그들을 위해 캐머런과 타일러의 돈 중 75만 달러를 비트코인에 넣었다. 그러나 가상화폐에 대한 쌍둥이의 갈망은 가라앉지 않았다. 오히려 더 자라나고 있었다.

그래서 그들은 일본에 있는 거래소에 직접 가서 자신의 계좌를 개설하고 고객이 되어야 했다. 이는 새로운 골칫거리를 의미했다. 그 돈을 마운트곡스에 송금하기 위해서는 넘어야 할 장애물들이 있었다. 먼저, 그들은 여권 사본과 원본 법률 서류를 일본에 우편으로 보내야 했다. 실제로는 시부야에 있는 사서함으로 보내는 것이었다. 일단 그들의 정보가 바다를 건너가고 나면 그들은 처리될 때까지 몇 주를 기다려야 했다. 내부 시스템에 업무가 너무 많이 밀려 있었기 때문이다. 다행히도 비트인스턴트가 곡스의 가장 큰 고객들 중의 하나였고, 찰리가 그 프랑스 기업가와 개인적인 친분이 있는 덕분에 일 처리에 속도를 낼 수 있었다.

카펠레스는 비만에다 까다롭고 이상한 면이 있는 사람이었다. 가끔 며칠씩 사라지기도 하지만 그는 통제광이자 세세한 경영자이기도 해서 자신의 업무에 있어 사소한 부분이라도 다른 사람의 도움을 허락하지 않았다. 그는 여전히 고양이에 빠져 있었고 만화를 즐겼다. 그러나 찰리는 실제로 그를 만난 적이 없었다. 한 번도 직접 본 적이 없고 오로지 인터넷 중계 채팅으로만 대화를 주고받았다.

일단 그들의 계정이 만들어지고 나면 쌍둥이는 그들의 돈을 직접 마운트곡스로 송금할 수 있었고 그들 스스로 비트코인 구매를 시작할 수 있었다. 찰리 생각에는 그들은 너무 빠르게 거래를 진행하고 있었다. 일주일에 50만 달러, 어쩌면 그 이상을 송금하였다. 너무 큰 구매 주문을 하면 비트코인 가격은 움직이게 되는데, 시간이 지나도 구매가 더 확산되지 않는다면 10달러에서 20달러 사이를 맴돌게 될 것이다. 그들이 세계에서 가장 큰 비트코인 구매자라는 데 의심의 여지가 없었다. 그들은 이제 변화를 이끌 수 있는 업계의 큰손이 되었다.

찰리는 책상 위 전화기를 바라보고 있었다. 그의 얼굴은 여전히 상기되어 있었고, 이제 그의 등으론 뜨거운 땀방울이 흐르고 있었다. 무엇보다도 절실하게 베이커리로 돌아가 마리화나를 흡입하고 싶어졌다. 그는 마음을 진정시키기 위한 무언가가 필요했다. 몇 분 전, 캐머런은 마침내 그에게 쌍둥이의 마지막 단계가 무엇인지 말해 주었다. 그 계획에 따르면, 찰리와 비트인스턴트에 대한 그들의 투자, 심지어 처음 곡스를 통한 구매조차도 단지 물에 발가락만(생각해 보니, 두 발가락이었다) 담근 수준이었다. 하지만 이제 그들은 막 발을 들여놓은 참이었다.

11 | 금고를 채워 준 강도

"노트북, 대형 전자기기, 금속, 액체, 신발, 재킷을 모두 내려놓으세요."

컨베이어 건너편의 교통안전국 요원은 캐머런이 그의 검은 배낭을 어깨에서 내려놓을 때 거의 쳐다보지도 않고 있었다. 물론 교통안전국 요원의 지시 사항은 불필요한 것들이었다. 캐머런은 걸을 수 있기 전부터 비행기를 탔다. 9/11 이후 졸속으로 만들어진 공항 보안 절차에 그는 어느 정도 익숙해져 있었다. 그의 노트북은 이미 검색대 엑스레이를 통과하고 있었다. 운동화는 다음 통에 있었고, 가죽 지갑과 열쇠 위에 쌓여 있었다. 남은 것은 배낭뿐이었다.

캐머런은 세 번째 통에 배낭을 올려놓을 때 그 무게가 100파운드나 되는 것처럼 느꼈지만, 사실은 아주 가벼웠다. 엑스레이 기계를 통과할 때 교통안전국 요원이 볼 수 있었던 것은 몇 권의 잡지, 빗, 종이책뿐이었다. 만일 그들이 정말 꼼꼼하게 보았다면 그 주의 「이코노미스트」와 최신간 「배니티 페어」의 복사본 사이에 놓여 있는 복사지 크기의 방수, 방화, 변조 방지용 플라스틱 봉투를 12개 발견할 수 있었을 것이다.

만일 교통안전국 요원이 호기심에 봉투를 열기로 결정한다면, 그들은 각각의 봉투에 종이 한 장이 들어 있는 걸 보게 될 것이다. 각 종이에서 그들은 컴퓨터로 인쇄된 무작위의 왜곡된 문자와 숫자의 늪을 보게 될 것이다.

교통안전국 요원들이 플라스틱 봉투를 들고 갈 가능성은 매우 적었지만, 캐머런의 등골을 오싹하게 만들었다. 더욱이 엑스레이 검색대를 생각하는 것만으로도 그를 작은 공황에 빠뜨리기에 충분하였다. 이 기계들이 실제로 12개의 플라스틱 봉투에 있는 12개의 종이를 읽을 수 있는 이미지로 포착할 수 있을까? 그들이 스캔한 것을 저장했을까? 만약 그렇다면 어디에 저장할까? 하드드라이브? 아니면 클라우드? 누가 그 스캔에 접근할 수 있을까?

캐머런이 조심스럽게 배낭을 내려놓고 라구아디아의 델타 터미널로 깊이 들어가기 위해 전신 스캔 장치의 짧은 대기 줄로 이동했을 때 그는 자신이 실제로 떨고 있다는 걸 깨달았다. 그는 두려워할 이유가 없었다. 총이나 마약, 현금을 밀수하는 게 아니니 말이다. 그는 단지 플라스틱 봉투에 봉인된 종이조각들을 가지고 있을 뿐이었다.

그는 한 젊은 여성이 다이빙대에서 뛰어내리듯 팔을 머리 위로 들어 올리고 스캔 장치 안으로 들어가는 걸 지켜보았다. 여자 뒤에 두 사람이 더 줄을 서 있었다. 열아홉 살이 안 되어 보이는 외모에 찢어진 청바지, 검정 메가데스 티셔츠를 입은 남자와 아가일 양말에 어부용 바지처럼 짧은 정장 바지를 입은 중년의 사업가였다. 곧 캐머런의 차례가 될 것이다. 그러면 반대편으로 가서 배낭을 되찾을 수 있을 것이고, 아마도 그는 다시 숨을 돌릴 수 있을 것이다. 그 젊은 여성이 스캔 장치 밖으로 나가고 다음으로 메가데스 티셔츠를 입은 남자가 안으로 들어서자 캐머런은 그의 동생도 자신처럼 정신적 고통을 겪었으리라 생각했다. 타일러는 그보다 몇 시간 일찍 사무실을 떠났으니 지금쯤 디트로이트에 도착해 연결 비행기편으로 향하고 있을지도 모른다. 이 시점에 그의 배낭도 교통안전국 요원들의 눈을 지나 그의 어깨 위에 안전하게 있을 것이다.

메가데스를 입은 그 남자가 스캔 장치를 지났고, 이제 그 사업가가 자신의 다이빙 폼을 뽐낼 차례였다. 그다음 차례인 캐머런은 그의 피부와 뼈와 장기를 향해 날아오는 마이크로 전자파를 상상하며 팔을 들고 안에 있었다. 마침내 그도 스캔을 마치고 컨베이어 벨트로 돌아왔다. 그는 먼저 신발과 노트북을, 그다음엔 배낭을 챙겼다. 일단 손에 배낭을 쥐고 나자 그는 다시 정상적으로 숨을 쉴 수 있었다. 하지만 그의 심장 박동수가 안정되기 시작한 것은 게이트를 절반 정도 지났을 때였다.

그는 3일간의 여행 내내 이럴지 궁금했다. 이 12장의 종이 모두가 마지막 안식처에 도달할 때까지 그는 모든 공항, 교통안전국 요원 앞에서 얼마나 당황해야 할까? 그는 게이트 옆의 안내 화면을 보면서 자책하였다. 밀워키 비행기는 언제나처럼 제시간에 도착했다. 모든 일이 예정대로 진행되고 있었던 것이다. 매디슨으로의 연결편에도 문제가 없었고, 공항으로부터 20분 이내의 거리에 있는 첫 번째 은행에서 그가 일을 마쳤을 때 공항으로 돌아갈 수 있는 시간이 20분 더 있었다. 항공사에 문제가 없다고 가정한다면(항상 가능성은 있지만) 그는 곧 다음 행선지로 이동할 수 있을 것이다.

타일러는 비행편, 연결편, 심지어 그 사이에 있는 택시까지 모든 걸 분 단위로 계획을 짰다. 좌뇌형인 타일러는 계획을 수립하는 데 재능이 있어 10대 초반부터 가족 휴가 일정을 짜는 일을 맡아 왔다.

게이트 요원에게 가서 핸드폰에 담긴 전자 티켓의 바코드를 보여주면서 캐머런은 한 가지 단순한 진실을 깨달았다. 압박감이 커야 보상도 크다는 것 말이다. 캐머런에게 다가올 72시간은 그의 일생에서 가장 긴 시간이 될 것이다. 그러나 올림픽 출발선에 비하면 공원의 산책 수준이었다.

"윙클보스 씨, 저희 서비스에 매우 만족하실 겁니다. 저희가 당신이 자주 거래하는 은행만큼 대기업으로 보이지는 않겠지만 저희는 저희 전문성에 자부심을 가지고 있습니다. 저희가 당신의 모든 금융 요구 사항을 충족시킬 거라고 확신합니다."

고객 서비스 담당자가 걸을 때마다 올림머리가 출렁거렸다. 타일 바닥에 부딪히는 플랫폼 슈즈의 찰칵 소리와 함께 걸을 때마다 그녀의 회색 바지 정장이 흔들렸다. 그녀는 40대 중반의 유쾌한 여성으로 둥근 안경을 코끝에 위태롭게 걸치고 해맑은 미소를 짓고 있었다. 그녀의 성격은 활기차 보였는데 에너지가 필요했던 캐머런에게는 다행스러운 일이었다. 그녀는 그날 그가 만났던 세 번째 은행 매니저였다. 그리고 그는 여러 번의 비행편을 포함하여 갈 곳이 두 군데 더 남아 있었다.

그녀와 함께 간 긴 복도는 아이오와주 데이븐포트의 노스웨스트 뱅크 앤 트러스트 지점 창구로 연결되어 있었으며, 캐머런은 그녀를 앞지르지 않도록 그의 긴 다리의 걸음걸이를 늦춰야 했다. 하지만 그는 한결 차분한 편인 중서부 사람들의 속도에 감사하고 있었다. 그 순간 그는 정말 탈진할 지경이었다. 데이븐포트에 있는 은행에 가는 건 매디슨이나 미니애폴리스에 있는 은행만큼 쉽지 않았다. 매디슨과 미니애폴리스는 뉴욕과 비교하면 작은 도시였지만 인구 10만 이하의 데이븐포트에 비하면 거대하게 느꼈다.

금고문에 도착하여 의무적으로 열쇠를 돌리려 할 때 캐머런이 말했다.

"지금은 필요한 게 거의 없습니다."

그녀는 힘겹게 문을 열어젖히고는 다시 한번 미소를 지으며, 안전금고가 양쪽 벽면의 바닥에서 천장까지 쌓여 있는 방으로 안내하였다.

"오늘은 그냥 안전금고지만, 내일은 개인연금이 될지 누가 알아요? 우리는 당신을 위해 여기 있어요. 윙클보스 씨."

그녀는 확실히 그의 이름을 말하는 걸 좋아했다. 캐머런은 그녀가 자신을 알아보는지 확신할 수 없었지만, 그가 방문했던 다른 은행들과는 달리 영화나 페이스북에 대해서는 어떤 질문도 하지 않았다. 그는 이를 아주 좋은 신호로 받아들였다. 그는 야구 모자를 눈 아래까지 눌러쓰지 않고 콧수염을 색칠하거나 머리카락을 염색하지도 않았지만 가능한 눈에 띄지 않으려 노력했다. 아이오와 한가운데 있는 작은 마을의 은행에서 안전금고를 빌리는 것 자체가 의심스러운 일은 아니었다. 그 지역에 가족이 있었을 수도 있고, 출장 중에 한 소녀를 만났고 근처에 약혼반지를 보관할 장소가 필요했을 수도 있다. 어쩌면 근처 미시시

피강에 보트 하우스를 열 생각을 하고 있었을지도 모른다. 사람들은 온갖 이유로 안전금고를 빌렸다.

만약 당시에 그녀가 그의 여행 일정 전부를 보았다면, 그리고 그의 일란성 쌍둥이 동생이 2개 주나 떨어진 은행에서 비슷한 크기의 안전금고를 빌리고 있는 걸 알았다면 그녀는 몇 가지 질문을 했을지 모른다.

만일 이를 몰랐다 하더라도, 그녀 또는 은행 매니저가 그들이 누구인지 이미 알고 있었다면 의구심을 가졌을 것이다. 쌍둥이는 이미 전화로 몇몇 은행들에게 계좌 개설과 안전금고 임대에 대해 문의했지만 거절당했다. 이 은행들은 매우 작은 규모로, 쌍둥이가 무엇을 맡길 계획이든 간에 그 물품이 강도나 악당의 표적이 될 만큼 매우 가치 있을 거라고 걱정했기 때문이다.

대부분의 작은 은행 지점들은 그들의 금고에 많은 현금을 보관하고 있지 않았다. 2만 달러만 보유하는 곳도 있었다. 이 지점은 아마 그 정도까지는 아니었을 것이다. 왜 그럴까? 누군가가 예금을 하는 순간 현금이 디지털화되었다. 여러 경비원을 고용하고, 채권을 받으며, 궁극적으로 마이크로소프트 스프레드시트에 불과한 것을 보호하기 위해 강력한 보안시스템을 구축해야 할 이유가 있겠는가? 하지만 안전금고는 달랐다. 개인 소지품뿐만 아니라 유동적이고 대체 가능한 매우 가치 있는 걸 개인이 보유하는 위험이 잠재적인 임대 비용보다 훨씬 더 컸다.

만일 이곳의 까다로운 은행 지점장이 염려하고 있다 해도, 여기 있는 그녀는 전혀 그런 내색을 비치지 않았다. 상황이 나빠지게 되면 캐머런은 배낭에 손을 넣어 그가 은행에 보관할 봉투에는 하버드 졸업장, 성적증명서, 혹은 그들 조상의 초상화 원본이 들어 있다고 말하여 그녀를 안심시킬 수 있을 것이다. 만약 압박이 더 강해지면 그는 그녀에게 플라스틱 봉투 안에 있는 실제 종이 조각을 보여 주고 그 안에 그가 학교에서 만든 컴퓨터 프로그램의 비밀 지적 재산이나 그와 같은 내용이 포함되어 있다고 설명할 수 있을 것이다.

하지만 그녀는 묻지 않았다. 대신에 그녀는 동쪽 벽의 중간쯤에서 직사각형의 보관함을 보여 주고 그에게 열쇠를 건네주었다. 그녀가 금고문을 통해 다시 밖으로 나가 문을 잠그고 나서야 그는 배낭의 지퍼를 열었다.

그는 남아 있는 플라스틱 봉투 중 하나를 꺼내 조심스럽게 상자 안에 넣었다. 그는 그 안에 있는 사무용 종이에 인쇄된 내용물, 즉 인간의 눈으로 해독할 수 없는 임의의 문자들과 숫자들을 심사숙고하였다. 컴퓨터에 적합한 소프트웨어 클라이언트가 설치된 경우 이 문서에서 비트코인 개인 키의 3분의 1조각(shard)을 볼 수 있었다.

'알파'라고 불리는 이 조각은 다른 두 개의 '브라보'와 '찰리'와 결합했을 때, 쌍둥이의 모든 비트코인을 제어하는 비밀 키를 형성한다. 따라서 비밀 키는 세 조각 모두 분리되어 있어야 한다. 만약 모두 하나의 안전금고에 보관하게 된다면 도둑이 하나의 안전금고를 훔치게 되었을 때 그는 쌍둥이의 모든 비트코인을 통제할 수 있게 될 것이다. 그건 분명 실패다. 그렇다고 같은 은행의 다른 지점에 보관하는 것도 충분하지 않다. 그 은행의 부도덕한 직원이 다른 지점의 금고에 접근하여 내부 자료를 빼낼 수 있다. 이 역시 실패가 아닐 수 없다. 결과적으로 알파, 브라보, 찰리는 다른 은행의 다른 안전금고에 보관해야 했다. 이러한 보안 시스템으로 인해 도둑은 세 개의 다른 은행을 털거나, 세 개의 다른 은행 직원에게 뇌물을 주던가, 또는 쌍둥이의 비트코인을 제어하기 위해 이들의 조합을 풀어야 할 것이다. 어느 쪽이든 비트코인 개인 키를 구성하는 세 개의 조각을 손에 넣는 것은 『미션 임파서블』 영화에서나 가능했던, 최악의 난도일 것이다.

게다가 쌍둥이는 이 모델을 서로 다른 지역에서 네 번 복제하여 그들 시스템에서 중복성을 구축함으로 마지막 실패 요인을 제거하여 전반적인 내고장성*을 향상시켰다. 이렇게 하면 거대한 토네이도와 같은 자연재해가 중서부 지역을 강타하여도 북동부,

.....
* 일부 회로가 고장나도 자동적으로 수정하여 시스템 전체에는 영향을 주지 않는 성질

중부 대서양, 서부 등 다른 지역에 퍼져 있는 다른 알파, 브라보, 찰리가 쌍둥이의 개인 키를 만들기 위해 조립될 수 있었다. 만약 거대한 쓰나미가 동쪽 해안을 덮치거나 유성이 로스엔젤레스에 떨어진다 해도 쌍둥이의 개인 키는 여전히 안전할 것이다.

총 12개의 안전금고를 세 개의 다른 은행 기관에 걸쳐 보관하고, 미국의 다른 네 지역에 분산시킴으로써 보안시스템 구축을 완료하였다. 이 12개의 안전금고에 들어 있는 12개의 종이는 세계에서 유일한 4개의 개인 키 복사본이 될 것이다. 다른 어떤 사본은 어디에도 없을 것이다. 노트북에도, 온라인에도, 그 어디에도. 오직 전국에 퍼져 있는 12곳의 은행 금고에만 있을 것이다.

캐머런과 타일러가 손수 만든 오프라인 혹은 '냉장' 보관 시스템은 아이러니하게도 종이와 금속 자물쇠 상자로 만든 것이지만 동시에 최첨단이었다. 이는 온라인 해커의 손이 닿지 않는, 물리적 세계에서 쌍둥이의 비트코인 보안의 기초가 되었다.

쌍둥이의 보안시스템은 도둑이 그들의 개인 키를 물리적으로 손에 넣을 수 없게 만들었다. 하지만 해커가 이 개인 키의 숫자를 추측하는 것은 막을 수 없다는 단점이 있었다. 본래 올바르게 생성된 개인 키는 추측할 수 없다. 확률이 115콰트로비진틸리언 분의 1이기 때문이다. 그러나 올바르게 생성되는지가 바로 문제였다.

개인 키를 안전하게 생성하기 위해 쌍둥이는 키의 숫자가 정말로 완전히 무작위로 만들어지는지를 확인해야 했다. 이미 밝혀진 바와 같이, 임의의 숫자를 고르는 것은 말처럼 쉽지 않다. 인간의 뇌는 무작위를 만드는 데 결코 능숙하지 않다. 의식하지 않아도 무작위가 아닌 패턴과 배열을 파악하는 선천적인 경향성을 갖고 있다. 컴퓨터도 무작위에 관한 문제가 있다. 컴퓨터는 주어진 입력에 대해 무작위의 반대인 동일한 결과를 내도록 만들어진 결정론적 기계다. 컴퓨터에서 난수 생성기를 사용할 수 있지만, 만일 사용된 알고리즘에 결함이 있는 경우 어떻게 해야 할까? 임의의 숫자로 보이지만 실제로는 기계가 예측할 수 있고 분해하여 모방할 수 있는 복잡한 패턴이라면 어떻게 될까? 만일 해커나 정부가 컴퓨터에서 방출되는 전자기장을 감지해 생성되는 숫자를 포함한 모든 정보를 읽고 있다면 어떻게 될까?

가상화폐의 세계에서 편집증은 한계가 없었다. 결국 편집증 환자만이 생존하게 될 것이다. 쌍둥이는 생존하려고 필사적이었다. 그들의 개인 키 안전을 확보하기 위해 가로채거나 쉽게 모방할 수 없도록 충분히 무작위적이고 물리적인 소스로부터 무작위성을 수집해야 한다.

그들은 전통적인 방식의 물리적 난수 생성기, 즉 한 쌍의 16면체 16진수 주사위를 사용했다. 각각의 주사위는 2개의 미니어

처처럼 보였는데, 8면의 피라미드가 그 밑바닥에 붙어 있었다. 이는 검은 트렌치코트를 입고 던전 앤 드래곤과 같은 판타지 롤 플레잉 게임을 하는 고등학생들이 가지고 다니는 종류의 주사 위였다. 또한 주사위는 고르게 균형을 잡아야 했고 테이블은 평 평해야 했다. 그래야 주사위가 특정 글자나 숫자로 기울어지지 않고 무작위성을 보증할 수 있게 된다.

캐머런은 조심스럽게 플라스틱 봉투를 안전금고에 넣고, 여직 원이 건네준 금속 열쇠로 보관함을 잠근 후 금고를 제자리에 밀 어 넣었다. 그는 금고 열쇠를 그날 앞서 받은 두 개의 다른 키가 들어 있는 큰 열쇠고리에 끼우고 이를 배낭 앞주머니에 넣었다.

그러고 나서 그는 은행의 다른 곳으로 연결된 금고 문으로 돌 아왔다. 그 여직원은 그를 위해 문을 열어 주었는데, 여전히 생 기 넘치며 활기차고 다정했다.

"혹시 더 큰 보관함이 필요하지 않으세요? 월 사용료가 그렇 게 높지 않아요. 귀중품을 보관할 수 있는 공간이 훨씬 넓어진 답니다."

캐머런은 그녀가 문을 닫고 잠그자 미소를 지었다.

"제 물건에는 이 정도면 충분해요. 저에게는 감상적인 가치를 가지고 있지만 다른 사람들에겐 별 의미가 없는 것들이죠."

사실이다. 다른 사람들이 보기엔 그 종이는 별 의미가 없을 것이다. 단지 플라스틱 주사위를 굴려서 뽑힌 무작위 숫자일 뿐이다. 하지만 그 종이 조각이 그의 가방에 들어 있는 다른 종이 조각들과 그와 타일러가 전국 은행의 안전금고에 안전하게 숨겨 둔 종이 조각들과 어떻게든 재회한다면, 글쎄, 그건 다른 이야기가 될 것이다.

그 종이 조각들은 갑자기 이 은행의 금고에 보관되어 있는 어떤 현금보다, 어쩌면 이 지역 은행의 모든 지점에 있는 모든 현금보다 훨씬 더 가치가 생길 것이다. 물론 캐머런은 확신할 수는 없었다. 그 종이 조각들이 나타내는 그 가치가 매일, 때로는 매분마다 바뀌고 있기 때문이다. 그는 이들이 얼마나 가치가 있는지 몰랐다. 단지 얼마나 비용이 들었는지만 알 뿐이다. 그 숫자만으로도 듣는 이는 즉시 충격을 받게 될 것이다.

캐머런의 택시는 여전히 은행 밖 거리에서 기다리고 있었고, 다음 비행기를 탈 시간에 맞춰 그를 공항에 데려다 줄 준비를 하고 있었다. 효율적인 타일러는 그들의 시간표에 우호적인 대화 시간을 고려하지 않았다. 이것은 즐거운 여행이 아니라 모두 비즈니스였다. 그들은 임무를 수행 중이었다. 다음 도시, 다음 은행, 다음 안전금고로.

"정말로 우리가 이 일을 하는 거야?"

캐머런은 두꺼운 플라스틱 안전 고글을 쓴 채 어깨 위로 무거운 망치를 들어 올리면서 동생을 향해 싱긋 웃었다. 그는 톰포드 정장 위에 우비를 걸치고, 그의 캡 토드 구두에 폴리프로필렌 신발 덮개를 신고 있었다. 그는 값비싼 정장을 벗고 스웨터, 티셔츠, 청바지를 입을 수도 있었지만, 그날 아침 마침 회계사를 만날 일이 있어 양복을 입어야 했다. 그리고 이 옷도 꽤 어울린다고 생각했다. 정장을 하고 망치를 휘두르는 날이 매일 있는 건 아니었다.

"정말로 우리가 이 일을 할 것 같아."

타일러는 어울리는 작업복을 입고 있었지만 여전히 고글을 머리 위에 얹고 있었다. 그의 대형 망치는 그의 뒤에 있는 시멘트 벽에 놓여 있었다. 망치의 거대한 머리는 컴퓨터 장비 아래에 깔았던 플라스틱 방수포가 끝나는 곳에서 몇 인치 떨어진 단단한 나무 바닥에 박혀 있었다. 타일러는 장비들을 쳐다보고 있었다. 이미 해체한 5대의 노트북, 방수포에 반짝이는 하드드라이브, USB 드라이브 더미, 무선 공유기 한 쌍, 심지어 프린터까지 망치와 각도를 맞추기 위해 옆으로 세워져 있었다.

"공유기는 너무 과해."

타일러가 말했다. "프린터도 마찬가지야. 어느 누구도 프린터

비트코인 억만장자의 신화

에선 아무것도 얻을 수 없을걸."

캐머런은 장갑 낀 손으로 잘 잡기 위해 해머를 움직였다. 장갑, 작업복, 고글, 방수포 그리고 망치는 모두 홈디포에서 가져왔고, 컴퓨터 중 하나는 찰리가 USB 드라이브와 함께 구입한 것이다. 프린터는 그들이 서 있는 건설 현장, 즉 윙클보스 캐피탈 미래 본부가 아닌 그들의 본사에서 가져왔다.

건설 현장은 이제 해야 하는 일에 딱 맞는 장소처럼 보였다. 그들은 차양을 내리고 있었지만, 차양이 열려 있다 하더라도 밖에 있는 누구도 공사 현장에서 망치를 휘두르는 이들을 두 번 이상 쳐다보지 않을 것이다. 몇 블록 떨어진 비트인스턴트 사무실에 있는 찰리조차도 그들이 실제로 무엇을 하고 있는지, 그들이 보안을 얼마나 심각하게 생각하고 있는지 알지 못했다. 찰리는 아마도 그들이 미쳤다고 생각했을 것이다. 그가 처음 비트코인을 얻는 과정을 설명했을 때 그들은 거대 망치에 대해 아무것도 언급하지 않았다.

두 대의 깨끗한 노트북과 12개의 USB 드라이브가 찰리가 구할 수 있는 최대치였다. 가능한 최대 손실 금액을 따져본다면 초기에는 찰리가 그들을 대신하여 구매한 비트코인 75만 달러로도 충분했다.

그러나 캐머런은 찰리에게 처음 75만 달러 상당의 비트코인은 시작에 불과하며 구매를 서두르고 있다고 설명했다. 그리고 그때 이미 캐머런과 타일러는 마운트곡스를 통해 스스로 구매하기 시작했으며 가상화폐로 더 많은 현금을 이동시키고 있었다. 그리고 그들은 12개의 USB 드라이브가 그들이 계획한 것만큼 충분히 안전하지 않다는 사실을 빠르게 깨달았다.

우선, 마운트곡스가 있었다. 한때는 게임용 카드 거래소였고, 이제는 유튜브에 고양이 비디오나 올리며 유명세를 떨치고 있는 미친 프랑스인에 의해 운영되는 웹사이트에 그들의 비트코인을 남겨둘 수는 없었다. 마운트곡스는 예기된 재앙이었다.

쌍둥이는 그들의 비트코인을 다른 곳에 보관해야 했다. 그리고 그들이 말한 숫자에 따라 불안감을 해소하기로 결정하였다. 그들은 이미 디지털 지갑을 해킹당하거나 혹은 USB 드라이브를 도난당하거나 혹은 하드드라이브를 분실한 사람들에 대한 많은 이야기를 들었다. 캐머런은 영국에서 실제로 수개월 동안 쓰레기 더미를 파헤치며 수백만 달러의 비트코인이 저장된 하드드라이브를 찾아 헤맸던 한 남자에 대한 기사를 읽은 적이 있다. 쌍둥이는 쓰레기를 뒤질 생각도, 해킹당할 생각도 없었다. 편집증도 나름의 장점이 있다.

그래서 한 달 전에, 캐머런의 아파트에서 그들은 수건으로 창문을 덮어서 아무도 무엇을 하는지 들여다볼 수 없게 하였다. 그리고 아이폰을 손이 닿지 않는 먼 곳에 두고 비행기 모드로 잠가 두었다. 누가 스마트폰의 카메라와 스피커를 통해 기웃거릴지 모르기 때문이다. 그러고 나서 그들은 16진수 주사위로 찰리와 함께 만들었던 것과는 다른 새로운 키를 만들었다.

이 새로운 개인 키 양식을 위해 그들은 두 대의 깨끗한 노트북을 구입하였는데, 콜드와 핫 용도로 각각 다른 업자에게 구매한 것이었다. 그들은 노트북 카메라와 스피커에 절연 테이프를 붙였다. 핫 노트북으로 디지털 지갑 소프트웨어를 다운로드한 다음 USB를 통해 콜드 노트북으로 전송했다. 쌍둥이는 물리적으로 Wi-Fi 카드를 제거하여 콜드 노트북의 Wi-Fi를 비활성화시켰다. 그런 다음 그들은 16진수 주사위를 사용해 생성한 새 개인 키를 콜드 노트북의 디지털 지갑에 입력하였다. 콜드 노트북에 디지털 지갑을 설정하고 나면 새 개인 키로 제어되는 비트코인 주소를 생성하여 마운트곡스에 자금을 보내고 USB 케이블로 연결된 프린터를 통해 개인 키를 별개의 조각으로 출력할 수 있다. 그러고 나서 그들은 알파, 브라보, 찰리의 조각을 플라스틱 봉투에 넣어 밀봉하고 캐머런의 커피 테이블에 올려놓았다. 이제 긴 임무를 수행할 준비를 마친 것이다.

캐머런과 타일러는 그걸 가지고 전국을 누비며 비트코인 역사상 가장 안전한 보관 시스템을 만들었다. USB 스틱과 컴퓨터 하드드라이브는 도난당하거나 해킹당할 수 있다. 금고 안의 종이에 있는 개인 키는 사진을 찍히거나 사라질 수도 있다. 그러나 조각은 전국에 흩어져 12개의 서로 다른 안전금고에 들어 있다. 오직 쌍둥이만이 조각이 어디에 있으며, 조각을 어떻게 조합할 수 있는지 알고 있다. 오직 그들만이 그들의 개인 키를 회수하고 그들의 비트코인을 가질 수 있다.

그것은 뒤바뀐 은행 강도질 같았다. 그들은 12곳의 은행을 턴 게 아니라 돈을 가득 채워 준 것이다. 한때 캐머런의 커피 테이블 위에 놓여 있었으며 지금은 은행의 안전금고 속에 있는 것들이 먼 훗날 그 은행들의 전체 자산보다 더 가치를 지닐 수도 있을 것이다.

이제 남은 일을 마무리하는 것만 남았다. 그들이 뒤바뀐 강도질을 해낼 수 있게 해 준 하드웨어의 증거를 없애야 할 때였다. 모든 종류의 디지털 잔해, 지문, 개인 키의 흔적을 지우고 해커가 디지털로 DNA를 채취하려는 표면 영역을 파괴한다.

캐머런은 대형 망치를 머리 위로 높이 들어 올렸다. 원시적인 고함 소리와 함께 노트북 중 하나를 힘껏 내리쳤다. 키보드가 산산조각이 났으며, 플라스틱 조각이 사방으로 튀어 나가 시멘트 벽에 부딪쳤다. 그는 다시 해머를 들어 프린터를 겨냥했다. 망치가 부딪치자 플라스틱의 균열이 어깨를 통해 울렸다.

기분이 정말 좋았다.

그의 뇌의 이성적 부분은 그의 투자가 안전하며, 어느 누구도 어떤 기술도 자신들의 비트코인를 찾는 게 불가능하다는 걸 알고 있었다. 하지만 그의 나머지는 그 순간으로 되돌아갔다. 과거 저커버그와 변호사들 그리고 그 밖의 모든 일에 관한 그의 모든 좌절이 망치를 휘두를 때마다, 그리고 플라스틱과 금속과 유리가 부서질 때마다 날아가 버렸다.

과거는 사라졌다. 비트코인은 미래였다.

그리고 캐머런과 그의 동생은 그 미래를 향해 달려갔다. 모두 합해 그들은 지금까지 2백만 달러 넘게 썼으며, 그들의 목표를 달성하기 위해 천백만 달러 정도를 쏟아부을 것이다. 그것은 아마도 지금까지 사람들이 가상화폐에 건 금액 중 가장 큰 금액일 것이다. 만일 사토시가 실제 인물이고 살아 있다면, 그만이 더 많은 비트코인을 갖고 있을 것이다.

어떻든 이제 윙클보스 쌍둥이는 현존하는 모든 비트코인의 1%를 소유하기 위한 길 입구에 서 있었다.

거기에 있는 모든 것과 있을 수 있는 모든 것. 그리고 암호 혁명의 바로 그 중심에 은닉처와 행운을 두었다.

2장

인생은 폭풍우이다. 당신은 잠시 햇빛에 몸 녹일 수는 있어도, 다음 순간 바위에게 산산조각이 날 것이다. 당신을 남자로 만드는 건 폭풍이 왔을 때 당신이 무얼 하는가에 달려 있다.

알렉상드르 뒤마 Alexandre Dumas

『**몬테 크리스토 백작** The Count of Monte Cristo』

2013년 3월 16일

오전 7시가 조금 넘은 시각.

키프로스.

동부 지중해에 있는 유럽 섬으로, 길이가 겨우 241킬로미터에 너비는 96킬로미터이며 터키 해안으로부터 80킬로미터 떨어져 있다. 키프로스에서 세 번째로 큰 도시인 남부 해안의 휴양지 라르나카, 피니쿠데스 해변을 따라 이어진 돌로 포장된 웅장한 산책로는 양편이 야자수로 둘러싸여 있다. 해변 카페, 커피숍, 야외 식당, 기념품 가게가 즐비한 관광지의 안식처. 습한 토요일 아침에도 붐비는 사람들, 밝은 색상의 축구복을 입은 영국인들의 무리가 손을 잡고 있는 프랑스 커플들과 섞여 있고, 미국 10대들은 관광 그룹을 탈출해 라떼를 마시고 모래사장을 산책한다. 물론 사교적이고 시끄러운 러시아인들은 레스토랑에서 아침을 먹고 야자수 아래에서 담배 연기를 뿜고 있었다.

마리나 코르소코프는 산책로를 벗어나 시내 중심가로 통하는 샛길을 걸어 내려가고 있었다. 그녀는 한 손에는 김이 모락모락

나는 그리스식 커피 한 잔을 들고, 눈에 아직 남아 있는 깊은 잠의 마지막 잔해를 털어내고 있었다. 그녀는 남편 니키타와 딸 알렉사 그리고 아들 미카엘이 침대에서 기어 나오기 전에 적어도 두 개의 페이스트리가 없어질 것이라고 확신했다. 하지만 다른 한 봉지에는 네 식구가 먹을 수 있을 만큼의 크루아상이 있었다.

전날 저녁 늦은 밤이었다. 이웃인 세 가정이 저녁을 함께했고, 어른들의 취침 시간을 훨씬 넘어까지 대화가 계속되었다. 주제는 늘 그렇듯 정치와 돈에 관한 것이었다. 특히 최근 키프로스의 모든 대화는 정치와 돈이 중심인 것 같았다. 마리나는 나라가 파산을 선언할 위기에 처한 상태라면 당연한 일이라고 생각했다. 마침내 잠자리에 들었을 때 그녀는 깊이 잠들었다. 삶이 고단했다. 아홉 살이 안 된 두 아이를 키워야 했을 뿐만 아니라 남편의 고민을 매일 달래야 했기 때문이다. 대부분의 키프로스인들은 키프로스의 러시아인 커뮤니티가 소수의 독재자와 폭력배에게 지배당하고 있다고 생각했다. 그러나 그들은 마리나처럼 이곳 키프로스가 러시아보다 안전하고, 러시아보다 따뜻한 유럽연합의 일부라고 생각했기에 이민 온 노동자들이었다. 1980년대와 1990년대에 마리나와 니키타가 겪었던 고난으로부터 멀리 떨어진 곳에서 자라날 그들의 자녀들에게 이곳은 당첨된 복권과 같았다.

새로 이민 온 나라의 문제에도 불구하고 그녀는 모든 일들이 잘 진행되리라고 믿었다. 여기는 러시아가 아닌 현대적인 유럽 국가로서 많은 민족과 종교와 이념이 만나는 곳이자 용광로였으며, 해변에 위치한 전원 마을이었다. 그녀로서는 정치와 돈에 대한 걱정은 남편과 그의 친구들이나 하도록 내버려두는 편이 나았다. 그녀는 삶을 꾸려가느라 너무 바빴다.

마리나가 산책로를 따라 골목 끝에 다다랐을 때, 길 건너편 모퉁이에 많은 인파가 몰린 것을 보고 갑자기 러시아 속담이 생각났다. '모르면 모를수록 더 잘 잔다.'

멀리서도 그녀는 군중이 시시각각 동요하며 커지고 있다는 것을 알 수 있었다. 대부분 남자들이었는데, 근처 동네에서 본 사람도, 카페 직원용 앞치마를 입은 사람들도, 좁은 길에 있는 은행 또는 사무실에서 일하던 정장 입은 사람들도 있었다.

처음에 그녀는 이들을 피하려고 생각했지만 사람들 속의 몇 안 되는 여성 중에서 같은 러시아인인 나탈리아를 알아보았다. 그녀는 산책로에서 마리나가 가장 좋아하는 빵집 바로 옆에서 작은 양품점을 남편과 함께 운영하고 있었다.

길을 건너던 그녀는 나탈리아의 주의를 끌기 위해 손을 흔들다가 소매에 커피를 쏟았다. 그녀는 러시아말로 스스로를 욕하며 친구를 만나기 위해 길 건너편으로 나아갔다.

"이건 미친 짓이야."

나탈리아가 말했다.

"그들이 그런 짓을 하다니 믿을 수 없어. 이건 옳지 않아."

마리나는 사람들이 해변가 마을을 따라 점처럼 흩어져 있는 은행 지점들 중 하나 앞에 모여 있다는 걸 깨달았다. 그녀는 즉시 지역에서 두 번째로 큰 라이카 은행의 밝고 붉은 간판을 알아보았다. 점포 벽은 대부분 벽돌로 되어 있는데 커다란 유리창과 나무 이중문이 있었고, 앞쪽에 있는 석조 보도에는 3대의 ATM 기계가 세워져 있었다. 마리나는 기계 앞에 최소한 서른 명이 줄지어 서 있는 것을 보았다. 아직 서로 밀치지는 않았지만 분명히 사람들은 안절부절못하고 있었다.

"무슨 일이에요?"

마리나가 말했다.

"뱅크런* 전 뱅크런이에요."

마리나는 전날 밤 오랫동안 계속된 대화에 더 많은 주의를 기울였어야 했다는 걸 깨달았다. 그녀는 경제적 어려움을 겪고 있는 유럽연합의 많은 국가들과 마찬가지로 키프로스도 큰 빚을 지고 있으며 상황이 좋지 않고, 유럽연합의 재정 지도자들이 브뤼셀에서 만나 이 상황을 어떻게 해결할지 고민하고 있다는 걸

.....
* 은행부도를 염려한 대규모의 예금 인출 사태

알았다. 그러나 그녀는 전문가가 아니었다. 키프로스는 돈이 없었지만 경제가 인근 그리스처럼 완전히 붕괴된 건 아니었다. 그리스는 전반적인 임금 삭감과 복지 축소, 공무원 해고, 폐업 등 유럽연합의 긴축정책을 통해 구제금융을 받고 있었고, 이는 아테네의 폭동으로 이어졌다. 키프로스는 그리스가 아니었다. 겨우 백만 명에 불과한 작은 공동체였다. 게다가 키프로스는 그리스가 지배한 남부와 터키가 지배하는 북부의 내전에서 살아남았고, 그 결과 섬은 둘로 나눠진 상태였다.

마리나의 남편은 러시아인으로서 하늘이 무너지고 있다고 소리치는 습관이 있었다. 하지만 그들은 이제 더 이상 모스크바에 있지 않았다. 그들은 문명 세계인 유럽연합의 일부였다. 이 문명 세계에서는 하늘이 무너지지 않는다. 아니, 정말 그런가?

갑자기 신음 소리 같은 것이 ATM 기계 앞줄로부터 흘러나왔다. 이 소리는 순식간에 줄의 끝까지 전달되었다.

"방금 다 떨어졌어."

크림색 리넨 정장을 입은 남자가 소리쳤다.

"ATM이 텅 비었어. 8시도 안 되었잖아. 이건 재앙이야."

"다른 지점에서 시도해 볼 수 없나요?"

마리나가 물었다.

그 남자는 그녀를 미친 사람처럼 쳐다보았다.

"모두 비어 있어요. ATM뿐만 아니라 은행의 현금도 모두 바닥이에요."

"그렇지 않을 겁니다."

다른 남자가 말했다.

"그들이 모든 것을 가져가지는 않았을 거예요. 단지 헤어컷*일 거예요. 그런 사람들이 쓰는 용어 있잖아요, 헤어컷이요."

"당신들은 어리석어요."

첫 번째 남자가 소리쳤다.

"그들은 이미 월요일에 문을 닫는다고 발표했어요. 아마 일주일 동안 닫을 거예요. 은행 휴무죠. 우리 돈이 사라졌어요!"

마리나는 두 남자가 하는 말을 들으면서 속에서 두려움이 솟아오르는 것을 느꼈다. 그녀의 가족은 결코 부자가 아니었다. 그녀의 남편은 해안에서 멀리 떨어진 또 다른 휴양도시 리마솔에서 삼촌의 도자기 사업을 위해 일하고 있었다. 이곳은 러시아인들이 너무 많이 살고 있어서 때때로 리마솔그라드라고도 불렸다. 그들은 항상 저축을 열심히 했다. 이는 모스크바에서 자라면서 배운, 어디서나 한순간에 상황이 잘못될 수 있다는 교훈 때문이었는데, 대체로 정말 그랬다. 그들은 함께 12만 유로가 조금 넘는 돈을 모았다.

......
* 가치가 하락한 주식이나 채권과 같은 유가증권의 가격을 현실화하는 것으로서 위험성을 고려해 자산의 실제 가치를 계산할 때 채무의 일정 비율을 깎는 것

그녀는 이제 땅이 꺼지는 느낌이었다. 라이카 계좌에 모든 돈이 들어 있었던 것이다.

그녀는 나탈리아의 팔을 잡고 가까이 끌어당겼다.

"무슨 일이에요?"

그녀가 낮은 목소리로 물었다.

"은행들이 모든 걸 잃었어요. 유럽연합은 그들을 구제하려 하지 않고 대신에 거래를 했어요. 유럽연합이 일부 돈을 지불하고 나머지는 은행이 해결하는 걸로 말이죠. 그들이 우리 계좌의 모든 돈을 빼내어 가려 하고 있어요."

"그냥 가져간다고요?"

마리나가 말했다.

"그들이 그렇게 할 수는 없어요……. 할 수 있을까요? 정말 그렇게 당신 돈을 그냥 가져간다고요?"

"분명히 그들은 할 수 있을 거예요. 전부는 아니지만 얼마인지는 확실하지 않아요. 지금은 그들이 10만 유로 이하면 6%, 10만 유로 이상이면 10%라고 해요. 남편은 그 숫자들이 거짓이라고 말해요. 남편은 라이카 은행에 있으면 50% 손해를 본다고 해요."

그녀는 ATM 앞에 모여 있는 사람들을 가리켰다.

"ATM이 텅 비어 있어요. 그들은 은행을 폐쇄하여 아무도 돈

비트코인 억만장자의 신화

을 인출하지 못하게 할 거예요. 그들은 일회성 세금이라고 불러요."

"하지만 그건 도둑질이죠!"

"브뤼셀에선 이걸 '책임 분담'이라고 해요. 그들은 은행들을 비난하고 있어요."

마리나의 얼굴이 창백해졌다. 전 재산의 절반이 정말 사라졌을까? 정부에 의해 그녀의 은행 계좌가 바로 강탈당한 건가? 정말로 그들이 그렇게 할 수 있을까? 키프로스는 그리스도 아니고 파산하지도 않았다. 키프로스는 가난하지 않았다……. 그러나 그것은 사실과 달랐다. 키프로스의 은행들이 통제 불능 상태였다는 사실은 잘 알려져 있었다. 이 은행들은 이 작은 섬나라 전체 GDP의 8배를 보유하고 있었다. 그녀는 그 돈의 상당한 부분이 러시아 돈이라는 걸 알고 있었다. 키프로스는 조세피난처로 변모하여 세금을 부과하지 않음으로써 모든 곳에서 돈을 끌어모았으며, 러시아 권력자들과 불법자금을 넣어 둘 안전한 장소를 찾는 범죄자들의 본거지가 되었다.

추정하기로는 3백억 달러 이상의 러시아 돈이 키프로스 은행에 유입되었다고 한다. 10만 유로가 넘는 모든 예금의 3분의 2가 러시아 돈이었다.

분명히 유럽연합은 러시아 돈을 '헤어컷'하기로 결정했으며,

부패 권력자들과 범죄자들과 함께 마리나와 같은 무고한 구경꾼들과 그녀 주변의 군중들 또한 고통을 받을 것이다.

"어떻게 이런 일이 일어날 수 있지?"

마리나가 숨을 헐떡거렸다.

그녀는 여전히 크루아상 봉지와 커피를 움켜쥐고 있어서 지갑을 확인할 수 없었다. 그녀는 지금 자신에게 50유로 이상이 있을지 아닐지 알 수 없었다. 집에는 아마 남편이 백 유로에서 기껏해야 2백 유로를 더 가지고 있을지 모른다. 그들은 어떻게 먹고 살아야 할까?

어느 날 당신이 잠에서 깨어나 당신의 은행 계좌에 있는 돈이 없어졌다는 걸 알게 된다면 어떻게 해야 하는가? 주머니에 있는 게 전부라면? 당신은 어떻게 생존할 수 있을까?

"집에 가야 해."

마리나가 말하였다. 그녀는 친구와 사람들을 밀치며 나아갔다. 이제 사람들은 두 배나 늘어나 있었다. 움직이면서 커피가 쏟아졌지만 그녀는 거의 알아차리지 못했다. 그녀는 남편을 깨워야 했고, 그가 옳았다는 걸 말해 줘야 했다.

하늘이 정말로 무너지고 있었다.

한 시간 후, 서부 표준시 5시.

머리 위에서 불꽃이 떨어지면서 총천연색 호를 그리며 밤하늘을 네온 그래피티처럼 물들이고, 만과 부유식 선착장을 따라 움직이는 수십 척의 호화 요트를 비추었다.

인근 야외 공연장의 거대한 열린 공간에 거의 10만 명의 사람들로 꽉 차 있었다. 사람들은 크고 높이 솟아오른 무대 앞에 널브러져 있었다. 그곳에서 들려오는 전자 비트 진동이 공중에 너무 크게 울려 메인 무대 뒤편의 선착장에서도 음표가 하늘을 깨뜨릴 듯 위협적으로 치솟았다.

'자, 이렇게 입장하는 거야.'

타일러는 청회색의 27미터짜리 모터 요트 '리바'에서 내려 선착장에 오르면서 혼자 생각했다. 습한 산들바람이 그의 하얀 바지와 셔츠를 잡아당겼지만 물에서 육지로 짧은 도약을 하는 데 어려움은 없었다. 그의 옆에 무시무시할 정도의 높은 하이힐을 신은 지나치게 큰 여성이 균형을 잡기 위해 그의 손을 잡고 있어 좀 더 힘들었다. 그녀는 착지했을 때 꺄악 하고 비명을 질렀다.

타일러는 웃음을 터뜨렸다. 어떤 소리보다 그 순간에 가장 적절한 소리였기 때문이다.

타일러는 부두에 있는 그녀를 안심시키고 음악을 향해 앞으로 나아갔다. 바지와 셔츠에 맞춰 그의 신발 또한 흰색이었다. 왜냐하면 여기는 마이애미로, 밤에도 30도였기 때문이다. 안 될 게 뭐가 있겠는가? 그는 이른 오후 시간을 방금 하선한 이 슈퍼 요트에서 보냈다. 요트는 물에 떠 있는 왕국이었다. 황갈색 가죽 인테리어에 따뜻한 물이 나오는 욕조와 바가 있었다. 그의 옆에 여성이 있었는데, 그녀의 이름은 티파니였다. 그녀는 맨발에 적어도 180센티미터는 되었고, 보라색과 황금색 줄무늬가 있는 머리카락, 타란툴라 거미의 다리만큼 긴 속눈썹, 비키니 상의에 흰색 청 반바지를 입고 있었다. 그녀는 모델처럼 보였으며 실제로 패션쇼 무대처럼 걸어 다녔다. 하지만 그녀는 낮에는 간호학과 학생이었고 타일러 또래의 누구에게도 틈을 주지 않았다.

캐머런은 그들보다 몇 미터 앞서 선착장에 있었는데, 그 또한 흰색 옷을 입고 있었다. 그는 그가 발음할 수 없는 이름을 가진 네덜란드 슈퍼모델과 그녀의 유명한 DJ 남편에게 둘러싸여 있었다. 이들은 모두 더위에도 불구하고 검은 가죽으로 치장하고 있었다.

"잠깐만."

타일러가 발밑에 있는 나무 구멍에 걸려 넘어질 뻔하자 형에게 큰 소리로 말했다.

"들어가기도 전에 발목을 부러뜨리고 싶지 않아."

그들 앞에 있는 공연장의 VIP 입구로 가는 구불구불한 길은 선착장보다는 활주로에 가까웠다. 이곳은 만 위에 떠 있는 밝은 파란색 부교에 의해 지탱되었다. 이 부교는 해안가를 둘러싸고 있었는데 지붕이 있는 입구에서 끝이 났다. 여기 사우스 비치에서 다리를 건너 차로 20분 거리에 있는 금융 지구와 접한 마이애미 주요 건물들이 들쭉날쭉하게 있었다. 여유만 있다면 실제로 머물 수도 있는 곳이었다. 입구는 무대와 너무 가까워 강력한 비트 때문에 귀에서 피가 나는 것 같았다.

내딛는 발걸음마다 타일러가 예상했던 대로 충격적인 음향과 믿을 수 없는 에너지의 예고편을 볼 수 있었다. 그는 이미 무대의 상단, 하늘을 집어삼키는 불꽃 아래 움푹 파인 반쪽 껍데기, 벌집처럼 생긴 십자가 모형의 금속 괴물이 불빛과 스피커 사이에 곤두서 있는 것을 볼 수 있다. 그는 EDM 광팬은 아니었다. 지금은 쿵쾅거리는 음악이 너무 커 무대에 있던 DJ가 누구인지 알 수 없었지만 유명한 사람인 건 분명했다. 거대한 음악 소리에 타일러는 자칫하면 바다로 빠질 것 같았지만 말이다.

그는 보트 탑승자 명단을 본 적이 있었다. 켈빈 해리스, 데이비드 게타, 데드마우스, 티에스토, 아비치, 스웨디쉬 하우스 마피아 등 모두 EDM 커뮤니티에서는 유명한 이름이었다.

"울트라*에 오신 걸 환영합니다."

캐머런 옆의 네덜란드 모델이 마침내 타일러를 만났을 때 어깨 너머로 말했다.

"당신 발목이 부러졌다 해도, 음악이 당신을 새벽 5시까지 춤 추게 할걸요."

DJ와 결혼한 사람이니 이런 말을 할 수 있겠지만, 타일러는 자신이 새벽 5시에 춤을 추고 있을지, 아니면 깨어 있을지가 의심스러웠다. 이미 긴 한 달을 보낸 뒤였지만, 울트라는 분명 쌍둥이로서는 놓칠 수 없는 중요한 것이었다. 어쨌든 그들은 3월 둘째 주에 마이애미에 있어야 했다. 비트코인을 홍보하기 위한 남동부 해안 7개 도시 투어 일정의 일부였기 때문이다. 정장 차림의 이틀간 미팅을 마무리하는 데 세계 최고의 음악 축제 중 하나에 들르는 것보다 더 좋은 건 없을 것 같았다.

조금 피곤했지만 미팅은 매우 희망적이었다. 그들이 가상화폐에 막대한 투자를 한 이후 지난 몇 달 동안 비트코인은 꾸준히 가격이 올라 40달러 선을 맴돌고 있었다. 이는 그들의 투자가 4천만 달러에 가까운 가치가 있다는 뜻이며, 동시에 비트코인의

......
* 플로리다 마이애미에서 매해 3월 하순에 개최하는 프리미엄 뮤직 페스티벌

비트코인 억만장자의 신화

전체 시가 총액이 1억 달러에서 5억 달러로 증가했음을 의미한다.

비트코인에 대해 이야기할 때 사람들의 관심을 끄는 건 어렵지 않았다. 타일러와 그의 형은 그들과 만나는 데 어려움을 겪지 않았다. 사람들은 호기심을 보이며 기꺼이 그들과 함께 앉았다. 그러나 그것이 그들이 만난 사업가들이 비트코인에 투자할 의향이 있거나 준비가 되어 있다는 의미는 아니다. 비트코인은 여전히 전통적인 은행과 펀드에서 일하는 사람들에게는 지나치게 투기처럼 보였다. 심지어 미개발 제3세계 국가에서 현대 미술, 희귀 상품, 금 또는 불확실한 광산에도 수천만 달러를 쏟아붓는 헤지펀드 매니저들조차 신비한 컴퓨터 프로그래머가 만든 가상화폐는 두려워했다.

그럼에도 불구하고 타일러는 일련의 미팅을 성공으로 여겼다. 그가 생각하는 당장의 목표는 누군가 비트코인을 사도록 설득하는 게 아니라 그저 그가 점점 더 화폐의 미래라고 믿기 시작하는 이 새로운 가상화폐를 알리는 외교관 역할을 하는 것이었다. 지금 당장의 성공은 대화를 시작함으로써 세계에서 가장 영향력 있는 몇몇 사업가들의 마음속에 탈중앙화된 가상화폐 아이디어의 씨앗을 뿌리는 것을 의미했다.

그러나 이런 연이은 미팅은 그들을 녹초로 만들었다. 이번 일은 완벽한 기분 전환이었다. 마이애미에서 15년째를 맞는 울트라는 1999년 수천 명의 참석자에서 30만 명이 넘는 열광적인 일렉트로닉 음악 팬이 참석하는 축제로 성장했다. 울트라 페스티벌은 다운타운과 사우스 비치 사이의 거의 모든 호텔 수영장과 클럽에서 밤낮으로 열리는 파티와 합쳐져 하나의 거대한 광란의 야외 파티를 만들었다. 캐머런과 타일러가 펜트하우스 스위트룸을 예약한 델라노 호텔은 콜린스 애버뉴에 위치한 아르데코 호텔이었는데, 유명인사 손님들이 많기로 유명했다. 미니멀리즘 가구부터 벽, 조명 기구까지 모든 것이 흰색이었다. 호텔 로비에서부터 계단식 잔디밭의 거대한 체스판을 지나 수영장의 얕은 부분에 서 있는 금속 테이블에 놓여 있는 나뭇가지 모양의 촛대 위의 양초에 이르기까지 하얀 물결이 휩쓸고 있었다. 그 호텔은 조식 뷔페와 수영장, 바닷가에도 DJ가 배치되어 있었다. 좋든 싫든 타일러는 앞으로 며칠 동안 잠결에 무아지경처럼 오르락내리락하는 일렉트로닉 음악을 듣게 될 거란 걸 알았다.

그들 일행은 VIP 입구에 도착했는데, 그들 앞에는 수로를 가득 메운 비슷한 요트 중 한 척에서 내린 소규모의 일행이 있었다. 타일러는 그중 몇몇의 얼굴을 알아봤다. 스눕 독, 마이클 베이, 롭 그론코우스키였다. 갑자기 번쩍이는 손목밴드가 그들의 손목에 채워졌고 그들은 군중들을 헤치고 빠르게 입구를 통과했다. 그들은 철제 바리케이드와 안전요원들 사이로 빠져나온 팔과 다리와 몸을 엮은 터널을 통해 유명 인사와 유명 인사처럼 기꺼이 돈을 지출하려는 사람들을 위해 구분해 놓은 자리로 이동했다. 비록 그들은 돈을 지불하지 않는 손님이었지만, 타일러는 이 테이블 가격이 하룻밤에 2만 달러 이상에 팔렸으며 대부분의 손님들이 바로 무대 옆에 있는 개인 술집에서 노출 유니폼을 입은 여성이 서빙하는 술값의 5배를 지불한다는 사실에 움찔하지 않을 수 없었다.

그들이 테이블 구역으로 갔을 때 타일러는 그의 발아래 땅이 흔들리고 있음을 느꼈다. 비트가 하도 커서 생각조차 하기 힘들었지만 셔츠 주머니로부터의 작은 진동이 감지되는 걸 막을 수는 없었다. 그는 자신의 스마트폰이 울리고 있다는 것을 깨달았다. 그가 손을 내밀었을 때 그는 캐머런도 VIP 구역의 가장자리에 멈춰 서서 자신의 스마트폰에 손을 대고 있는 것을 보았다. 토요일 저녁 6시, 두 사람이 동시에 문제의 메시지를 받았다는 사실은 무언가 중요한 일이 벌어지고 있다는 걸 의미했다.

캐머런이 먼저 그의 전화기를 집었다. 양쪽 귀에 하얀 이어폰을 꽂은 그는 주변의 소리 벽 속에서 음성 메일을 들으려 했지만 바로 포기하고 화면만을 바라보았다. 타일러는 바로 화면으로 이동하여 텍스트를 차례로 보았다. 대부분은 그가 비트코인 세계에서 만났던 사람들이었는데, 찰리를 포함하여 그가 지난 며칠 동안 프레젠테이션을 했던 은행가들, 심지어는 그들의 아버지도 있었다. 모든 텍스트는 동일한 주제를 중심으로 하고 있었으며, 많은 텍스트가 여러 개의 느낌표로 종료되었다.

타일러가 텍스트를 읽고 구글로 검색하고, 텍스트를 더 읽는 사이 거대한 공연장과 고막을 흔드는 음악이, 그리고 아름다운 사람들이 그의 주위에서 멀어졌다.

그는 해변에 홀로 서 있었을 수 있었다. 그가 생각할 수 있는 모든 것은 그가 지금 읽고 있다는 사실뿐이었다. 그는 고개를 들어 캐머런과 눈을 맞췄다.

키프로스.

그 순간에 그들 둘은 그들 주위에 서서 춤추는 30만 명의 사람들 중 대다수가 들어 본 적도 없는 지구 반대편에 있는 이 작은 섬나라가 모든 것을 바꾸려 한다는 것을 알게 되었다.

속설에 따르면 키프로스라는 이름은 풍부한 천연 구리 광맥에서 나온 것이라고 한다. 구리는-한때 로마인들이 화폐로 사용했고 여전히 미국에서는 페니에 사용되고 있다-이제 그들에게 거의 도움이 되지 않았다. 은행들은 엄청난 악성 부채를 축적하고 있었다. 썰물이 빠져 나갔고 은행은 그 자리에서 발가벗고 헤엄치고 있었던 것이다*.

　이 시스템의 중앙 권위자인 유럽연합 재무장관들은 키프로스를 돕기로 합의했지만 한 가지 조건이 있었다. 자금을 빌려주겠지만 키프로스가 직접 국민들로부터 돈을 받아 모으는 일에 동의한 경우에만 가능하다는 것이었다. 즉 '보석(bail-in)'에 근거를 둔 '긴급 구제(bailout)'였다.

　붓놀림 한 번에 키프로스 은행들은 10만 유로가 넘는 모든 고객 예금을 몰수하라는 명령을 받았다. 다시 말해 키프로스 은행에 50만 유로가 있으면 40만 유로는 빼앗기고 10만 유로만 남게된다. 그렇게 해서 키프로스 정부는 시민들에게 책임을 떠넘기는 데 동의하였다. 시민들은 애초에 국가 재정을 파탄에 몰아넣는 결정과 아무 관련이 없었다.

　전 세계가 놀란 것은 키프로스 정부가 자국민에게 자행한 엄청난 절도의 규모 때문이 아니었다. 그런 일이 일어날 수 있다는 사실이었다. 부어히스나 버 같은 사람들이 예견했던, 정부의 종잡을 수 없는 변덕이었다.

　타란투라 속눈썹을 가진 여인이 타일러에게 가까이 기댔다. 무대 조명과 핸드폰의 불빛이 비쳐 그녀의 뺨이 반짝반짝 빛났다.

　"무슨 일이에요?"

.....
* '썰물이 빠졌을 때 비로소 누가 발가벗고 헤엄치고 있는지 알 수 있다'는 워렌 버핏의 명언을
　인용한 표현

그녀는 음악 너머로 목소리를 들을 수 있도록 입술을 그의 귀에 거의 닿을 정도로 가까이 대고 물었다.

타일러가 캐머런에게 손을 흔들었다.

"한 나라 전체가 자기네 정부한테 털렸어."

그가 소리쳤다.

"그럴 수 있어요?"

그녀가 물었다.

"일어났어. 유럽연합에서."

타일러가 말했다.

"여기서도 일어날 수 있어."

캐머런과 타일러는 둘 다 같은 생각을 하고 있었다. 키프로스에서 일어날 수 있는 일이 여기서도 일어날 수 있을 것이다. 미국 정부는 경제 위기 때마다 항상 개입하였다. 5년도 채 되지 않아 미국은 2008년 금융 위기 당시 월가 은행들을 구제하기 위해 수십억 달러의 세금을 사용했다. 대공황 동안 정부는 국민들이 금을 소유하지 못하게 하였다. 그리고 1933년에 루즈벨트 대통령은 시민들에게 금을 현금으로 전환하도록 요구하는 행정명령 6102에 서명하였다. 이 법은 1975년 포드 대통령이 무효화했으며 이로 인해 미국인들은 보석이나 동전이 아닌 금을 소유하는 것이 다시 합법화되었다. 그리고 모든 은행 예금은 25만 달러까지만 보장되었다.

"키프로스에서 두 번째로 큰 은행인 라이카에 있는 2만 명의 예금주들이 저축한 금액의 절반을 빼앗길 거야."

타일러가 말했다.

"가장 큰 은행인 키프로스 은행은 10만 개가 넘는 모든 예금의 거의 50%를 차지할 거야."

"그들은 이를 세금 또는 공과금이라고 불러."

캐머런이 말했다.

"그들은 예금 인출을 막으려 은행을 닫고 있어."

"이 사진을 봐."

타일러가 말했다.

"은행 바깥에 있는 사람들이야. 이들이 불도저를 장악했어. 안으로 들어가려고 하는 것 같아."

"이제 유럽연합 은행에 돈을 보관하는 게 안전하다고 느끼는 사람은 아무도 없을 테지. 아무도 은행에 돈을 보관하는 게 안전하다고 생각하지 않을 거야."

타일러는 그를 쳐다보았다. 무대 위의 DJ가 합성 드럼 비트의 거대 포성을 발사하면서 컴퓨터 키를 누르자 공연장 전체가 그의 발아래서 요동치는 것 같았다.

유럽연합 국가에서 이런 일이 발생할 수 있다면 다른 곳에서 발생하지 않도록 할 수 있는 게 무엇일까? 이건 전례가 있는 일이었다. 타일러는 너무 어려서 1987년에 일어난 저축, 대출 위기를 기억하지 못했지만 1999년의 닷컴 버블*은 경험하였다. 그리고 불과 4년 전의 2008년 신용 위기도 경험하였다.

그는 키프로스에 일어나고 있는 일이 그들의 돈이 실제로 얼마나 안전한지, 혹은 그렇지 않은지에 대해 사람들의 눈을 뜨게 한 일종의 금융 트라우마가 될 것이라 믿었다.

키프로스는 전 세계를 공포에 떨게 할 것이다. 그것이 바로 비트코인을 필요하게 만들 것이다. 즉 비트코인을 세계의 의식에 각인시킬 촉매제였다.

"만약 은행에 돈을 보관하지 않는다면 당신은 어디에 보관할 수 있나요?"

티파니가 물었다.

타일러는 음악에 맞춰 맥박이 한 단계씩 한 단계씩 상승하다가 마침내 그의 귀에 천둥소리처럼 들리는 것을 느꼈다.

지금 사용할 수 있는 훨씬 더 좋은 게 있는데, 왜 돈을 가지고 있는가? 훨씬 더 쉽게 홍보할 수 있을 것이다. 그리고 더욱더 가치가 생겼다.

.....
* 미국 등 수많은 세계 국가에서 일어난 투기 투매 현상. 나스닥 종합주가지수가 급상승했지만 이후 버블이 꺼지며 주가 하락으로 시장이 붕괴되었다.

14 | 다시 길에서

찰리는 멕시코-블루 포르쉐 911이 시속 100킬로미터로 방향을 틀자 앞의 계기판에 매달렸다. 차체가 한쪽으로 쏠리면서 타이어는 아스팔트에 들러붙었고, 맨다리에 미니스커트와 튜브탑을 입고 찰리의 무릎에 앉아 있던 한국인 소녀 두 명은 모두 조수석 문 쪽으로 날아갔다.

그는 소녀들이 웃으며 몸을 일으키려고 애쓰는 동안 피부와 가죽과 손톱이 느껴졌다. 그의 반대편에서 포르쉐의 핸들을 잡고 있던 '비트코인 예수' 로저 버도 웃고 있었다.

"다들 침착하라고."

버가 포르쉐 스피커에서 울려 퍼지는 K팝 음악 너머로 소리쳤다.

"레스토랑에 도착하기 전에 누구도 법을 어기지 않기를 바라. 난 이미 캘리포니아 교도소 내부를 봤다고. 다른 감옥은 볼 생각이 없어. 적어도 찰리가 오모가리에서 '육전'을 먹어 보기 전에는 말이지. 깜짝 놀랄 거야. 기대해도 좋아."

찰리는 여자들이 서로 위에 앉을 수 있도록 도와주었다. 둘

다 찰리보다 작아서 다행이었다. 처음 버가 오모가리로 가는 길에 친구 몇 명을 데리러 간다고 했을 때 농담하는 줄 알았다. 포르쉐 911 앞에는 네 명이 앉을 수 없었고 뒷좌석도 없었다. 그와 버가 산타클라라 코리아타운-한국의 유명한 두부찌개 이름을 따서 '순두부 거리'로 불리는 엘 카미노 리얼 로드 지역으로 한국식당, 슈퍼마켓, 세탁소, 그리고 한국 사업체들이 줄지어 서 있다-끝에 있는 여자들의 아파트에 도착했을 때 찰리는 그 여자들 누구도 152센티미터를 넘지 않는 것을 보고 안도했다. 모두 실크 스커트에 가슴과 허리 사이가 노출된 짧은 상의를 입고 있었다. 찰리의 무릎에 앉아 근처 산호세에 있는, 다운타운 8블록에 달하는 역사적인 구역으로서 전국에 남아 있는 재팬타운 세 곳 중 하나에 있는 레스토랑으로 가는 짧은 시간 동안 소녀들은 매우 행복해 보였다. 찰리는 중앙 한가운데 있었고 양쪽 무릎이 계기판에 부딪혔으며 왼쪽 허벅지가 기어 변속 장치에 단단히 밀착되었다.

"미안해요."

소녀 중 한 명이 한국식 억양의 무거운 목소리로 말하였다. 그녀의 선홍색 입술이 절벽 같은 광대뼈 아래에서 부풀어 올랐다.

"제가 중요한 걸 부순 건 아니겠죠?"

"조심해."

버가 기침을 했다.

"찰리는 세상 물정 모르는 유대인 소년이야. 아무래도 예쁜 너희들 사이에 찰리를 끼워 앉히지 말았어야 했네."

소녀들은 다시 웃었고, 찰리는 자신의 뺨이 붉어지는 것을 느꼈다. 차의 움직임 때문인지, 아니면 소녀들이 뿌린 진한 향수 때문인지, 혹은 그에게 닿은 맨다리 때문인지 모르지만 그는 그답지 않게 말문이 막히는 것을 경험하고 있었다. 보통 그와 버둘 다 말이 빨랐다. 그와 버가 통화할 때 보면 누가 마지막 벨이 울리기 전에 더 많은 말을 할 수 있는지 경쟁하는 것 같았다. 하지만 오늘 밤 찰리는 그야말로 정신이 나갔다. 그는 본래 여자들과 잘 어울리지 못했지만, 이번에는 그런 것이 아니었다. 차와 향수와 피부 외에도 몇 가지 이유가 있었다. 브루클린 본사에서 일이 잘 풀리지 않았다. 그래서 그는 일련의 비트인스턴트 사업설명회를 위해 서쪽, 산호세로 와야만 했다. 이 사업설명회는 모두 윙클보스 쌍둥이가 주선한 것으로, 그 후 근처에서 비트코인 컨퍼런스가 열릴 예정이라 그들 모두 참석하기로 했다. 자칭 비트코인 예수인 버는 그의 주 무대인 일본에서 직접 컨퍼런스로 날아왔다. 비록 찰리는 버가 비트인스턴트에 처음 투자했을 때까지만 해도 직접 만난 적은 없었지만, 지난 몇 달 동안 그들은 훨씬 더 가까워졌고, 몇 번은 얼굴을 마주친 적도 있었다. 그럼에도 불구하고 그는 지금 버와 동행한다는 것에 흥분하고 있었다. 찰리는 버를 사업 동료이자 투자자가 아닌 진정한 친구이자, 비트코인 세계뿐만이 아닌 인생의 조언자로 보기 시작했다. 찰리에게 삶은 날이 갈수록 복잡해지고 있었다.

"가장 중요한 말은 '유대인'이에요."

찰리가 마침내 말했다.

"가톨릭이 아니에요. 우리의 죄는 섹스와 상관이 없어요. 모두 어머니에 관한 거죠."

찰리의 농담은 그가 인정하고 싶은 것보다 더 많은 진실이 내포되어 있었다. 집에서 찰리와 그의 어머니의 관계는 회사의 성장과 함께 몇 달 동안 내리막길을 걷고 있었다. 그는 여전히 어머니집 지하실에서 살았지만 매주 토요일 가족과 함께 회당에 가는 걸 그만두었고, 외출해서 보통 부어히스나 아이라 또는 그의 다른 직원들과 저녁 식사를 할 때면 확실히 코셔*를 지키지 않았다.

어쩌면 그가 부어히스와 어울리거나 버와 스카이프 통화를 하면서 보낸 모든 시간 때문인지, 아니면 그가 점점 더 지하실을 빠져나가는 것 때문인지는 모르지만, 그는 자라면서 당연하게 여겨왔던 모든 것에 대해 의문을 품기 시작했다. 사람들은 정통

......
* 유대교가 율법으로 정한 음식 규례

유대인들을 다른 근본주의 종교 집단과 비슷하게 생각하고 있지는 않았지만, 찰리에게 그의 어머니의 신앙과 브루클린 공동체는 숨이 막힐 정도로 점점 더 사이비 종교처럼 느껴지기 시작했다.

그가 삶에서 여행을 탈출구로 보기 시작한 것은 대학 시절부터였다. 온라인에서 맺은 관계들 덕분에 그는 세계의 다른 지역을 방문할 기회를 얻었고, 그가 다른 도시나 나라에 있을 때마다 그는 종교의 제약 없이 살아가는 사람처럼 행동했다. 하지만 뉴욕으로 돌아오면 그는 다시 자신의 어릴 적 훈육으로 돌아가곤 했다. 하지만 찰리는 최근 변한 자신이 진정한 자신에 더 가깝다고 느꼈다.

버가 차를 연석에 가까이 대며 소녀들이 찰리의 무릎에서 미끄러져 떨어지도록 강하게 브레이크를 밟으며 말했다.

"다 왔어. 주차원이 비트코인을 받을까?"

버가 어디서든 거래를 할 때마다 묻는 질문이었다. 비트코인을 받나요? 레스토랑, 슈퍼마켓, 편의점, 모두 지금까지 대답은 거의 항상 아니오였다.

"농담이야."

버가 차문을 열고 보도로 올라오면서 덧붙였다.

"여긴 주차원이 없어. 진짜 무심하지? 여긴 어중이떠중이도 다

받아 줘. 난 가식 없이 단순한 게 좋더라. 내가 쌍둥이와 리츠에서 와인과 식사를 하게 해 줄게."

찰리는 버의 얼굴을 볼 수 없었다. 버가 이미 소녀들을 내보내기 위해 차 주위를 돌고 있었기 때문이다. 그러나 보통 버는 캐머런과 타일러를 언급할 때면 아니꼽다는 듯 눈을 굴리곤 했다.

이것이 찰리가 그날 저녁 기분이 좋지 않은 두 번째 이유였다. 그날 오후, 그들의 마지막 만남 후 찰리가 쌍둥이와 헤어질 때 그들은 그가 버와 저녁 식사를 하러 간다는 사실에 기뻐하지 않았다. 그들은 찰리에게 버와 너무 가까워지지 말라고, 그리고 그의 말을 너무 많이 믿지 말라고 경고했다. 그들은 찰리와 버가 친구이며, 찰리가 어느 정도 버를 존경하고 있다는 사실을 잘 알고 있었지만, 그들은 버가 비트인스턴트뿐만 아니라 찰리 본인에게 미칠 수 있는 잠재적인 영향에 대해 염려하기 시작했다는 것을 분명히 했다.

버는 소녀들을 식당 입구로 안내하면서 그녀들에게 한국어로 말하기 시작하였다. 찰리는 그 뒤를 따라 차 앞좌석에서 몸을 펴고, 붉은 차양 아래서 먼지를 털었다. 그는 버의 유창한 한국말에 놀라지 않았다. 버는 아시아의 모든 것에 사로잡혀 있었는데, 그가 도쿄발 비행기에서 내린 지 불과 몇 시간 만에 아시아 타운 지역을 오가는 『분노의 질주-도쿄 드리프트』 영화 스타일의 셔틀을 타고 왔다는 것만 봐도 알 수 있었다.

버는 찰리가 만났던 놀라울 만큼 똑똑한 사람들 중 한 명이었다. 그의 관점이 조금 극단적일지도 모른다. 하지만 그는 어쩌면 가장 똑똑한 사람일지도 모른다. 최근에 찰리가 버를 그의 새로운 '랍비'로 생각하기 시작한 것에 쌍둥이는 실망했다.

찰리는 쌍둥이가 걱정할 일이 없을 거라고 생각했다. 어쨌든 그날 세 사람의 만남이 그들을 편안하게 만들었을 것이다. 찰리는 잘해 오고 있었다. 게다가 그 순간에는 그들 모두 상황이 좋았다. 키프로스 이후 비트코인 하나의 값이 백 달러 이상으로 치솟았고, 이로 인해 쌍둥이는 이전보다 훨씬 더 부유해졌다. 그들은 비트코인이 10달러 미만이었을 때 대량으로 구매하기 시작했는데, 이는 그들의 투자가 이미 10배의 가치를 가졌음을 의미한다. 그들이 베이커리에서 했던 모든 대화는 사실로 입증되었고 예측은 모두 실현되고 있었다. 월가를 비롯하여 실리콘밸리 대부분이 여전히 비트코인을 회의적으로 보고 무시한다는 사실이 이 모든 결과물을 더 달콤하게 만들었다. 쌍둥이가 새로운 통화로 한 거액의 베팅을 발견했을 때 월가와 실리콘밸리가 어떻게 반응할지는 오직 신만이 알았다. 쌍둥이는 아무도 모르게 새로운 제국을 건설하고 있었다. 분명 쌍둥이는 이 상황을, 특히 찰리와 함께 기뻐해야 했다. ……하지만 그들이 그랬을까?

찰리는 버와 소녀들을 따라 반쯤 차 있는 식당에 들어갔다. 그는 일본 식료품점과 잡지 가게 그리고 옷 가게들이 즐비한 거리가 내려다보이는 창가 쪽 나무 테이블 중 하나를 가져가는 것을 보다가 문득 집에서 겪는 고민보다 그를 더 괴롭히는 것이 무엇인지를 깨달았다.

그의 내면 깊은 곳에서 캐머런과 타일러에게 깊은 인상을 주길 원했다. 그리고 그가 버와 어울리는 것만으로도 그들의 눈에 자신이 부족해 보이리라고 느꼈다.

"뭐 마실래? 맥주? 사케? 위스키?"

버는 찰리를 두 소녀 사이 자리로 안내하면서 물었다.

버 자신은 술을 마시지 않았다. 그는 마약이나 담배도 하지 않았다. 그는 운동선수처럼 짧은 머리를 하고 있었으며 레슬러 같은 체구를 가지고 있었다. 그는 실제로 도쿄에 있는 자신의 아파트 바로 근처 도장에서 훈련받은 주짓수 고수였다. 생각해 보면 버와 쌍둥이는 공통점이 많아 보였다. 쌍둥이라면 그를 보자마자 함께 어울릴 거라 생각했다. 그러나 찰리가 보았듯이 불과 24시간 전에 그 반대의 일이 일어났다.

그들 모두 동시에 산호세에 있다는 걸 알았을 때, 찰리는 캐머런과 타일러가 버와 만날 수 있는 완벽한 기회라 생각했고, 그들이 버가 온라인에서 보이는 것처럼 급진적이지 않다는 걸 알게 되길 원했다.

찰리의 계획은 도착하자마자 어그러졌다. 쌍둥이는 찰리가 그 이야기를 꺼내자마자 바로 거절하며, 그들은 일을 끝내고 다음 날 쉬어야 한다고 말했다.

그때 쌍둥이 모두 찰리가 버와 계속 어울리는 걸 좋아하지 않는다고 분명히 했고, 그들 자신도 별로 어울리고 싶지 않다고 했다. 타일러는 간단히 말했다.

"로저는 여러 가지 말을 했고, 여러 가지 일을 했어요. 조심해야 해요."

쌍둥이에게 인정받지 못한다는 건 찰리에게 큰 충격이었다. 어리석은 생각이란 건 알았지만 어쩐지 그는 다시 고등학교로 돌아간 것 같았다. 그는 고등학교 시절 사팔뜨기에 운동도 못하고, 완전 괴짜에, 다른 모든 패배자들과 함께 체육관 한쪽 구석에 있는 작은 남자아이였다.

그는 버에게 위스키를 달라고 하면서 이 바보 같은 생각을 떨쳐버렸다. 쌍둥이는 괴롭히는 것이 아니라 조심하고 있었던 것이다.

찰리는 그들이 버와의 우정을 못마땅하게 여긴 이유가 어떤 높은 지위 때문이 아니라 그를 걱정했기 때문이라고 스스로에게 말했다. 쌍둥이의 판단에 따르면 버는 급진적인 신념뿐 아니라 위험한 과거가 있다는 것이다.

버는 그가 미국 정부에 의해 부당하게 유죄 확정을 받았다고 하지만, 그는 온라인으로 폭발성이 있는 해충제를 판매한 혐의로 연방 감옥에서 10개월을 복역했다. 코네티컷 그리니치에서 온 두 명의 하버드 졸업생들은 이 사실을 그냥 지나치기가 특히 어려웠다.

"왜 아직도 넌 '하늘의 사람들"을 믿고 있다고 얘들에게 말하지 않는 거야?"

버가 말하기 시작했다. 먼저 음료수가 도착하자 그는 손쉬운 한국말로 음식을 주문했다.

"아니면 내가 마침내 널 현실로 끌어들였나?"

찰리는 미소를 지었다. 버는 그들이 몇 달 전 직접 만난 이후부터 계속 찰리의 종교적 신념을 놀리고 있었다. 그들이 만난 회담은 공교롭게도 오스트리아에서 열렸다. 그들 모두 마이셀리움 전자 지갑의 러시아 설립자로부터 비트코인 회담에 초대를 받았다. 그들을 초대한 장본인인 알렉산더 쿠즈민은 비트코인 세계의 또 다른 위대한 인물이었다. 그는 이전에 시베리아에 있는 작은 마을의 시장으로 일하면서 공무원이 '변명하는 것'을 금지했다. 그는 또한 찰리가 뉴욕의 비트인스턴트 사무실 책상에 보관

......

* 「하늘의 사람들Sky People」. 2007년 미국 작가 스털링S. M. Stirling이 쓴 대안 역사 과학 소설로, 찰리의 유대교 신앙에 대한 중의적 의미로 사용하였다.

하고 있던 미니 오일 캔인 네프트 보드카의 사업가이기도 했다. 쿠즈민은 암호화폐에 모든 것을 투자하고 또 최대한 많이 배우기 위해 오스트리아에서 회담을 개최했다.

찰리는 초대에 응했다. 그가 사랑하는 두 가지, 즉 비트코인과 여행이 모두 있었기 때문이다. 그래서 찰리는 오스트리아 빈 상설 시장 바로 앞에 있던 아파트에서 버와 부어히스와 함께 지내게 되었다. 그들과는 이미 온라인으로 친분을 쌓았지만, 버는 함께 직접 시간을 보내면서 예상하지 못한 방식으로 찰리의 마음을 열었다. 겨우 스물두 살에 불과했던 찰리에게 버는 믿을 수 없을 정도로 여행 경험이 풍부하고 세상에 대해 무척 많이 알고 있는 것처럼 보였다. 그는 자신의 견해에 대해 매우 개방적이었기에 찰리는 그를 좋아했다. 그는 주변에 자신을 맞추려 하지 않았고 모든 상황에서 자신의 의미하는 바를 말하기를 두려워하지 않는, 진정한 신앙인이었다.

빈에서의 첫날 밤, 그들은 엄밀히 말하자면 매춘부는 아니지만 충분히 비슷한 여성들로 가득 찬 나이트클럽에 가게 되었다. 버는 여자들에게 거의 관심을 기울이지 않았다.

"난 한 번도 백인 여자랑 잠을 자 본 적이 없어. 아시아 여자들하고만 잤지. 그 습관을 고칠 수가 없다니까."

찰리는 농담이라고 생각했지만, 이를 시작으로 해서 캘리포니아에서 온 이 키 큰 백인 남자가 어떻게 처음에 일본에 가게 되었는지로 말이 이어졌다. 그리고 모든 이야기가 감옥에서 보낸 시간으로 되돌아갔다. 버의 설명대로라면, 그는 자신의 이데올로기 때문에 몰락한 것이다. 그는 인터넷을 통해 불꽃놀이 관련 제품을 팔고 있었다. 페스트 컨트롤 리포트 2000이라는 회사에서 만든 폭죽이었는데, 3년 동안 아무 문제 없이 온라인에서 판매되고 있었다. 그리고 그가 이걸 파는 유일한 사람도 아니었는데, 오직 그만 체포되었다.

어쩌면 당연한 일이지만, 그는 스물한 살의 나이에 자유당 후보로 캘리포니아주 의회에 출마한 적이 있었다. 그때 이미 그는 개인의 자유를 열렬히 신봉했으며, 정부가 사람들의 행동을 조종하기 위해 폭력으로 위협한다는 인식을 갖고 있었다. 그는 선거 기간 동안 마약 단속반의 지역 수장이 참석한 토론에 참여했다. 토론 중에 그는 마약 단속반을 나치들의 무리이자 '강압적인 폭력배'라고 불렀다. 2주 후에 그는 잔인한 방식으로 체포되었다. 총을 든 남자들에게 둘러싸여 마약 단속반 요원들이 불법 폭발물로 분류한 해충 방제제를 판매했다는 이유로 제압당했다. 버는 200개 정도의 장치를 팔았다. 그 물건을 만든 회사는 허가 없이 80만 개를 팔았지만 아무도 체포되지 않았다. 심지어 버가 체포되어 간 감옥은 수준이 낮은 연방 수용소가 아니고 진짜 중급 수준의 보안 기관이었다.

10개월 동안의 감옥 생활은 버에게 엄청난 경종을 울렸다. 그가 이전에 지나친 정부와의 이론적이고 철학적인 싸움이라고 생각했던 것이 갑자기 바로 현실이 되어버렸다. 그가 말했듯이 그는 자유주의 이상을 밀어붙여 세상을 보다 나은 곳으로 만들려 노력했지만 그로 인해 감옥에 갇히게 되었다.

처음에 그는 감옥에서 그가 찾을 수 있는 자유주의 서적을 읽고 공부하며 시간을 보냈다. 수감 기간 전후로 버는 머레이 로스바드의 작품을 접했다. 그는 무정부 자본주의 이데올로기의 창시자로서 개인의 자유를 위해 중앙집권적 국가를 없애야 한다고 주장한 20세기 주요 사상가였다. 로스바드는 정부가 할 수 있는 일은 무엇이든 민간 부문이 더 잘할 수 있다고 믿었고, 또한 그는 정부가 '강도질을 체계화하였고 대대적으로 시행하였다'는 급진적인 주장을 펼쳤다. 그는 특히 은행에 반대했으며 연방준비제도를 '사기의 한 형태'라고 생각했다. 또한 버의 체포와 수감 생활은 그에게 다른 값진 교훈을 가르쳐주었다. 그의 견해는 그를 곤경에 빠트릴 수 있었고, 대부분의 사람들이 당연하게 여겼던 자유는 사람들이 생각하는 것만큼 보장되지 않았다.

버는 감옥에서 나오자마자 그의 사업과 자산을 일본으로 옮겼다. 그가 수감되기 전에 설립한 컴퓨터 회사인 메모리 딜러스 주식회사는 컴퓨터 메모리 칩 온라인 소매업체로, 그를 백만장자로 만들어 주었다. 그는 미국에서 충분히 살 수 있었지만 그러지 않았다. 그로부터 10년이 지나도록 그의 생각은 여전히 급진적이었지만, 미국 시민권을 포기하는 절차를 진행하는 동안 해외에 살면서 침묵을 지켰다. 그는 어디에서도 시민이 되고 싶지 않았다. 부어히스처럼 그는 국경과 국가를 믿지 않았다. 그는 조용한 세계 시민으로 만족하고 있었다.

그러고 나서 그는 비트코인을 발견했다.

버는 2010년경에 「프리토크 라이브」라고 불리는 뉴햄프셔 프리 스테이트 운동과 관련된 라디오 쇼를 들으면서 처음으로 비트코인에 대해 듣게 되었다. 버는 처음에는 그다지 관심을 기울이지 않았다. 그러나 몇 달 후 같은 라디오 쇼에서 비트코인이 또다시 언급되자 그는 조사를 해 보기로 결정하였다. 그는 비트코인에 대해 읽으면 읽을수록 디자인과 그 이면의 기술이 자신의 신념과 일치한다는 사실을 깨닫기 시작했다. 게다가 버는 공상과학 소설을 읽고 사랑하면서 성장했다. 비트코인은 공상과학 장르에 자주 등장하는 '사이버캐시' 또는 '크레딧'과 똑같이 들렸다. 그리고 버는 컴퓨터 분야의 기업가였고 경제 이론을 공부하는 데 수년을 보냈기 때문에, 그는 비트코인이 무엇이며 어디로 갈 수 있는지를 이해할 수 있는 완벽한 위치에 있었다.

그는 빠른 속도로 디지털 화폐를 축적하기 시작했다. 그가 얼마나 많은 비트코인을 샀는지 아무도 정확히 알지 못했지만 그의 자산은 쌍둥이보다 더 클 거라는 소문이 무성했다. 증가하는 재산과 함께, 버는 비트코인을 통해 목소리를 다시 내기 시작했는데, 이는 그의 사상적 신념에 매우 정확히 들어맞았다.

그들의 첫 만남부터 버는 찰리에게 전도를 시작했다. 그는 찰리에게 수십 권의 자유주의 서적을 보냈으며 종교, 정부, 그리고 그 길을 가려고 무력이나 공포를 사용하는 다른 거대 조직에 대한 찰리의 믿음에 의문을 제기하는 많은 대화를 시작했다. 찰리가 "그래요, 그러면 누가 도로를 건설하겠어요?"라고 질문을 하면, 버는 우리 삶의 모든 것이 자발적이어야 하며, 어떤 것도 강요해서는 안 되고, 심지어 도로조차도 그렇다고 답했다. 그리고 경제적, 도덕적인 동기는 언제나 충분할 거라고 주장했다.

돌이켜 보면 찰리는 버와 쌍둥이가 사이가 좋지 않은 게 당연하다고 인정해야 했다. 비록 쌍둥이는 법체계에 실망했지만 그렇다고 모든 것을 허물고 싶어 하지는 않았다. 그들은 강력한 구시대적 가치관을 존중하며 자랐다. 그들은 진정한 하버드인이었다. 그들은 싸움에서 졌지만, 그것은 그들이 더 영리하게 싸워야 했다는 걸 의미했을 뿐이다. 조정 경기에서 졌다고 모든 보트를 물에 가라앉히려 할 필요는 없다. 더 힘차게 노를 젓는 법을 찾아야 한다.

이에 반해 버는 구시대 구조에 결함이 있다고 믿었다. 즉, 조정 경기는 처음부터 조작된 것이었다. 기득권은 거짓말과 신화, 즉 현실 세계와 거의 관련이 없는 랍비들이 칙령을 발표함으로써 의미를 갖는 찰리의 '하늘의 사람들'과 같은 환상에 기반을 두고 있다. 비록 때때로 버의 자유주의도 현실 세계에서 동떨어져 있는 것처럼 보였지만 말이다.

"하늘의 사람들 위에 현실?"

볶은 고기를 담은 접시가 그들 사이 테이블에 놓이자 찰리가 말했다.

"어떤 현실요? 우리 모두가 어떤 공동체에 살면서 자발적으로 길을 만드는 그런 곳인가요?"

버가 능숙하게 젓가락으로 고기를 찌른 다음 한국 소녀 중 한 명에게 한 조각을 먹여 주었다.

"난 공동체에 살지 않아. 아름다운 아파트에 살고 있지. 그리고 내 포르쉐는 바깥에 주차되어 있고. 자원봉사주의는 인습을 거부하는 게 아니라, 오히려 그 반대야. 단지 우리가 해야 할 일을 하기 위해 독재자가 우리 입에 총을 물릴 필요는 없다는 거지."

찰리는 그 이데올로기의 지향점이 무엇인지 알고 있었다. 버는 세금이 본질적으로 무장 강도라고 믿었다. 군 복무는 강제 살인에 가깝다. 스스로 선택하지 않은 건 강요당하는 것과 같다.

"때때로 타협해야 할 필요도 있지 않을까요?"

"타협 때문에 아이디어가 죽는 거야."

버는 타협을 믿지 않았다. 그것이 비트코인 세계에서 그가 힘을 가진 이유 중 하나였다. 그가 비트코인에 관심을 갖게 된 순간부터 그는 비트코인의 가장 큰 지지자 중 한 명이 되었다. 하지만 쌍둥이와 달리 그에게는 비트코인의 어두운 면이 아무런 문제가 되지 않았다. 그는 사실 실크로드를 좋아했다. 버는 술도 마시지 않았고 마약도 하지 않았지만, 개인이 원하는 것은 무엇이든 사고팔 수 있는 권리를 전적으로 지지했다. 버는 또한 비트코인이 마약단속반이나 미국 국세청과 같은 정부 조직을 우회하기 위해 발명된 가장 훌륭한 방법이라고 생각했다.

찰리는 한 쌍의 아름다운 소녀들 옆에 앉아 있다는 것을 잊어버리고 그 자리에서 벗어나 자신이 비트인스턴트 사무실로 돌아왔다고 상상하면서 말하였다.

"보세요. 비트코인이 정말로 주류로 가고 싶다면 우리는 다리를 만들어야지 태우면 안 돼요."

"캐머런처럼 말하네. 아니면 타일러인가? 너희들은 모두 국가 통제주의자들이야."

버(그리고 부어히스도 역시)는 항상 찰리를 국가 통제주의자, 즉 정부나 국가가 필요하다고 믿는 사람이라고 놀렸다.

그러나 버가 말하는 방식은 이제 그 말이 단순한 놀림 이상의 것으로 보였다. 의심할 여지 없이, 그는 쌍둥이를 자신이 혐오하는 모든 것의 일부이자 기득권의 일부라고 여겼다. 찰리는 그들의 특권을 거론하며 비난하는 건 옳지 않다고 생각했다.

그는 평생 야구를 보았다. 그는 메츠의 열렬한 팬이었다. 만약 쌍둥이가 3루에서 인생을 시작했다면 어땠을까? 홈으로 가는 건 여전히 매우 힘들 것이다.

"그들도 당신처럼 진정한 신봉자예요."

찰리가 말했다. 버는 다른 고기 한 점을 집었다.

"무엇을? 이걸로 그들은 얼마나 많은 돈을 벌까?"

버는 마치 그게 그렇게 나쁜 일인 것처럼 말했다. 찰리는 누구보다도 비트코인의 의미에 대해 말하는 걸 좋아했지만 자신을 기업가로 여겼다. 어느 정도 그들은 모두 돈을 위해 이 일을 하는게 아닌가?

실리콘밸리에서는 모두 투자 유치 보고서로 문제를 확인하고 해결책을 제안한다. 기업가들은 모두 세상을 바꾸고 모든 사람의 삶을 좋게 만드는 것에 대해 말했다. 페이스북에서 애플, 우버에 이르기까지 그들은 모두 세상을 더 좋은 곳으로 만들기 위해 노력했다고 말했다.

하지만 그들 중에 정말 그런 뜻이 있었던 사람이 있을까? 찰리는 생각해야만 했다.

찰리는 버가 진심이라고 믿었다. 그에게 비트코인은 세상을 다시 만드는 무기였다. 여러 인터뷰에서 버는 "비트코인은 인터넷 이후 가장 중요한 인간의 발명품이다"라고 말했다. 쌍둥이조차도 항상 로저 버의 말이 진심이라는 점은 인정해야 했다.

밤이 깊어지고 저녁 식사가 끝났다. 버는 찰리를 호텔에 데려다주고 두 소녀와 함께 다른 파티로 떠났다. 찰리는 자신에게 물어봐야 했다. '로저 버가 만들려는 세상은 너무 앞서간 걸까? 그곳이 내가 살고 싶은 세상인 걸까?'

비트코인은 3만 피트 상공에서도 상황이 좋았다.

타일러는 식당으로 이어지는 광택이 있는 마호가니 목제 패널 벽에 설치된 화이트보드 앞에 섰다. 그가 검은색 마커로 그린 비트코인 차트는 시작부터 바로 그날까지도 가파르게 상승했다가 아찔하게 하락하기도 하는, 들쭉날쭉한 히말라야 산맥 같은 선을 그렸지만 전반적으로는 계속 상승하는 추세였다. 첫 2년간은 달팽이의 속도였다. 소수의 사이퍼펑크족*, 컴퓨터 괴짜들, 수학 괴짜들 외에는 아무도 대체 메시지 게시판에 모여 있는 그 암호화폐에 대해 들어 본 적이 없었기 때문이다. 하지만 쌍둥이 같은 몇몇 사람들이 주목하기 시작한 후 불과 6개월 만에 크게 가격이 올랐다. 그러고 나서 4주 전, 하늘을 향해 폭발하기 전에 약간 하락했다가-고마워요, 키프로스-비트코인 한 개에 266달러라는 믿을 수 없을 정도의 높은 가격을 기록하였다. 그랬다가 지난 24시간 만에 폭락하여 60% 이상 하락하였고 지금은 비트코인 한 개에 120달러가 조금 넘는 상태였다.

.....
* Cypherpunk. 암호기술을 이용해 기존의 중앙집권화 된 국가와 기업구조에 저항하려는 사회 운동가로, 신분 노출을 꺼리며 비밀문자나 그림으로 메시지를 전달하는 사람들

"그렇습니다. 변덕스럽습니다."

타일러가 마커의 뚜껑을 닫으며 말을 마쳤다.

"하지만 예상할 수 있는 일입니다. 우리는 아직 초기 단계에 있으니까요. 여전히 규제의 불확실성이 크고, 시장에 사람이 너무 적어서 일상적인 뉴스에 극도로 민감하게 반응합니다. 하지만 그게 바로 우리가 기회가 많다고 생각하는 이유입니다. 위험이 크면 보상도 큽니다. 비트코인은 점점 더 많은 관심을 끌 겁니다. 키프로스는 시작점에 불과합니다. 사람들은 정부의 법정 화폐보다 자신의 부를 저장할 수 있는 더 좋은 곳이 있다는 걸 깨닫게 될 겁니다. 그리고 비트코인의 고정 공급량 때문에, 사람들이 비트코인을 많이 살수록 가격은 더 상승하게 됩니다. 전형적인 수요와 공급의 법칙이죠."

타일러는 자기 앞의 반원형 소파에 모여 있는 소그룹을 바라보고 있었다. 물론 그의 형도 포함되어 있었는데, 그의 머리는 비행기의 본체를 둘러싸고 있는 창문 중 하나에 기대고 있었다. 가리개가 반쯤 내려와 있었지만 캐머런 뒤에 있는 타일러는 이중 유리를 통해 여전히 구름 조각을 볼 수 있었다. 타일러 가장 가까이 있는 파란색 정장을 입은 젊은이는 자신을 분석가라고 소개했는데, 그는 세 명의 스태프 중 한 명이었다. 나머지 두 번째 사람은 소파 주위에 있었고, 세 번째 사람은 화이트보드 맞은편 벽에 걸려 있는 대형 평면 스크린 TV 옆에 있었다. 그리고 그 청년 옆에는 전용기의 주인인 론 버클이 있었다. 그는 미국에서 가장 성공한 기업가 중 한 명으로, 슈퍼마켓 체인을 세우고 판매하여 부를 축적한 억만장자였다. 그는 이제 수십억 자산을 보유한 사모투자전문회사 유카이파 컴퍼니의 대표로서 바니스 뉴욕과 피츠버그 펭귄스 하키팀, 모건호텔 그룹 그리고 소호 클럽들의 소유 지분을 갖고 있었다.

"전 그것을 화폐로 사용할지 잘 모르겠어요."

버클은 비행 제복을 입은 승무원 중 한 명이 내려놓은 초밥, 캐비어, 샤퀴테리, 치즈, 크루디테, 각종 과일 등이 담긴 호화로운 접시들 바로 옆에 놓인 테이블 위 패드에 메모를 적으면서 말했다.

"이건 투기적인 거래이고, 상품이죠. 마치 예술품과 같아요. 그 가치는 전적으로 수요에 달려 있어요."

타일러는 그의 형이 끼어들고 싶어 한다는 걸 알 수 있었지만, 그들은 지난 몇 주 동안 충분히 프레젠테이션을 했기 때문에 그들 둘 다 원고 앞뒤를 알고 있었다.

"동의합니다."

타일러가 말했다.

"부분적으로 이 상품은 가치의 저장소이며, 교환의 매개체로

244

사용될 수 있습니다. 그래서 금과 같지만 더 좋은 거죠. 비트코인이 장기적으로 금을 붕괴시킬 거라는 게 우리의 논지입니다."

그는 버클이 흥미를 느꼈지만 확신하지는 못했다는 걸 알 수 있었다. 놀라운 일은 아니었다. 설명을 해 줘도 한 번에 받아들여야 할 게 너무 많아서 아무리 재계의 총명한 사람이라도 이해하는 데 시간이 필요했다. 그는 버클과 그의 팀이 더 많이 배우고자 하는 마음을 갖고 있음을 높이 평가했고, 그들이 부지런히 질문하며 건전한 의심으로 접근한다는 사실을 존중했다. 이는 합리적이며 훈련된 투자자가 새로운 무엇, 특히 비트코인처럼 매우 참신한 것에 접근하고자 한다면 반드시 거쳐야만 하는 길이다. 이것이 바로 버클 같은 사람들이 성공한 부자가 된 이유이다.

여긴 우아하게 장식된 비행기 거실이라고밖에 표현할 수 없는 곳이었다. 부드러운 울림과 가벼운 리듬 이외에 타일러는 그들이 공중에 있다는 것을 거의 알 수 없었다. 그는 전에도 개인 전용기를 탄 적이 있었지만, 걸프스트림스와 봄바디어스와 같은 호화로운 제트기조차 195센티미터인 그에게는 너무 비좁아서 기내에서 똑바로 서 있을 수가 없었다. 거기에는 식당도, 거실도, 샤워 시설이 있는 침실도 없었다. 버클의 전용기는 점보제트기에 가까웠는데, 보잉 757을 개조한 것으로 퍼프 대디, 빌 클린

턴, 레오나르도 디카프리오를 포함한 론 버클의 친구들만큼이나 가십 잡지에서 유명했다.

타일러는 3만 피트 상공에서 비트코인 프레젠테이션을 할 것이라고는 예상하지 못했다. 하지만 그가 '비트코인 순방'의 일환으로 버클의 사무실에 연락했을 때 버클은 함께 비행을 하자고 제안했다.

"이 실크로드 사업은 어떻죠? 누가 실제로 비트코인을 소유하고 있고, 누가 실제로 사용하죠? 갱단과 불법 자금세탁자들뿐인가요?"

버클이 물었다.

이 질문은 불가피했고 모든 미팅에서 나왔다. 실크로드는 분명 지우기 힘든 얼룩이었다. 그러나 점점 더 타일러는 이 다크웹 마약 소굴이 다른 어떤 것보다 더 과장되었다고 확신하게 되었다.

"우리의 모든 연구는 실크로드가 실제로 비트코인 경제의 아주 작은 부분임을 보여 줍니다. 현재 비트코인 거래의 5% 미만이 그 사이트와 관련이 있으며 비트코인 시장이 성장함에 따라 점점 작아지고 있습니다."

그리고 그 시장은 타일러가 이미 설명했듯이, 2013년 3월 28일 최근에 10억 달러 선을 넘어섰다. 실제로 비트코인 가격을 92달러 이상으로 올리고 비트코인 시장의 전체 가치를 10자리*로 밀어 넣는 데 필요한 몇 페니를 올린 것은 마운트곡스에 시장 매수를 주문한 캐머런이었다. 물론 비트코인의 초기 단계에서 가장 큰 문제 중 하나는 유동성이 많지 않아 작은 주문이라도 시장에 영향을 미쳐 큰 가격 변동을 일으키기 쉽다는 점이었다.

그리고 지난 24시간 동안의 급격한 하락은 비트코인 시장을 괴롭힌 또 다른 문제의 완벽한 예시였다. 키프로스와 달리 이 특별한 폭락은 현실의 뉴스와 아무 관련이 없었다. 그것은 전적으로 마운트곡스 거래소의 문제 때문이었다. 너무 많은 매매와 거래 때문에 마운트곡스 서버가 포화상태가 되었고, 이를 처리하기 위해 거래소가 문을 닫는 바람에 전체 시장이 혼란에 빠졌다. 타일러는 이것이 비트코인의 더 큰 성장과 채택에 가장 큰 장애물이라고 믿기 시작했다. 만약 비트코인이 주류가 되려면 대부분의 비트코인이 거래되는 거래소가 예전의 카드게임 거래소(프랑스인과 그의 고양이들에 의해 운영되는 일본에 위치한 거래소)로만 남을 수는 없었다. 사모펀드와 헤지펀드의 세계는 비트코인 경제가 성장하여 그 기원이 별난 랜드마크에서 벗어나기 전까지는 결코 비트코인을 심각하게 받아들이지 않을 것이다.

......
* 10억 달러대를 의미한다.

버클의 분석가들은 메모지에 글을 쓰고 있었지만 타일러는 버클의 표정에서 그를 붙잡아두고 있는 단 몇 시간 안에 그에게 암호화폐를 완전히 납득시키지는 못할 거라는 걸 알 수 있었다.

타일러는 단지 실크로드만 문제인지를 의심했다. 어쨌든 버클은 전체적인 비트코인의 풍경 중 하나인 어두운 골목길을 두려워하는 유형으로 보이지는 않았다. 비록 그들이 타고 있는 이 제트기는 빌 클린턴에 의해 론에어라는 별명을 얻었지만, 가십 칼럼니스트들은 전 세계 순방을 위해 대통령이 쓰는 비행 투어버스의 또 다른 이름으로 불렀다. 에어 퍽 원*이라고.

타일러로서는 론 버클이 이 비행기를 슈퍼모델과 유명인들로 가득 채워 이쪽 파티 장소에서 저쪽 파티 장소로 이동했다는 이야기가 사실인지 알 수 없었고 또 별로 개의치도 않았다.

지금까지 버클은 완벽한 주최자로서 사모펀드에서의 그의 프로페셔널한 삶에서 경험한 믿을 수 없는 이야기들로 그들을 즐겁게 하였다. 그는 사업 천재였으며 누구보다도 앞서 가치를 알아보고 자신의 제국을 세웠다. 비록 그가 정확한 순간에 비트코인을 살 준비가 되어 있지는 않았더라도 비트코인은 이제 그의 레이더에 있었다.

비트코인 투어 외에도 요즘 힘든 일정이 있었다. 이 일정의 또

......
* 대통령 1호 전용기Air Force One에 빗대어 유사 발음으로 비하한 표현

248   비트코인 억만장자의 신화

다른 주요 목적은, 찰리에게는 힘든 도전일 수도 있지만, 찰리 쉬렘과 비트인스턴트를 바른 방향으로 이끌려고 노력하는 것이었다. 이 목표를 위해 타일러와 그의 형은 이 젊은 CEO를 위해 수많은 미팅을 잡았다. 그들은 그를 뉴욕의 벤처 투자 회사들과 잠재적인 은행 파트너들 앞에 세웠고, 실제로 함께 의미 있는 성과를 거두기도 했다.

특히 오보페이*와의 만남은 중요한 파트너십을 이루었다. 송금 면허가 있는 오보페이가 기본적으로 그들의 면허를 비트인스턴트에 임대해 주기로 동의하여 비트인스턴트는 주 정부의 송금 규정에 따라 송금할 수 있게 되었다. 이로써 찰리의 회사는 처음으로 법을 준수할 수 있게 되었는데, 찰리와 그의 팀이 그때까지 대체로 무시해 왔던 것이었다. 그들은 또한 은행 계좌 개설 절차를 시작하기로 동의한 주요 미국 은행들과 찰리와의 미팅을 성사시켰는데, 다른 은행들은 비트인스턴트에 그리고 금융 규제 당국과 세무 당국자들과의 불확실한 법적 지위에 겁을 먹었기 때문이다.

찰리는 미국 주요 은행에서 프레젠테이션을 하는 동안 자신을 절제하고 있었다. 그는 유리와 크롬으로 마감된 큰 회의실 벽면에 걸린 화이트보드 앞에 서서, 고등학교 졸업 이후 한 번도 입

.....
* 휴대폰으로 자금을 보낼 수 있는 개인 송금 서비스

어보지 않은 것 같은 블레이저 재킷을 입고 땀을 흘리며 있었다. 찰리는 은행가들로 가득 찬 방에서 자신과 비트인스턴트가 준법 및 법적 라이선스를 얼마나 진지하게 받아들이고 있는지, 비트인스턴트가 어떻게 최첨단 내부 통제 시스템을 구축하고 있는지를 강조했다. 그는 계속하여 비트인스턴트가 고객의 신원을 이해하고 그들이 범죄자나 자금세탁자가 아닌지 확인하기 위한 규정 준수 프로그램의 일환으로 'KYC'를 어떻게 수행했는지를 설명했다. 어느 순간 그는 이렇게 외치기까지 했다.

"이 게임의 이름은 세 단어입니다. 준수, 준수, 준수!"

전반적으로 그는 바로 자신부터 그렇게 되어야 한다고 생각하는 소년처럼 옳은 말을 하는 것 같았다. 그 순간 찰리는 비트인스턴트가 나아가야 할 방향을 이해하는 듯했다. 그는 오보페이를 설득한 것처럼 은행가들도 설득하였다. 그는 아직 어렸고, 다듬어야 할 필요가 있었지만 원석이 거기에 있었다.

타일러는 비트인스턴트에 대한 투자가 비트코인 경제로 들어가는 완벽한 입구라고 더욱 확신하기 시작했다. 찰리의 로저 버와의 우정이 커짐에 따라 타일러와 그의 형은 긴장하며 잠재적인 경고를 보냈지만, 찰리가 자신을 계속 발전시키고 성숙하게 만들 수 있다면, 그리고 비트코인 지도에 숨어 있는 어두운 골

......
* 'Know Your Customer', 즉 '네 고객을 알라'는 뜻의 은행 약어

비트코인 억만장자의 신화

목길 중 하나에 끌리지 않는다면, 그는 정말로 특별한 일을 하기 직전이었다.

"론."

타일러가 캐머런 옆에 앉으면서 말하였다. 그리고 나서 주머니에서 핸드폰을 꺼냈다. 그는 보잉 757에 와이파이가 있는 것을 확인했다. 물론 식당에도 있었다.

"우리의 의견을 들어 주셔서 감사드립니다. 한 번에 받아들이기엔 내용이 너무 많다는 걸 알고 있습니다. 하지만 그전에, 이메일 주소가 어떻게 되시나요?"

버클이 눈을 한 번 깜박이고는 그에게 이메일 주소를 알려 주었다.

"5비트코인을 보내드리죠. 시간을 내어 주신 감사의 표시입니다. 오래 보관하세요. 언젠가 그것들이 이 비행의 연료비보다 더 가치가 있을 겁니다."

버클이 미소 지었다.

"당신은 이 비행기가 얼마나 많은 연료를 태우는지 알아요?"

타일러는 버클의 표정을 통해 타일러가 그날 오후에 했던 모든 주장 중에서 분명히 비상식적으로 비싼 비행 비용을 지불하기 위해 5비트코인을 이메일로 보내는 이 단순한 행동과 이것이 암시하는 자신감이 가장 큰 인상을 주었다는 것을 알 수 있었다.

비행기는 수평 비행을 시작했고 승무원 중 한 명이 고급 점심 식사를 위해 일행을 식당으로 초대했을 때 타일러는 핸드폰 화면을 두드리며 전송을 시작했다.

타일러는 희망하고, 기도하며, 믿었다. 이 다섯 개의 비트코인이 언젠가 이 횡단 비행에 사용된 연료보다 훨씬 더 가치가 있게 되기를.

페이지 1면 기사에 '윙클보스가 옳았다'라고 적혀 있었다.

"이제 월스트리트 저널 구독을 취소하고 타임지만 읽어야 할 거 같아."

타일러는 아버지의 어깨 너머로 고개를 돌려 부모님의 그리니치 집 부엌에 있는 단풍나무 탁자 위에 펼쳐져 있는 신문을 바라보았다. 그는 거의 믿을 수가 없었다.

신문 1면 중간쯤에 익숙한 두꺼운 헤드라인 활자체가 타일러의 시신경을 자극하며 눈에 들어왔다.

페이스북은 신경쓰지 마라

…윙클보스 쌍둥이 디지털 머니를 지배하다

버클의 전용기는 너무 커서 뉴욕으로 향하는 대부분의 개인 비행기가 착륙하는 테터보로 공항으로 비행할 수 없었기에 뉴어크 리버티 국제공항에 내렸다. 그리고 이제 12시간이 지났다. 그들은 집에 돌아왔을 때 그들의 아버지가 뉴욕 타임스 기사를 펼치고 있는 것을 발견했다. 바로 그들이 비트코인 역사에서 어떤 위치를 차지하게 되었는지 알려 주는 기사였다.

사실 신문을 펼칠 필요도 없었다. 기사가 바로 그곳, 1면에 있었기 때문이다.

"페이지 1면이야. 그게 무슨 뜻인지 알지? 사람들은 모두 이걸 읽을 거야."

타일러의 어머니 캐롤은 한동안 아무도 건드리지 않은 크루아상과 스콘이 담긴 쟁반을 들고 냉동고에서 그의 뒤로 걸어오고 있었다. 타일러는 흥분하고 있었다. 부모님 또한 흥분하고 있음을 얼굴에서 알 수 있었다. 캐머런도 만면에 미소를 띤 채 믿을 수 없다는 듯한 표정으로 테이블 반대편 의자에서 몸을 반쯤 뺀 채로 신문을 보면서 기사의 두 번째 문단을 손가락으로 가리켰다.

"인용구가 멋져."

캐머런이 그렇게 말하고 난 다음 기사를 큰 소리로 읽었다.

"우리는 정치와 인간의 실수가 없는 수학적 틀에 우리의 돈과 믿음을 투자하기로 결정했다."

"이제 드디어 진정한 하버드인 것 같구나."

타일러의 아버지가 농담을 했다.

"캐머런 너의 인용구도 멋있어. 사람들은 투자 사기라고도 하고, 거품이라고도 한다. 사람들은 진정 진지하게 받아들이고 싶어 하지 않는다. 어느 시점이 되면 그 이야기는 '가상화폐가 여기에 머물러 있다'로 바뀔 것이다. 우리는 초기 단계에 있다."

"좋아."

타일러가 동의했다.

"비트코인이 싫은 놈들은 이 기사를 보고도 못 본 척하겠지."

지금껏 비트코인을 투자 사기 또는 17세기 네덜란드의 튤립 버블 같은 것이라고 비판하는 이들이 많았다. 쌍둥이는 앞으로 많은 성장통이 있음을 결코 부인하지 않을 것이다. 비트코인 시장은 불안정했고, 압도적인 거래량을 처리할 수 없었던 마운트곡스는 12시간 동안 오프라인 상태가 된 후에도 계속 복구를 시도했다. 하지만 캐머런은 비트코인은 튤립이나 비니 베이비, 혹은 다마고치 같은 또 다른 유행이 아니라는 점을 지적했다. 그리고 비트코인은 투자 사기와 반대였다. 모두가 번영하거나 아니면 모두가 몰락한다.

재미있게도, 키프로스 사태 이후 비트코인은 그 자체로도 인기가 매우 많아지고 있었다. 그리고 비트코인 거래의 80%가 여전히 마운트곡스에서 발생했다는 사실은 당황스러웠는데, 대부분의 사람들이 비트코인의 주된 용도가 실크로드에서 마약을 사거나 더 나쁜 것일 거라고 생각한다는 사실만큼이나 문제가 많았다.

쌍둥이의 이야기는 영화가 나왔을 때, 또 이전에 페이스북과의 한창 소송 중일 때도 여러 번 기사화되었다. 그들은 관심을 끌지 않으려고, 아니 오히려 적극적으로 피하려고 노력했음에도 불구하고 그들의 이야기는 타블로이드 신문에도 꽤 많이 실렸다. 그리고 뉴욕 포스트의 6면 같은 가십지들은 그들에게 늘 매력을 느끼고 있었다. 하지만 한 번도 자유세계에서 가장 존경받는 지적인 신문인 뉴욕 타임스 1면에 다뤄진 적은 없었다. 그들은 그렇게 공정하게 대우받은 적이 없었다.

타임스, 월스트리트 저널, 포스트, 블로고스피어에서는 여러 해에 걸쳐 타일러와 그의 형에 대해 수많은 기사를 써 왔지만, 그들이 분별 없이 마크 저커버그에게 보상을 받기 위해 징징대며 소송을 걸었던 백인 상류층, 금수저, 귀족 조정 선수라는 거짓되고 단조로운 이야기만 반복하며 퍼뜨렸다. 미디어는 몇 년 동안 그들을 끈질기게 물고 늘어지면서 웃기고 흥미로운 클릭 장사용 미끼로 써먹어 왔다. 그리고 이제 하룻밤 사이에 이야기가 뒤바뀌었다.

"너 그거 알아?"

타일러가 기사를 다시 훑어보며 말했다.

"노 젓는 것에 대한 언급은 단 한 번뿐이네. 우리를 소개하는 바로 상단에 캐머런과 타일러, 올림픽 조정 선수."

타일러는 어머니의 팔이 그의 어깨를 감싸는 걸 느꼈다. 그녀는 아버지와 마찬가지로 그와 캐머런이 하는 모든 일을 항상 지지해 왔다. 비록 종종 사업상 조언을 구하기 위해 그들의 아버지를 찾았음에도 불구하고 그들은 그들의 어머니로부터 강한 결단력과 한곳에 머물러 있기를 거절하는 법을 배웠다. 그녀는 여느 경찰의 딸만큼이나 강인했다.

이런 1면 기사가 나오게 된 것은 바로 그런 결단력과 강인함때문이었다. 이는 우연이 아니었다. 타일러와 그의 형은 뉴욕 타임스의 가장 뛰어난 경제 기자 중 한 명인 나다니엘 팝퍼에게 그의 첫 번째 비트코인 이야기를 쓰도록 열심히 설득해 왔다. 실리콘밸리의 모든 벤처 펀드가 비트코인을 꺼릴 때 그들이야말로 비트코인의 많은 지분을 축적한, 최초의 전통적인 투자자라는 생각을 그에게 심어 주었다.

팝퍼는 타임지의 통화 부문 담당자로, 주로 금에 초점을 맞추고 있었다. 그는 골드 2.0에 대해 글을 쓰기에 완벽한 저널리스트였다. 그의 기사는 웹사이트에 올리자마자 인기가 폭발하였다. 기사가 엄청난 주목을 끌자 편집자들은 그 기사를 다음 날 아침 인쇄판 1면에 실었다. 팝퍼의 원고가 주로 실렸던 비즈니스 1면이 아니다. 기사는 단순히 비트코인에 관한 것만이 아니었다. 쌍둥이를 전체 시장에서 전체 비트코인의 1% 이상을 보유하고 있는 세계에서 가장 큰 통화 소유자라고 말했다. 물론, 타일러는 더 큰 지분을 가진 사람이 있을 수 있다는 사실에 전적으로 동의했다. 사토시가 누구이든 간에, 그가 거의 백만 비트코인을 가지고 있는 것으로 알려져 있지만 누가 진실을 알겠는가? 사토시의 비트코인은 아예 존재하지 않을지도 모른다. 반대로 쌍둥이의 지분은 철학적인 역설이 아니다. 어떤 가상화폐든 그들의 손바닥 안에 있었다. 그리고 이제 이 기사를 통해 그들은 비트코인의 공적인 얼굴이 되었다.

"윙클보스 쌍둥이가 디지털 화폐를 지배하다."

타일러가 말했다.

"나는 이 말이 좋아."

주머니에서 울리는 핸드폰에 그의 이야기가 끊어졌다. 모르는 번호였다. 자동으로 음성사서함으로 넘어갔다. 그는 캐머런과 그의 부모가 지켜보는 가운데 음성메일을 들었다.

"저커버그야?"

캐머런이 농담을 했다. 그들의 어머니가 그를 스콘으로 거의 때릴 뻔했다.

"5월 컨퍼런스에서 연설해 달라는 초대장이야."

캐머런이 물었다.

"어떤 컨퍼런스?"

"'비트코인 2013'이라고 하는데 비트코인 재단에서 주관해."

타일러가 대답했다.

캐머런이 휘파람을 불었다. 다른 누군가가 그들로부터 페이스북과 인터넷 소년 왕과의 패배 이외에 다른 것을 듣고 싶어 한 것은 이번이 처음이었다.

타일러는 비트코인 재단이 비트코인 경제를 촉진하고 보호하기 위해 2012년 설립된 비영리단체임을 알고 있었다. 당시 이 단체는 비트코인 업계에서 가장 유명한 조직이었다. 이곳의 이사회는 가상화폐의 명사 인명록이나 마찬가지였다. 재단의 '수석 과학자'는 사토시가 비트코인 네트워크의 소프트웨어 클라이언트인 비트코인 코어의 수석 개발자로 임명한 개빈 앤드리슨이었다. 앤드리슨은 사토시가 인터넷에서 영원히 사라질 때까지 아마도 이 세상의 누구보다도 신비한 사토시와 가장 가까웠을 것이다.

비트코인2013은 재단이 주최한 두 번째 컨퍼런스에 불과했다. 이 컨퍼런스는 세상에서 가장 똑똑한 사람들, 진정한 명사들, 초기이지만 성장하고 있는 비트코인 혁명 뒤에 있는 모든 사람을 한자리에 모을 것이다.

"업계 최대 규모의 컨퍼런스지."

타일러가 말을 이었다.

"그들이 우리가 기조연설을 해 주길 원하고 있어."

세상 앞 무대 위에서, 단둘이 말이지.

"노을 속으로 노를 저어라."

그는 말하고 미소를 지었다.

"사진기자들이 셔터를 누르고 플래시가 번쩍거릴 때 난 의자 위에 올라가 돈을 뿌리고 있었어요."

예고도 없이 찰리는 자신이 하고 있던 이야기를 재현하기 시작했다. 그는 둥근 적갈색 가죽의자 위로 바로 올라가 그의 앞 청회색 테이블 위에 있는 술병을 거의 다 뒤집어 놓았다. 때마침 그의 양옆에 앉아 있는 아름다운 여인들이 자리를 비켜 주었다. 그러자 찰리는 머리 위로 손을 올리고 커다란 20달러짜리 뭉치 두 개를 허공에 던졌다. 2층 포스트인더스트리얼풍 라운지 구석에 있던 모든 사람은 지폐가 흩뿌려지자 환호성을 질렀다. 춤추는 디스코 조명에 열대성 녹색 종이 폭풍우가 비쳤다.

찰리는 자신의 주변에 떠다니는 지폐를 바라보고 있었다. 발코니까지 네 개의 벽을 가로지르는 거대한 거울 때문에 지폐는 100배나 확대되어 보였다. 거울이 불빛으로 둘러싸여 있었고, 발코니는 에디슨 전구로 둘러싸여 있었다. 실내는 거의 모든 부분이 유리로 덮여 있어 전체가 스팀펑크* 같았다. 하지만 동시

.....
* 증기기관과 같은 과거 기술이 크게 발달한 과거, 혹은 가상현실을 가리킨다.

에 레이저와 DJ, 아래층의 대부분을 차지하고 있는 크고 빛나는 바, 위층의 세컨드 바, 한쪽을 따라 이어진 런웨이 같은 무대, 외부의 금색 표지판, 모든 테이블에서 마법의 양피지 같이 빛나는 조명 메뉴판, 이 모든 것은 클럽의 최고 전성기였던 1980년대를 현대적으로 재해석한 것처럼 느껴졌다. 한쪽 내벽에 걸려 있는 예술 작품은 『밝은 불빛들, 대도시/월스트리트』라는 이름의 1980년대의 석탄화 버전이었다. 꼭 패트릭 베이트먼*의 피투성이 아파트에 있었을 것 같은 커다란 캔버스 위에 검은 스케치 작품이었다.

5천 제곱피트의 유흥가, 맨해튼 미드타운 39번가에 위치한 이곳에서, 여기가 문을 연 이후로 찰리는 매일 밤 찰리쇼를 공연하고 있었다. 단순한 아무 클럽의 구석 소파가 아닌, 바로 자신의 클럽 구석에 있는 소파에 서서 말이다. 적어도 모든 사람이 그렇다고 생각했다. 그가 그저 '에버EVR'의 투자자 중 하나일 뿐이라는 사실은 누구에게도 중요하지 않았다. 에버는 도시에서 가장 인기 있는 '게스트로라운지**'로서 찰리의 대학 친구들이 열었으며, 고객으로부터 비트코인을 받아 주는 유일한 클럽이었다. 찰리는 그곳에 자주 갔는데, 갈 때마다 항상 돈을 비처럼 뿌렸다.

.....
* 소설 『아메리칸 사이코』의 주인공으로, 월스트리트의 투자 은행가인 동시에 연쇄살인범인 캐릭터
** gastro-lounge. 음식과 술을 판매하는 식당

"현금의 유일한 장점은 공중에 던진 후 청소를 걱정할 필요가 없다는 거죠. 누구도 20달러 지폐로 바닥을 어지럽혔다고 체포된 적이 없어요."

찰리는 미소를 지으며 소파에 몸을 다시 눕혔다. 두 여인은 나머지 일행을 위해 자리를 마련하려고 더 가까이 다가갔다. 에버에서 찰리의 파트너인 알렉스는 찰리의 오른쪽에 있는 여성 옆에 있었지만 찰리는 그녀의 이름을 기억할 수가 없었다. 벌써 제임슨 위스키 네 병째를 마셨기 때문이다. 또 다른 대학 친구인 마이크는 찰리 왼쪽에 있는 여인, 안젤라에게 팔을 두르고 있었다. 그녀는 어떤 잡지에 찰리에 관해 글을 썼다. 그 글은 찰리로 하여금 언행을 더 조심하게 만드는 것이 아니라, 더 들뜨게 만들었다. 찰리는 태어나서 처음으로 사람들이 자신의 말에 귀를 기울이는 것을 경험했다. 그리고 그 쾌감은 자신의 사무실에 있는 베이커리 선반에 늘어선 소모품과 흡연 제품에서 얻을 수 있는 것과 동등한 수준이라는 걸 알게 되었다.

왕이 된다는 건 정말 재미있는 일이었다. 그 순간 찰리는 자신을 비트코인의 왕이자 진정한 암호화폐 록스타라고 생각했다.

찰리만 이런 생각을 한 게 아니었다. 그가 공중에 돈을 뿌려 비처럼 돈이 내리는 장면을 촬영한 사진은 전면 컬러판으로 「블룸버그 비즈니스위크」지에 실렸다. 그들은 찰리를 새롭게 탄생한 비트코인 백만장자이자 누구보다도 먼저 열차에 오른 똑똑한 얼리어답터 중 한 명으로 발표했다.

비트인스턴트를 가장 성공적인 암호 관련 스타트업의 세계로 이끈 찰리에 관한 비즈니스위크 기사는 그를 소개하는 수십 개의 기사 중 하나에 불과했다. 비트인스턴트가 단기간에 이룬 성과는 놀랄 만하다. 원래는 한 달에 백만 달러를 처리하는 회사였지만 지금은 하루에 그만큼을 처리한다. 찰리는 현재 비트인스턴트가 전체 비트코인 구매의 35%를 처리하고 있다고 계산하였다. 고객이 너무 많아 서버 업그레이드와 유지 관리를 위해 일시적으로 사이트를 폐쇄해야 했고, 이는 고객들 사이에서 큰 소란을 일으켰다. 그는 타일러와 캐머런으로부터 걱정하는 이메일을 받았지만 찰리는 이를 무시했다. 비트인스턴트는 그를 비트코인 세계에서 유명인으로 만들어 주었다. 그리고 다른 편의 세계에서도 그는 소소하게 유명해지고 있었다. 이제 찰리의 때였고, 그도 그것을 알고 있었다. 쌍둥이가 투자한 지 몇 달 만에 찰리는 런던, 파리, 도쿄, 베를린 그리고 텔아비브까지 비트코인 지지자들에게 강연하며 세계를 여행했다. 비트코인은 그전에는 일부가 되기는커녕 그가 전혀 알지도 못했던 삶을 열어 주었다. 비트코인은 그를 백만장자로 만들었으며, 문자 그대로 고기 냄새에 절어 있는 브루클린 지하실에서 그를 해방시켜 주었다. 거기다 비트코인은 예상 밖의 곳에서도 약간의 도움이 되었다.

부드러운 손길이 가죽 소파 뒤로부터 찰리의 어깨에 닿았다. 찰리는 그와 비교가 안 되는 놀라운 외모를 가진 금발의 여인에게 그대로 고개를 돌렸고, 그녀는 몸을 숙여 그의 지저분한 뺨에 키스를 했다. 그녀는 에버의 칵테일 웨이트리스 복장을 입고 있었는데 그게 바로 그녀의 직업이었기 때문이다. 그녀는 쟁반에 데킬라 샷을 들고 있었는데, 찰리는 밤에 마시는 데킬라를 가장 좋아했기 때문이다. 보통은 웨이트리스가 찰리가 한 잔을 주문했다는 이유로, 혹은 이곳의 공동 소유자라는 이유로, 혹은 새해 전야에 색종이 조각처럼 20달러를 던졌다는 이유로 뺨에 가벼운 입맞춤을 해 주지는 않는다.

사실 그와 코트니는 두 달 전부터 사귀고 있었다. 에버가 문을 연 지 며칠 안 된 어느 날, 찰리는 그녀를 처음 본 순간 그녀에게 반했다. 그는 알렉스에게 코트니가 자기 전담 웨이트리스가 되게 해 달라고 요청했다. 그러나 이런 도움에도 불구하고 찰리는 그녀에게 데이트를 신청하는 걸 너무 두려워하였다. 비트코인의 명성은 높아지고 있었지만 그는 코트니 같은 여성과 어떻게 대화해야 할지 몰랐다. 캐머런과 타일러와 함께 베이커리에서 처음 만났던 날 밤, 불가리아 모델을 만났을 때, 찰리는 토사물에 흠뻑 젖은 운동화를 신고 캐머런의 아파트 소파에 홀로 앉아 있었다.

그는 코트니에게도 똑같이 행동할 수는 없었다. 그는 그녀에게 깊게 빠져 비트인스턴트의 과로한 서버보다 그녀를 생각하는 데 더 많은 시간을 보냈다. 찰리에게 다행스럽게도 그의 친구들은 손님이 없는 시간에 그들 둘을 초대한 후, 단체로 나타나지 않아 찰리와 코트니만 함께 남는 상황을 조성해 주었다.

극심한 사교적 불안증에 떨며 찰리는 바카디를 주문했다. 그는 계속 바카디를 주문하다가 너무 많이 마셔 코트니에게 모두 토해 버렸다. 씻기 위해 화장실에 갔다가 돌아왔을 때, 그는 그녀가 도망갔을 거라고 생각했지만 무슨 이유에서인지 그녀는 계속 머물러 있었다. 그 순간 찰리는 그녀가 운명의 상대라는 걸 알았다.

두 번째 데이트가 되어서야 그는 그녀에게 '칙령'에 대해 말했다. 그는 그녀를 받아들이지 않을 근본주의 유대인 가족이 있었고, 게다가 정신 나간 이야기 같았지만 그녀와 함께 있다는 사실만으로도 공동체에서 쫓겨날 수 있었다. 한 달이 지나서 그의 여동생들 중 한 명이 코트니와의 전화 통화를 엿듣고 그의 어머니에게 소리 질러 알렸다. 집이 난리가 났다. 그의 어머니는 울고 비명을 질렀고, 그의 아버지는 그의 셔츠를 찢었다. 가족을 택할 것인지 코트니를 택할 것인지를 두고 최후통첩이 내려왔다. 찰리는 결정을 내리는 데 아무 문제가 없었다. 그는 사랑에 빠졌으며, 더 중요한 사실은 그가 나갈 준비가 되었다는 것이다. 로저 버가 '하늘의 사람들'을 놀리며 시작된 일은 완전한 실존적 위기로 변했다. 코트니는 데킬라 쟁반을 들고 그 위기로 곧장 걸어갔다.

그는 자신의 소지품을 챙기고 지하실을 빠져나와 에버에서 잠시 쉬다 대학 친구들과 함께 클럽 위에 있는 아파트로 이사했다. 그는 이제 인생의 바에서 새로운 장을 열고 있었다.

"이거 두 번째 잔이에요."

코트니가 그의 테이블에 술을 추가하면서 그의 귀에 속삭였다.

"내일 아침에 미팅이 있지 않나요?"

"나는 항상 내일 아침에 미팅이 있어."

찰리가 말했다.

그러고 나서 그는 한 잔을 더 하려고 손을 뻗었다. 물론, 코트니가 옳았다. 새벽 1시 이후에 데킬라를 섞어 마시는 것은 좋은 생각이 아니었다. 하지만 그는 그 미팅이 어떤 미팅인지, 어디서 누구와 만나는지 정확히 알지 못해도 걱정하지 않았다.

그는 많은 미팅에 참석해야 했다. 그는 어쨌든 CEO였으며, 고객 서비스 담당이자 최고 감사 책임자였다. 그는 부어히스와 아이라가 운영하는 부서, 그리고 개럿이 웨일스에 있는 자신의 은

266

비트코인 억만장자의 신화

신처든 다른 어떤 지옥에서든 처리할 수 있는 복잡한 컴퓨터 이슈를 제외한 거의 모든 일을 처리했다.

찰리는 부어히스와 아이라와 함께라면 걱정할 필요가 없었다. 그들은 훌륭했고 전문적이었으며 비트인스턴트를 구축하는 데 중요한 역할을 했다. 사실 그들은 비트인스턴트가 현재 사용하고 있는 독점 소프트웨어를 개발했는데, 이 소프트웨어는 아이라가 비트인스턴트 전부터 연구하기 시작한 것이었다. 그와 부어히스는 찰리가 이를 무료로 사용하도록 허용하였다. 찰리는 이런 사실이 그렇게 큰 문제라고 생각하지 않았기 때문에 윙클보스 쌍둥이에게 아직 언급하지 않았다. 어쨌든, 부어히스와 아이라는 비트인스턴트를 함께 지키는 껌딱지였다.

그들은 단순히 팀의 일원이었을 뿐만 아니라 그의 친구들이었다. 찰리에겐 그들이 그가 가진 유일한 가족이었다. 그들 또한 그와 마찬가지로 함께 성장했다.

부어히스는 찰리만큼 비트코인에서 중요한 인물로 떠올랐다. 그는 비트인스턴트 마케팅을 담당하는 동시에 비트코인 도박 사이트 사토시다이스라는 사이드 프로젝트도 진행했는데, 이는 비트코인 커뮤니티에서 큰 인기를 끌었다. 게임의 아이디어는 단순했다. 참가자들은 비트코인을 승자 혹은 패자의 주소로 보내면 된다. 만약 운이 좋다면 그들은 베팅한 비트코인의 배수를 받을 것이지만 불운하다면 일부만 받게 될 것이다. 게임은 출시하자마자 놀라울 정도로 인기를 끌었다.

물론 도박 사이트였기 때문에 이게 미국에서 합법인지 아닌지는 알 수 없었다. 이것이 부어히스에게는 사업적으로도, 그리고 철학적으로도 불만스러운 점이었다. 그는 정부가 도박, 특별히 비트코인 도박을 규제하는 데 관여해서는 안 된다고 생각하였다. 비트코인 블록체인에 사토시다이스를 구축한 중요한 이유는 미국 정부의 손에서 멀리 떨어지도록 하고 싶다는 것이었다.

찰리로서는 미국의 복잡한 도박법을 이해하려고 시도조차 할 수 없었다. 사실 그는 최근에 비트인스턴트 사업 활동을 지배하는 법인 미국 송금법에 관해 집중적으로 공부하고 있었다. 비트인스턴트의 변호사와 윙클보스 쌍둥이가 비트인스턴트를 위해서만이 아니라 찰리 본인을 위해서도 미국의 법과 규정을 이해하고 준수하는 게 중요하다고 그를 확신시킨 후에야 공부를 시작했다.

찰리는 비트인스턴트 최고 감사 책임자일 뿐만 아니라 CEO였기 때문에, 그가 법과 규정을 진지하게 받아들여야 한다는 걸 알고 있었다. 그러나 그는 결코 꼼꼼한 사람이 아니었다. 여전히 그는 노력하고 있었다. 사실 그는 세 가지 직함(CEO, 최고 감사 책임자, 고객 서비스 담당)을 동시에 가지게 된 것 자체가 이해상충이라는 걸 충분히 알고 있었다. 그리고 최근에서야 이 줄타기가 복잡해졌다.

비티씨킹BTCKing이라는 아이디로 누군가가 끝없는 현금 공급이 가능해 보이는 사이트를 통해 다량의 비트코인 구매를 하고 있었다. 회사의 규칙에 따르면 보안상 이유로 이런 대규모의 비트코인 거래는 그 자체만으로도 의심스럽다고 간주된다. 비트인스턴트는 고객의 신원을 깊게 확인할 수 있는 충분한 자원이 없었기 때문에 일반 고객의 일일 구매 한도를 천 달러로 제한하였다. 그러나 비티씨킹은 이러한 통제를 회피하려는 게 분명했다. 어느 날 그는 '구조화'라고 불리는 기술을 사용하여 4천 달러 상당의 비트코인을 구매하려고 시도하였다. 물론 이게 반드시 비티씨킹이 나쁘다는 걸 의미하지는 않지만, 이는 비트인스턴트의 통제를 우회하려는 놀라운 시도였다. 찰리는 무슨 일이 일어났는지 발견하고 비티씨킹이 비트인스턴트를 사용하는 것을 즉시 금지시켰으며, 개인적으로 이메일을 보냈다. '우리는 당신의 모든 예금 기록과 은행 보안 카메라에서 찍은 사진을 가지고 있습니다. 새로운 전송을 시도하게 되면 형사 고발이 될 것입니다.'

그러나 많은 생각 끝에 찰리는 마음이 누그러졌다. 결국 그 사람은 비트코인을 더 사려고 한 것뿐이었다. 뭐든 열심인 게 무엇이 나쁜단 말인가? 모든 사람에게 좋은 일 아닌가? 찰리는 결국 그에게 다시 메시지를 보냈다. 당신의 현재 계정과 이메일 주소는 금지되었지만 당신이 원한다면 새로운 이메일 주소로 새로운 계정을 만들 수 있다고 하였다.

찰리는 비티씨킹이 누구인지 전혀 몰랐다. 아마도 그는 비트코인을 싸게 사서 다른 사람들에게 더 높은 가격에 파는 딜러나 재판매자일 것이다. 하지만 찰리는 크게 신경 쓰지 않았다. 자신이 상관할 일이 아니라고 믿었기 때문이다. 왜 한 번도 만난 적도, 앞으로 만날 일도 없을 모르는 누군가를 걱정해야 할까? 비티씨킹? 아이디 자체도 농담처럼 느껴졌다[*]. 모든 사람은 새로운 비트코인의 진정한 왕이 누구인지 알고 있었다.

몇 달 뒤 찰리는 윙클보스 쌍둥이가 기조연설을 했던 컨퍼런스인 비트코인 2013에서 연설할 예정이었다. 쌍둥이는 뉴욕 타임스 1면에 실렸지만, 찰리는 블룸버그 사진기자 앞에서 돈을 뿌렸고 에버에서 아름다운 여자 친구와 그 현장을 운영하고 있다.

찰리는 상승세에 있는 암호화폐 록스타였으며 비트코인의 가격처럼 그는 다시는 내려가지 않을 것이다.

......
[*] BTC는 비트코인의 약자로 비티씨킹(BTCKing)을 문자 그대로 해석하면 '비트코인의 왕'이 된다.

17 | 다음 날 아침에

"왜 그래요?! 정말이지, 지금까지 경험한 일 중에 가장 당황스러웠어요."

캐머런은 최대한 목소리를 낮춰 말하면서 찰리를 로비에서 렉싱턴 에버뉴로 향하는 회전 유리문 쪽으로 데려갔다. 타일러는 찰리의 반대편에 서서 그들이 나가는 것을 도와주었다. 똑같은 195센티미터 키의 쌍둥이가 양쪽에서 호위하고 있음에도 찰리는 가까스로 수직으로 서서 마치 다른 사람 몸인 것처럼 자신의 발을 바라보고 있었다. 그는 로비 출구를 향해 나아가면서 한쪽 발을 다른 쪽 발 앞에 놓으려고 애쓰고 있었다.

그들 셋은 보드빌 쇼*처럼 회전문을 두드렸다. 타일러는 먼저 들어가면서 찰리를 자신과 같이 회전하는 통 안으로 끌고 들어갔다. 만약 찰리가 혼자 남겨진다면 유리판 하나를 박살 낼 가능성이 높았기 때문이다. 캐머런은 분노를 삭히며 그 뒤를 따라 회전문으로 들어갔다. 그의 씩씩대는 숨결이 유리에 김이 서리게 했다.

......
* 19세기에서 20세기 초까지 미국에서 큰 인기를 끌었던 오락 목적의 쇼.

그들이 밖에 나오자 타일러는 찰리를 59번가로 향하는 보도를 몇 미터 걷게 한 다음, 그를 놓아 스스로 건물에 몸을 기대설 수 있게 하였다. 사무실 로비는 특대형 GAP 매장으로 연결되어 있었고, 통유리 안에는 헐렁한 옷들을 입은 마네킹이 즐비했다.

캐머런은 마침 지나가던 양복 입은 무리들이 대화가 들리지 않을 만큼 멀어진 뒤에야 말하기 시작했다.

"찰리, 어젯밤에 잠은 잤어요?"

찰리는 그제야 고개를 들었다. 그는 눈을 크게 뜨고 있지만 그의 눈은 충혈되어 있었다. 30분도 채 안 되어 17층 회의실에 도착한 이후로 계속. 그의 셔츠는 빌어먹을 놈의 단추가 세 개나 풀려 있어 엉킨 가슴털과 전날 밤, 아마도 이틀, 아니면 사흘 클럽에서 밤을 지샌 것이 분명한 얼룩진 피부가 드러났다. 그의 상의엔 얼룩이 있었고, 알코올 냄새가 진동했다. 만일 그가 조금이라도 잤다면 분명 바닥에서였을 것이다.

"닷새 동안 술을 진탕 마신 거 같아요."

타일러가 말했다.

"아니에요. 정말, 그냥 몇 잔만 마셨어요. 약간의 데킬라요……. 걱정할 거 없어요……."

찰리의 목소리는 잦아들며 웅얼거렸다.

캐머런은 다시 자신의 감정을 조절하려고 노력했다. 그는 보통 이해심이 많은 사람이었지만 그 순간만큼은 그들의 경이로운 어린 CEO에 대한 분노를 참기가 어려웠다. 그들이 방금 참석했던 미팅을 '열차 사고'로 묘사한다면 매우 절제된 표현일 것이다.

"이 미팅을 얼마나 어렵게 잡았는지 알아요?"

타일러가 물었다.

"존은 이 핀테크 업계에선 가장 영향력 있는 사람 중 한 명이에요."

핀테크Fintech는 금융Financial과 기술Technology의 합성어로서 뉴욕에서 가장 빠르게 성장하는 벤처 투자 분야다. 이는 본질적으로 온라인 뱅킹, 로보 어드바이저, 통계 컨설팅, 양적 투자, 그리고 물론 블록체인 기술도 포함하는, 금융계를 앞으로 나아가게 하거나 더 효율적으로 만들 수 있는 모든 새로운 기술을 아우르고 있었다. 타일러가 옳았다. 존 애버크롬의 사무실은 관객 중 한 명을 죽인 서커스단처럼 달아났다. 그의 벤처 회사는 업계에서 가장 영향력 있는 이름 중 하나였다. 존과 그의 파트너들은 백 개가 넘는 주요 기업들에 대한 투자 포트폴리오를 구축했는데, 이들 중 상당수는 핀테크 업계에서 가장 저명한 기업들에 속하였다.

캐머런과 그의 동생이 인맥을 활용한 각고의 노력으로 만남을 성사시켰지만, 찰리 쉬렘은 이 거물들에게 충혈되고 알코올에 흠뻑 젖은 장관을 보였던 것이다.

미팅 전에 이메일 교환을 통해서 존과 그의 파트너들은 제대로 비트코인을 이해하고 있는 데다 찰리의 제안을 듣는 데 진정으로 관심이 있는 것처럼 보였다.

우호적인 청중에도 불구하고 찰리가 방에 들어서는 순간 일이 옆길로 새기 시작했다. 찰리는 태즈매니안 데블*처럼 발표하기 시작하였다. 화이트보드 앞에서 빙글빙글 돌면서 사방을 왔다 갔다 하였으며 그의 말은 거의 알아들을 수 없었고 애초에 말이 되지도 않았다. 너무 빨리 말해서 그 방에 있는 사람들은 목이 뻐근할 지경이었다. 이는 전혀 재미없는 밋밋한 농담으로 정점을 찍었다. 클럽 에버의 이른 아침에나 어울리는 일이 렉싱턴 회의실에서 터진 것이다.

대화가 비트인스턴트 모델의 세부 사항으로 옮겨갔을 때, 찰리는 갑자기 이상하게도 방어적으로 변했다. 비트인스턴트의 운영, 규정 준수 및 재무에 관한 기술적인 사항이 많아질수록 찰리는 말문을 닫아 버렸다. 그는 마치 자기 회사의 핵심에 관한 이야기에 관심이 없는 것처럼 보였다. 그는 비트코인 CEO 역할에 너무 바빠 비트인스턴트 CEO가 될 수 없는 것처럼 말이다. 캐머런과

......

* 주머니고양잇과의 포유류로 주머니곰이라고도 한다. 작은 몸을 가지고 있지만 화를 내면 맹렬히 으르렁거리며 섬뜩한 비명을 지른다.

타일러가 무슨 일이 일어났는지 깨닫기도 전에 미팅이 끝나 버렸다.

"다시는 이런 일이 일어나면 안 돼요."

타일러가 말했다.

"정말로 그렇게 심했나요?"

찰리가 말을 더듬거렸다.

"더 안 좋았던 건 준비가 안 되었을 뿐만 아니라 코카인을 하고 있는 것 같았다는 거예요. 정신분열증 같았어요."

"정신분열증이요? 그거 좋은데요. 전 마음에 들어요."

"찰리……. 전 당신에게 다른 많은 책임이 있는 걸 압니다."

캐머런이 말했다.

나이트클럽, 칵테일 웨이트리스, 세계여행과 같은.

캐머런은 이미 타일러에게 이 문제에 대해 열두 번이나 이야기했었다. 최근에 찰리는 하이프 머신*에 너무 빠져 있어서 감시하기조차 어려웠다. 그는 온갖 곳을 다 돌아다니는 것 같았다. 그가 정말로 있어야 할 곳인 침대, 또는 비트인스턴트 사무실만 빼고 말이다. 이 사이트는 지난 2주 동안 두 차례에 걸쳐 정지되어 캐머런을 공포에 떨게 하였다. 만약 사이트가 붕괴된다면 그들의 투자가 안전할 수 있을까? 무엇을 얻을 수 있을까? 어떻게 그

.....
* 소셜 미디어에 의해 만들어지는 실시간 커뮤니케이션 생태계

렇게 빨리 추락할 수 있을까?

"하지만 당신이 고려해야 할 게 있어요."

타일러가 멈추고 목소리를 낮췄다.

"회사를 시작한 사람이 항상 회사를 운영하기에 가장 좋은 사람은 아니란 겁니다."

찰리가 갑자기 술이 깨는 듯했다. 적어도 타일러가 무슨 말을 하는지는 이해할 수 있을 정도가 되었다.

"다른 사람이 CEO가 되어야 한다는 건가요?"

쌍둥이 중 한 명이 그 생각을 소리 내어 말한 것은 처음이었다. 찰리는 엄청난 아이디어와 에너지를 가지고 있었지만, 회사를 운영할 진정한 일관성을 가지고 있는가? 비트인스턴트가 빠르게 성장하고 있는 회사 유형인가? 이는 부어히스나 아이라가 도움을 줄 수 있는 문제가 아니었다. 그들 둘 다 믿을 수 없을 정도로 유능하다는 건, 오히려 찰리의 단점을 도드라져 보이게 할 뿐이었다.

찰리는 캐머런과 타일러를 차례로 쳐다보면서 그들의 눈에 맞추려고 목을 높이 뺐다.

"아마 당신들에 관한 로저 말이 맞을지 몰라요."

"그게 무슨 뜻이에요?"

캐머런이 말했다.

한 쌍의 독일 관광객들이 지나가다가 그 중 부스스 헝클어진 머리에 무스를 바른 노란 머리의 한 젊은 남자가 쌍둥이를 알아보고 가까이 다가왔다. 그 남자의 파트너, 즉 데님 드레스를 입은 여인이 핸드폰으로 캐머런을 가리키고 재빨리 사진을 찍고는 계속 걸어갔다. 이런 일은 거의 매일 일어났다.

"제 말은,"

찰리가 말을 이었다.

"가끔 당신들이 너무 정장만 입고 격식만 차리는 것 같다고요."

캐머런은 눈을 굴렸다. 가끔은 정장이 필요하다. 그리고 분명 핀테크에서 가장 유명한 거물과의 미팅에는 정장이 적절했다.

타일러가 자제하며 말했다.

"이전에 말했듯이 로저가 좋은 영향력을 끼치는 사람은 아니에요."

비록 쌍둥이는 산호세에서 버와 직접 만나는 것을 피했지만, 그들은 이미 수많은 이메일을 공유하고 있었고, 지난 몇 주 동안 비트인스턴트의 미래에 대해 오랜 시간 동안 전화로 토론했다. 회사가 성공하면 더 성공할수록 그들과 도쿄의 자유주의자 사이에 더 많은 마찰이 생기는 듯했다. 최근의 대화는 대부분 점점 잦아지는 찰리의 결근에 관한 것이었다. 하지만 주제나 일련의 사실이나 상황과 관계없이 버는 언제나 찰리를 변호하였다. 심지어 그게 잘못이라는 걸 알았을 때도 말이다. 그는 아마도 그들이 방금 가졌던 악몽 같은 미팅에 대해서도 찰리를 변호할 방법을 찾았을 것이다. 기업가가 스트레스를 푸는 게 얼마나 건강한지를 합리화하는 버의 말이 캐머런의 머릿속으로 들려오는 것 같았다.

"그는 시작할 때부터 저를 지원해 주었어요."

찰리가 말했다.

"지금은 시작이 아니에요."

캐머런이 쏘아붙였다.

"문제는 지금이에요. 내게는 현실이고요. 더 이상 전과자로부터 조언을 받을 수 없어요."

찰리는 그의 뒤 유리창을 손바닥으로 눌러 자국을 남겼다.

"버는 해충 방제약을 팔다 감옥에 간 거예요."

찰리가 말했다.

"폭발물이죠."

캐머런이 정정했다.

"그는 터트리는 걸 좋아하는 사람이라고요."

"당신은 그를 몰라요. 그는 정말로 세상을, 정부를 바꾸고 싶어 한다고요."

"그는 정부를 증오하기 때문에 정부를 바꾸고 싶어 하는 겁니다. 그건 고상한 철학적 이유 때문이 아니에요. 개인적인 원한 때문이죠."

찰리가 정말로 로저의 유죄 판결을 옹호하려는 걸까? 불과 몇 주 전에 미국의 주요 은행 안에서 준법의 중요성을 주장하던 바로 그 찰리가 맞는가?

"당신들은 그를 몰라요."

찰리가 식식거리며 말했다.

"그건 맞아요."

캐머런이 말했다.

"그리고 당신도 마찬가지죠. 보세요. 찰리, 이해해 줘야 해요. 이 미팅은 우리가 비트코인을 주류로 만들려는 노력이라고요. 우리는 비주류 이데올로기에 올라탄 값싼 서커스 같은 일을 하려는 게 아니에요. 이게 골드 2.0이 되려면 모두의 관심을 끌어야 하죠. 투자 은행들은 정부를 죽이려고 하는 마약 중개상이 판매하는 자산에 대해서는 거래 창구를 개설하지 않을 거예요."

찰리는 눈을 비볐다.

"우리들 누구도 마약 중개상이 아니에요."

"지금, 당신의 모습이 정확히 그래요. 당신의 행동을 정리해야 해요."

캐머런은 숨 쉬는 것이 한결 쉬워졌다고 느꼈다. 음료수 뚜껑을 여는 것처럼 밖으로 말을 내보낸 것이 도움이 되었다. 그는 타일러와 CEO에 관한 토론을 끝내지 못했지만, 지금으로서는 그들의 주장을 분명히 했다. 다행히도 그 마음은 닿았다.

"이게 당신들이 원하는 거군요."

찰리가 마침내 응답했다.

"당신들이 기조연설 연설자예요."

캐머런은 그에게 이를 알려야 했다. 캐머런과 타일러는 카메라 앞에 준비된 홍보대사가 되어야 했고, 찰리는 사이드쇼*의 주역이 될 수 있었다.

그가 하고 싶어 하는 역할이 보였다.

"이를 배움의 교훈으로 삼읍시다."

캐머런은 자신의 동생이 더 날카로운 말을 하기 전에 말했다.

"컨퍼런스에서는 최선을 다해 행동합시다."

컨퍼런스는 아직 몇 달이나 남아 있었지만, 찰리가 비트코인 2013에서도 방금 전 도망쳐 나온 미팅처럼 행동한다면 어떤 문제가 발생할지 알 수 없었다. 그러나 조금 전 그는 스스로 자신이 기조연설을 하는 게 아니라 그들이 하는 거라고 말했다.

찰리는 손을 내밀어 두 사람과 악수를 나누었다.

......
* 서커스에서 손님을 끌기 위해 진행하는 부차적인 쇼

비 트 코 인 억 만 장 자 의 신 화

"물론 당신들의 말이 맞아요. 방금 거기서 제가 한 일은 변명의 여지가 없어요. 다시는 그런 일이 일어나지 않을 거예요. 정말로 그냥 과속 방지턱이었어요."

그는 손바닥이 땀에 젖어 있었고, 그들이 처음 만났을 때처럼 떨고 있었다.

그러나 그가 렉싱턴 에버뉴를 걸어가는 모습을 보고 있을 때, 캐머런은 찰리의 작은 몸집이 매우 당당해 보인다고 생각했다.

18 | 밝은 불빛들

대략 2주 후, 애버크롬 미팅의 나쁜 기억이 희미해질 때쯤, 타일러는 스타벅스에 앉아 창문을 통해 8번가를 따라 지나가는 관광객들과 맨해튼 사람들을 지켜보았다. 자신이 전시될 만한 눈에 띄는 자리를 선택한 건 그로서는 아주 이례적인 일이었고, 화요일 오전 11시에는 사람들로 붐볐다. 그리고 다시 말하지만, 그곳은 도시에서 가장 활력이 넘치는 장소 중 하나인 애스터 플레이스였다. 이곳은 이스트 빌리지 한가운데로, 뉴욕대에서 가까웠다. 타일러는 어느 테이블에 앉을지를 골랐지만, 스타벅스는 그가 선택한 것이 아니었다. 그는 사냥감의 흔적을 찾기 위해 밖에 있는 사람들을 수색했다.

"저기 그가 있어."

캐머런은 커피 중독자들의 교통체증을 뚫고 그들에게 다가오는 단정한 남자를 가리키며 말했다.

큰 키에 은빛으로 얼룩진 머리카락, 네모나게 각진 턱에 조각 같은 얼굴형에 사빌로 수트로 보이는 옷을 입고 목에 애스콧 타이를 매고 있었다. 그 남자는 F. 스콧 피츠제럴드의 소설에서 막

튀어나온 것처럼 보였다. 확실히 다른 시대의 인물처럼 보였다. 타일러는 더 가까이 다가가서야 눈가의 주름으로 그가 50년 동안 겪은 고난의 시간을 알아볼 수 있었다.

"젊은이들."

그는 캐머런이 권한 의자에 앉으며 테이블 위에 널려 있는 페이스트리와 음료를 보고 미소를 지었다.

"뷔페를 차렸네요. 제가 너무 오래 기다리게 한 건 아닌지 모르겠어요."

"저희도 방금 도착했어요."

타일러가 사소한 거짓말을 했다.

매튜 멜론 2세는 누가 기다리는 걸 신경 쓰는 사람은 아니었다. 그는 미국에서 가장 저명한 두 금융 가문의 후손이었다. 아버지 쪽 가문에서는 토마스 멜론 판사가 1869년 멜론은행을 세웠다. 한때 세계에서 가장 큰 은행 중 하나였지만 2006년 미국에서 가장 오래된 회사인 뉴욕 은행과 합병해 뉴욕멜론은행이 되었다. 어머니 쪽은 앤서니 조셉 드렉셀의 직계 후손으로, 드렉셀 번햄 램버트를 설립하였는데, 이는 1935년에 설립된 월스트리트 투자은행으로, 55년 후인 1990년에 정크본드 왕으로 불리던 우수 사원 마이클 밀켄이 기소된 이후 파산하였다.

멜론은 은행계의 왕족으로 태어났지만 사람들이 상상할 수 있는 모든 우여곡절을 겪었다. 그의 아버지는 그가 펜실베이니아대학교의 와튼스쿨에 다닐 때 스스로 목숨을 끊었다. 그는 졸업반이던 스물한 살의 어린 나이에 2천5백만 달러를 상속 받았다. 상속 받은 즉시 그는 캠퍼스 밖에 6개 침실이 있는 아파트와 빨간색의 페라리, 그리고 검은색 포르쉐를 구입하였다.

졸업 후 그는 자신의 길을 개척하기로 결심하고 로스앤젤레스로 이사했다. 그는 사업가가 되기 전에 연기, 모델, 패션 분야에서 경력을 쌓았다. 그는 자신의 아버지처럼 양극성 장애를 앓았으며 다양한 중독 극복을 위해 공개적인 싸움을 했다. 그러한 그의 개인적인 수난에도 불구하고 그는 미국에서 가장 매력적이고 창의적인 비즈니스 사상가 중 한 사람이었다. 중요한 것은 그가 가장 열린 마음을 지닌 사람 중 한 명이었다는 사실이다. 그는 익명의 마약 중독자 모임에서 만난 전처 타마라 멜론과 함께 하이패션 신발회사인 지미추를 공동 설립했다. 2017년에 지미추 브랜드는 마이클 코어스 홀딩스에 10억 달러 이상에 인수되었다. 매튜 멜론 2세만큼 금융, 엔터테인먼트, 패션, 정치의 단면에 대하여 잘 이해하는 사람은 세상에 거의 없었다.

멜론은 타일러와 캐머런의 비트코인 투어에 딱 들어맞는 사람이었다. 그들은 지금껏 대체로 헤지펀드, 자기자본 거래 기업들,

패밀리오피스*, 그리고 다른 금융회사와 만났다. 그러나 이제 그들은 그들의 전화를 받을 만큼 흥미와 관심을 가진 모든 사람들이 비트코인 2013 컨퍼런스로 이어지도록 범위를 확대하기로 결정했다.

이 전략을 통해 그들은 꽤 화려한 사람들을 만날 수 있었다. 불과 며칠 전, 그들은 마이애미 소호 비치 하우스에서 버진 그룹의 억만장자인 리처드 브랜슨과 식사를 했다. 저녁 식사 자리에서 그들은 비트코인으로 준궤도 로켓 크루즈, 브랜슨의 버진 갤럭틱 티켓을 25만 달러에 선구매하였다. 타일러와 캐머런은 아이폰 화면을 몇 번 두드리는 것으로 미래의 우주인 번호인 700과 701을 부여받았다.

브랜슨은 이미 비트페이라는 회사에 투자하여 비트코인에 관여하고 있었는데, 이 회사는 소매상들과 다른 상인들이 비트코인을 결제수단으로 받을 수 있도록 돕고 있었다. 브랜슨의 '우주여행자' 팀의 책임자가 뉴욕 타임스 1면에 실린 쌍둥이 형제들의 비트코인 투자에 대한 기사를 읽고 다른 친구들을 통해 그들에게 연락을 했던 것이다.

그는 그들의 잠재적 홍보 가치를 인정하고, 그들이 비트페이를 통해 우주여행 티켓을 사는 데 관심이 있는지 알고 싶어 했다.

......
* 초고액 자산가들의 자산배분, 상속 · 증여, 세금문제 등을 전담해 처리해 주는 업체

이것이 저녁 식사를 하게 된 계기가 되었다. 저녁 식사 동안 브랜슨은 준궤도 여행을 하기 전에 그들의 모하비 사막에 있는 우주인 학교에서 일주일을 보내야 한다고 설명했다. 쌍둥이는 이 훈련캠프가 올림픽을 준비하는 것만큼 힘들지 않았으면 했다.

하지만 타일러는 멜론과의 만남은 이전에 있었던 다른 미팅과 다르다는 걸 알고 있었다. 멜론은 배우기 위해서 온 게 아니다. 확인하기 위해서였다. 그의 흥분과 확신은 타일러에게 그와 그의 형이 새로운 경제에 뛰어들기 직전에 느꼈던 감정을 상기시켜 주었다.

"이렇게 합시다."

그들이 유쾌한 인사와 함께 서로 알고 있는 사람들에 대해 몇 가지 이야기를 주고받자 멜론이 말했다.

"저는 우리가 이메일로 연락한 후에 많은 글을 읽었어요. 흥미 그 이상이었어요. 당신들이 뭔가 이뤄낸 거 같아요. 저는 우주선을 찾았다고 생각해요."

그가 말을 잠시 멈추었다.

"제 문제는 어떻게 타야 할지 모른다는 거죠."

멜론이 관심을 보인 건 그들의 지식이나 비트코인에 관한 집중 강좌가 필요해서가 아니었다. 그는 그들의 접근 수단이 필요했다. 보다 구체적으로 말하자면, 그들이 브랜슨에게서 로켓 우주선 좌석을 구매한 것처럼 안전하고 확실한 방법이 필요했던 것이다.

카메룬과 타일러는 즉시 매튜가 비트코인 문제를 해결할 수 있도록 돕기로 했다. 그들은 또한 그 요청의 중요성을 깨달았다. 만일 멜론과 같은 사람, 즉 미국 은행 명문가의 후손이자 말 그대로 처음으로 은행 시스템을 도입한 사람의 후손도 비트코인에 접근하는 데 어려움을 겪었다면, 비트코인은 여전히 해결해야 할 중대한 문제가 있다는 뜻이 된다.

커피를 마신 후 쌍둥이는 멜론에게 찰리를 소개해 주기로 약속하였다. 반복된 불쾌한 미팅 이후로 그는 위험 요소가 되었지만 어쩔 수 없었다. 쌍둥이가 여행에서 만난 많은 비즈니스 거물들과 달리 멜론은 구매할 준비가, 그것도 크게 구매할 준비가 되어 있었다. 그리고 멜론과, 멜론처럼 쌍둥이를 따라 함께 동참한 다른 모든 사람들은 제대로 해낼 준비가 되어 있었다.

"내 가족과 친구들은 내가 미쳤다고 생각할 거예요."

멜론은 웃으면서 말했다.

"그건 많은 걸 뜻하죠."

"미친 건 상대적이에요."

타일러가 말했다.

"코인 몇 개를 사서 작게 시작할 수 있어요."

캐머런이 말했다.

"시장을 주시하시고 시간의 흐름에 따라 위치를 정하시면 돼요."

"그건 제 방식이 아닙니다. 전 모 아니면 도죠."

말이 된다. 특히나 비트코인에서는 더욱 그렇다. 잡거나 잡지 못하거나 둘 중 하나다. 버그와 같다. 한 번 꽂히면 영원히 꽂히게 된다. 아무리 많은 사람이 그것을 투자 사기나 튤립 버블이라고 부르더라도 흔들리지 않을 것이다.

"그러면 원하는 만큼 비트코인을 사세요."

타일러가 말했다.

"제가 친월스트리트, 친기업, 친은행, 친미주의자라는 걸 알아 주셨으면 좋겠어요."

멜론이 말했다.

"그리고 저는 그곳이 정확히 비트코인이 있어야 할 곳이라고 생각해요."

멜론은 비트코인 추종자였지만 버나 부어히스와는 달리 자유주의적인 이미지를 던져 버린 추종자였다. 그는 비트코인이 이미 존재하고 있는 금융 제도권 안에서 제자리를 찾아야 한다는 걸 알고 있었다. 페이스북이 인터넷을 무너뜨리지 않고 페이스북에 도움이 되는 방향으로 밀어 주었을 뿐인 것처럼 말이다.

쌍둥이에게 있어서 비트코인 이야기를 세상에 알리는 것은 여행의 첫 단계일 뿐이다. 사람들을 비트코인으로 끌어들이는 건 그다음이었다. 그들이 세계 금융 시스템의 시작점인 뉴욕에서 대부분의 시간을 비트코인에 대한 토론으로 보내고 있는 것은 우연이 아니다. 1792년 스물네 명의 증권 중개인들이 월스트리트 68번지 외곽에 위치한 버튼우드 나무 아래서 버튼우드 계약에 서명함으로써 뉴욕 증권거래소를 창설하였다.

이데올로기 신봉자가 무엇을 믿든, 또 그들이 은행과 정부를 무너뜨리겠다고 아무리 목소리를 높여도, 쌍둥이는 비트코인이 성공하려면 월스트리트가 개입해야 한다는 걸 알고 있었다.

멜론과 헤어진 후 애스터 플레이스의 도보 인파 속에서 타일러는 그의 형에게로 돌아섰다.

"찰리에게 전화를 하자."

타일러가 말했다.

비록 그들이 일단은 찰리를 멜론을 위한 중개자로 선정하였지만, 그를 마운트곡스로 보내는 대안도 있었다. 하지만 이곳은 전혀 다른 종류의 위험이 있는 곳으로, 어쩌면 그들의 놀라운 소년 CEO보다 훨씬 더 나쁠 수도 있었다. 어쨌든 찰리는 그들을 도왔던 것처럼 멜론이 상당한 양의 비트코인을 살 수 있도록 도울 수 있어야 한다.

캐머런이 번호를 누르고 기다렸다가 얼굴을 찌푸렸다.

"무슨 일이야?"

타일러가 물었다.

"그가 자리에 없어."

"뭔가 더 새로운 소식 없어?"

타일러가 빈정거리며 말했다.

"아니야. 내 말은 국제 벨소리가 들린다는 거야."

"뭐라고?"

"해외에 있다는 거지."

"농담하는 거야?"

그들에게 말도 없이 떠났다? CEO가?

"도대체 어디에 있는 거야? 어떻게 이런 일이 괜찮다고 생각한 걸까? 운영해야 하는 사업이 있잖아."

"짐작 가는 곳이 있어."

19 | 낙원의 이면

　찰리는 플렉시글라스 발코니 너머로 몸을 앞으로 내밀어 현대와 열대를 아우르는 도시의 깜빡이는 불빛을 응시했다. 가옥들과 어우러진 최첨단 고층 건물들, 아치형 창문과 타일 지붕의 아시엔다* 스타일의 건물들이 눈앞에 펼쳐져 있었다. 그가 바라보는 곳마다 급성장하는 경제의 결과물인 크레인이 있었다.

　새벽 3시를 훨씬 지난 시각이었음에도 도시는 아직도 생기가 있었다. 한편으로 찰리는 자동차, 스모그, 사람들, 가득 찬 디스코텍의 에너지, 카페, 레스토랑이 즐비한 진정한 홍등가로 돌아가고 싶었다. 다른 한편으로 찰리는 그가 빌린 2층짜리 펜트하우스 발코니에서 모든 걸 지켜보는 것으로 만족하고 있었다. 사람들이 그렇게도 자신에게 오고 싶어 했는데, 왜 사람들에게로 내려가야 하는가?

　발코니는 건물 모퉁이를 도는 길까지 확장되어 있어 태평양과 유명한 운하, 구시가지 반대편에 우뚝 솟은 완만한 녹지까지 거의 360도의 경치를 제공했다. 하지만 발코니 너머로 보이는 풍

.....
* 남미의 대규모 농장

경은 발코니에서 보이는 풍경과 비교도 할 수 없었다.

그는 적어도 아홉 명의 여인들이 그의 친구들 사이에 섞여 있다고 생각했다. 그들은 파나마인, 콜롬비아인, 코스타리카인, 멕시코인으로 모두 매력적이었고, 여러 가지 색다른 향기의 조합은 뚜렷한 어떤 것으로 바뀌었다.

찰리 옆에 있는 여인은 키티라고 불렸는데 그녀는 한 시간 전에 나이트클럽에서 그들과 함께 집으로 온 이 그룹의 리더인 것 같았다. 이름조차 없는 나이트클럽이 아파트에서 두 블록도 떨어지지 않은 골목 끝에 있었다. 그 전에 그들은 밤의 대부분을 베네토 카지노에서 보냈다. 분홍색 외벽과 전면에 있는 거대하고 화려한 네온사인은 라스베가스의 프리몬트가에 있는 시설과 비슷한 것이었다.

순회 서커스를 그들이 있는 곳으로 데려온 건 누구의 아이디어였는지 확신하지는 못하지만 분명히 찰리는 여인들을 초대하지 않았다. 코트니는 지금 파나마에 함께 있지 않지만, 그녀는 그의 전부였고 앞으로도 그럴 것이다. 안쪽 어딘가, 펜트하우스 1층 셰프의 주방에서 그들의 집사가 엠빠나다*를 만들고 있었다. 그렇다. 집사가 아파트 렌탈에 포함되어 있었다. 열린 이중문을 통해 고기튀김과 달걀 삶는 냄새가 찰리와 다른 사람들이 모여

......
* 아르헨티나의 대표적인 음식으로 일종의 미트파이

있는 곳으로 퍼졌다.

찰리는 스페인어를 할 줄 몰라 키티가 펜트하우스가 있는 도시를 설명할 때 그녀의 말을 정확히 이해할 수는 없었다. 하지만 그는 JFK 공항에서 비행하는 동안 안내서를 읽었고, 이 멋진 엘 칸그레호가 실제로 반세기 이전에 유대인 이민자들에 의해 세워졌다는 것을 알았다. 이 도시엔 아직도 원주민들의 흔적이 많이 남아 있었다. 그날 아침 일찍 찰리는 몇 블록 건너 아파트 건물로 보이는 마당에 놓여 있는 거대한 알버트 아인슈타인의 머리 석상을 지나갔다.

1950년대 이후 유대인들은 대부분 이사를 갔으며, 이제 이 지역은 다양한 나라의 사람들로 활기가 넘쳤다. 중앙아메리카의 이 작은 지역은 그 옛날 서부처럼 정말로 무법지대였다. 적어도 이곳에서만큼은 준수해야 할 법률이 전혀 없는 것 같았다. 거의 모든 게 협상 가능했다. 매춘은 완전히 합법이었을 뿐 아니라 파나마의 은행법은 세상에서 가장 느슨하였고, 다른 말로는 '혁신적'이라 할 수 있었다. 이 도시는 대부분의 다른 곳에 위치한다면 훨씬 더 가혹한 조사에 직면하게 될 회사들로 넘쳐났다. 온라인 포커 회사, 스포츠 도박장, 자금대출 시설, 그리고 이제는 크고 작은 비트코인 회사들이 증가하고 있다. 찰리는 여인들을 무시하고 열린 노트북 주위에 모여 있는 버, 에릭 부어히스, 그리고 아이라를 바라보았다. 버와 부어히스가 파나마에 이끌린 것은 놀라운 일이 아니었다. 이곳의 법과 관습은 그들의 신념 체계와 완벽하게 일치하였다. 뉴욕발 비행기에서 내린 순간부터 부어히스는 중앙아메리카에 영구적으로 머물 계획을 세우기 시작하였다. 마케팅 책임자가 수천 마일 떨어진 다른 대륙에 산다는 게 이상적이지 않을 수도 있지만 찰리는 비트코인의 시대에 그들이 모두 같은 물리적 위치에 있어야 할 이유는 없다고 생각했다.

찰리로서는 결국 친구들과 함께하고 싶어 충동적으로 뉴욕을 떠난 것이었다. 그는 여기로 온 이후에 이메일을 확인하는 것을 피했다. 그는 자신이 무슨 이메일을 받을지 정확히 알고 있었다. 마지못해 그는 발코니를 벗어나 그을린 두 발목 사이에 있는 라운지 의자 아래에서 자신의 노트북을 꺼냈다. 그는 자신의 룸메이트들이 앉아 있는 곳과 가까우면서도 조용한 장소를 발견했다.

메일함에는 타일러 윙클보스와 캐머런 윙클보스, 두 쌍둥이가 보낸 여러 이메일이 있었는데, 모두 긴급으로 표시되어 있었다.

어쩐지 그들의 이름조차 화가 나 보였다. 그들의 메시지를 읽기 시작했을 때, 그는 윙클보스 캐피탈에 새로 생긴 유리 사무실에서, 어쩌면 그리니치 집에서, 어쩌면 햄튼에 있는 그들의 부모님의 집에서 타이핑하는 모습을 상상할 수 있었다. 서로 마주 보고 앉아 타자를 치는 그들의 얼굴은 똑같이 분노로 가득 차 있

비트코인 억만장자의 신화

었으리라.

엄밀히 말하자면, 그는 그가 도시를 떠나 파나마로 향하고 있다고 그들에게 알려야 했을 것이다. 그러나 그는 이것이 문제의 일각이란 걸 알고 있었다. 그들에게는 찰리가 단순히 파나마에 있었다는 것뿐만 아니라 그가 부어히스, 특히 버와 함께 있었다는 것도 큰 문제였다.

솔직히 말하자면, 이 초대야말로 때마침 그가 가장 필요로 하던 것이었다. 그가 파티에 참석했던 그날 밤 후에 있었던 비참한 미팅 때문만은 아니었다. 그는 자신의 행동에 대한 쌍둥이의 질책이 정당하다는 것을 알고 있었다. 그러나 끊임없이 걸려 오는 전화와 이메일과 계속해서 쏟아지는 제안들은 실제적인 제안이 아니었다. 물론 타일러와 캐머런이 비트인스턴트의 주요 투자자이긴 하지만, 그렇다고 찰리를 마치 열두 살짜리 비행청소년인 것처럼 세세하게 관리할 수 있는 권한이 과연 그들에게 있을까?

그의 마음속에는 의심의 여지가 없었다. 쌍둥이가 할 수만 있었다면, 지금쯤 그들은 찰리를 정장 혹은 적어도 몸에 맞는 블레이저 재킷을 입은 CEO로 교체했을 것이다.

"이것 봐, 찰리."

버는 찰리의 염려를 읽기라도 한 듯 덱체어에서 말했다.

"나는 그자들이 노를 저어 운하를 지나는 모습이 보이는 거

같네. 이제 곧 널 뉴욕으로 끌고 가기 위해 빌딩의 옆면을 기어 오르고 있을지도."

"여기엔 그들이 우리와 합류할 수 있는 충분한 공간이 있어."

부어히스가 말했다.

"2층 거실에 접이식 소파가 있는 것 같아."

찰리는 여전히 그들의 메일을 훑어보고 있었다.

"이번에는 제가 선을 넘은 거 같아요. 정말로 그들은 화가 났어요."

"어쩌면 잘된 일인지도 모르지."

버가 말했다.

"어쩌면 그자들을 그리니치로 다시 돌려보내는 한 방이 될 수도 있고."

최근 쌍둥이와 찰리 사이뿐만 아니라 쌍둥이와 그의 동료들 사이도 상황이 특히 악화되었다. 타일러와 캐머런은 부어히스와 아이라를 풀타임처럼 돈을 받으면서도 자신의 프로젝트를 위해 파트타임으로 일하는 사람들로 간주하기 시작했다. 그 원인 중 하나가 바로 부어히스의 비트코인 도박 사이트였다. 쌍둥이는 비트인스턴트에는 한 발만 걸치고 다른 발은 딴 곳에 걸치는 일을 하지 않는 풀타임 직원이 필요하다고 믿었다. 이것이 그들이 교섭하는 방식이었다. 찰리는 이해할 수 있었다. 파트타임으로 올림픽에 출전할 수는 없다.

반면 버는 에릭과 아이라의 활동이 쌍둥이와 상관없는 일이라고 생각했다. 그들이 무엇을 하고 있든 간에 전반적인 비트코인 생태계와 비트인스턴트를 더욱 발전시킬 뿐이었다. 하지만 분명한 것은 버와 쌍둥이와의 의견 차이가 사업에서 점점 더 깊어졌다는 사실이다. 비트코인이 성장함에 따라 버는 자신의 신념에 대해 점점 더 목소리를 높여 왔다. 찰리는 버와 쌍둥이 중 하나와 적이 되는 것을 선택하는 수밖에 없었다. 찰리는 화난 메일 중 하나에 답장을 쓰기 시작하다가 잠시 멈추었다. 상황을 나아지게 하거나 캐머런과 타일러를 진정시킬 수 있는 말이 무엇인지 확신할 수 없었기 때문이다. 그는 그들이 직접 대면해서 문제를 해결하려고 노력해야 할 필요가 있다는 걸 알고 있었다. 이것이 그가 파나마로 달아난 이유 중 하나였다. 그는 쌍둥이와의 무척 어려운 만남이 눈앞에 있다는 걸 알고 있었다.

"이게 어디로 가고 있는지 모르겠어?"

버가 말했다.

"그자들은 네가 은행가들과 규제 기관들과 같이 동거하기를 원하는 거야."

"그들은 비트코인이 성공하기를 원해요."

찰리가 말했다.

"그들은 우리가 거기에 어떻게 도달할지에 대해 다른 견해를 갖고 있을 뿐이에요."

"네가 그렇게 말한다면,"

버가 말했다.

"가끔은 누가 야만인이고 누가 성문을 지키는 자인지 알기가 어려워지지."

철학적인 논쟁은 차치하고서라도, 비트인스턴트가 더 성공 가도를 달릴수록 쌍둥이는 찰리의 회사 운영 방식에 점점 불만이 쌓여 갔다. 그들은 그에게 여행과 파티를 중단하고 뉴욕에 가서 사업을 돌봐야 한다고 말했다. 하지만 그들은 찰리에게는 비트인스턴트가 넓고 넓은 세상과 모든 파티로 나아가는 티켓이라는 걸 이해하지 못했다.

그는 뉴욕의 책상에 묶여 있지 않을 것이다. 물론 문제가 있었지만 회사는 여전히 대규모 사업을 하고 있었고, 그들은 단지 그가 하던 일을 계속하도록 내버려 둘 필요가 있었다. 이미 잘 운영되고 있는 것을 고칠 필요는 없었다.

찰리는 쌍둥이와 함께 앉아서 앞으로 나아갈 새로운 전략을 제안할 필요가 있다는 걸 알았다. 그중 논의해야 할 중요한 한 가지는 부어히스와 아이라가 개발했고 현재 거래를 처리하기 위해 사용하고 있는 결제 소프트웨어와 비트인스턴트와의 관계였다. 이 소프트웨어는 사실 비트인스턴트의 지적 재산이 아니라는 점을 쌍둥이가 아직 모르기 때문에, 찰리는 그들에게 설명할 방법을 찾아야 했다. 부어히스와 아이라가 비트인스턴트와는 별개로 개발한 것이라 이 소프트웨어는 명백히 그들의 소유였다. 이는 쌍둥이의 입장에서는 그다지 이상적인 상황은 아닐 것이다. 하지만 찰리는 부어히스와 아이라에게 자신의 비트인스턴트 주식 일부를 지불하고 비트인스턴트가 그들의 소프트웨어를 계속 사용할 수 있게 하여 문제를 해결하는 계획을 세웠다. 쌍둥이가 해야 할 일은 이것을 승인하는 것뿐이었다. 부어히스는 이 모든 걸 설명하는 사업계획서를 작성하기도 하였는데, 이를 '연합 전선'이라 이름 지었다.

일단 그들이 모두 한곳에 모이고 마음이 만나 이해에 이르면, 비트인스턴트를 함께 처음부터 꿈꿨던 거대 기업으로 성장시킬 수 있었다.

버는 기업의 방향에 대해 또 다른 의견을 가지고 있었다. 그는 비트인스턴트가 이곳 파나마로 옮겨야 한다고 생각했다.

"파나마에선 성인이라고 아무나 가두지 않고, 그들이 성인의 결정을 대신 내리지 않아."

그가 자주 하는 말이다. 이런 생각은 부어히스도 동의하는 바였고, 파나마 시티에서 그들과 합류한 또 다른 친구인 트레이스

마이어가 찰리에게 자세히 설명해 주었다. 그는 떠오르는 비트코인 거물이자 버와 부어히스 못지않은 무정부 자유주의자로서 초창기부터 암호화폐에 관여해 왔고, 버처럼 정부는 재정에 필요치 않으며 금전적인 보상만으로도 인간의 본성을 긍정적인 결과로 이끌고 통제할 수 있다고 믿었다.

그들 세 명은 몇 가지 좋은 지적을 했다. 이렇게 끊임없이 쏟아지는 철학적 공세가 어쩌면 찰리 자신의 생각에 변화를 일으켰을지도 모른다. 예를 들어 여전히 회사의 최대 고객 중 한 명인 비티씨킹에 관련된 이슈로, 처음에는 이 비트코인 리셀러를 추방하고 충고하였지만 곧 찰리는 마음을 바꿔 개인적으로 그가 돌아올 것을 환영한다고 보증하였다. 그러자 비티씨킹은 돌아왔다. 지난 1년 동안 그는 엄청난 거래량을 기록하였다. 그의 거래 목록을 보면 이 익명의 고객의 거래량이 이미 약 90만 달러를 넘겼다는 것을 알 수 있었다. 그는 비트코인을 꾸준히 구매했지만 거래량을 모호하게 하는 방식으로 자신의 구매를 전략화하였다. 그러자 보통은 이런 문제에 침묵하던 개럿이 웬일로 웨일스에서 우려를 나타냈다. 그는 리셀러의 엄청난 거래량은 단 한 가지를 의미한다고 믿었다. 즉, 비티씨킹이 실크로드와 같은 곳에서 쇼핑하려는 사람들에게 판매하려고 비트코인을 구입했다는 것이다.

'그는 법을 어기지 않았어요. 실크로드 자체가 불법은 아니죠.'

찰리는 개럿에게 이렇게 이메일을 보냈다.

'우리에게는 리셀러에 대한 규정도 없어요. 우리는 그들에게서 많은 이익을 얻고 있어요.'

이 이메일은 개럿의 염려를 가라앉히기에 충분하지 않았다. 바로 이 발코니에서, 찰리는 사업 파트너로부터 비티씨킹이 합법의 선을 넘는 걸 염려하는 또 다른 메일을 받았다.

"그의 거래 중 상당수는 사기나 자금세탁의 냄새가 나요."

찰리는 개럿의 메일을 읽었다.

엠빠나다 냄새가 퍼지는 발코니에 앉아서 버와 부어히스는 세상이 어떻게 돌아가야 하는지에 대해 이야기를 계속했다. 하지만 찰리에게 이메일을 보내는 쌍둥이야말로 세상이 실제로 돌아가는 방식이었다. 그의 머릿속에는 문 앞의 야만인들과 미니스커트를 입고 춤을 추고 있는 소녀들의 이미지가 떠올랐다. 찰리는 손을 뻗어 개럿에게 간결한 답을 보냈다.

'알았어요.'

그러고 나서 그는 노트북을 덮었다. 오늘 하룻밤이라도 자신의 문제를 잊으려고 애썼다. 파나마로의 도망은 기분 좋았고 해방감을 느낄 수 있었지만, 이 감정이 오래갈 수 없다는 걸 알고 있었다. 머지않아 그는 뉴욕으로 돌아가서 쌍둥이를 만나 그들에게 부어히스와의 연합전선을 제안해야 했다. 그는 모두를 행복하게 할 방법을 찾아야 했다.

그렇지 않으면 파나마로 돌아가서 영원히 머물 곳을 찾아야 할 것이다.

무슨 일이 일어나든 한 가지는 확실했다. 찰리 쉬렘은 어머니의 지하실로 다시 돌아가지 않을 거라는 사실이다.

20 | 연합전선

    여긴 변호사들에게 둘러싸인 유리 호랑이 우리는 아니었다. 아무도 그를 정수기에 묶어 두지 않았다. 이번에는 캐머런뿐만이 아니라 그들 모두 무대로 나갔다. 타일러가 찰리 쉬렘, 에릭 부어히스, 비트인스턴트의 외부 변호사, 그리고 그의 형을 따라 비트인스턴트 본사 회의실로 들어갔다. 그곳엔 이미 '연합전선'이라고 쓰인 제안서 사본 여러 부가 직사각형 회의 테이블 위에 놓여 있었다. 갓 출력된 용지는 아직 따뜻한 온기를 품고 있었다. 타일러는 자신이 매복 장소로 걸어가는 듯한 묘한 느낌을 받았다. 누군가가 그를 엿 먹이려 하고 있었다.

    일단 문이 닫히자 찰리는 앞으로 나와서 이야기하기 시작했다. 그가 파나마로 달아난 것과 최근에 사이트가 또다시 겪고 있는 문제에 대해서는 궁극적으로 아무런 문제가 없다는 듯 말로만 때우고, 정확히 사과하지 않았다. 그는 또 오보페이와의 마찰 상황을 정확히 다루지도 않았다. 오보페이는 불과 몇 개월 만에 비트인스턴트와의 계약을 종료하겠다고 위협하여 송금자로서 회사의 법적 지위를 위험에 빠뜨렸는데도 말이다. 그러나 찰리는 비트인스턴트를 새로운 기반에 올려놓기 위한 새로운 전략이 필요한 때라고 인정했다. 이를 위해 그는 연합전선 인쇄물을 가리키며 부어히스와 아이라의 결제 소프트웨어와 공식적으로 합병하여 모두 하나의 큰 행복한 가족으로 만들 계획을 가지고 있다고 말하였다.

거기서부터 회의는 정상 궤도에서 벗어났다. 놀랍게도 평소보다 느긋한 타일러의 형, 캐머런이 테이블에서 연합전선 인쇄물을 집어-찰리가 며칠 전에 이메일로 보냈을 때 이미 다 읽었던 바이지만-힐끗 쳐다보고, 그것을 찰리에게 던져 그의 가슴을 맞췄다.

"지금 놀리는 겁니까?"

캐머런이 말했다.

"여기 있는 누구도 당신의 가족이 아니에요. 이 방, 이 회의실에서 에릭과 아이라는 당신 친구가 아니라 당신 직원이에요. 이건 라이프 스타일 비즈니스*가 아니에요. 진짜 비즈니스에요. 그 소프트웨어가 비트인스턴트의 일부가 되는 것에 대해 논의할 필요가 없다고요. 왜냐하면 처음부터 항상 비트인스턴트의 일부였으니까요. 그리고 더 중요한 것은 이 회의가 소프트웨어와 관련이 없다는 사실이고요. 이 회의는 당신에 관해, 당신이 회사를

......
* 다른 사람과 물질에 구애를 받지 않고 자신이 좋아하는 일을 자유롭게 하는 형태를 가리킨다

비 트 코 인   억 만 장 자 의   신 화

어떻게 운영할지에 관해 이야기해야 해요."

타일러는 그의 형 옆에서 바로 끼어들고 싶었지만 그렇게 하면 상황이 너무 빨리 악화될 것이라는 걸 알았다. 찰리는 전혀 깨닫지 못했을지도 모르지만, 쌍둥이는 부어히스와 아이라가 만든 소프트웨어에는 아무 관심이 없었다. 그들 마음속은 이미 비트인스턴트로 가득 차 있었기 때문이다. 찰리가 프로답지 못하게 파나마로 예고도 없이 여행을 간 것이 바로 문제였다 쌍둥이는 이 회의가 방향을 교정하는 기회가 될 것이라 기대했다. 찰리가 파티에 참석하는 동안 그들은 재계의 거물들과 만나고 있었고, 흐트러진 회의에 참석해 버와 부어히스가 그의 길에 던져놓았던 미친 헛소리들을 치웠다.

이 시점에서 문을 열고 불을 켠 것은 로저 버의 돈이 아니라 그들의 돈이었다. 그리고 그것은 그들에게 찰리를 점검하고 견제할 권리를 주었다. 찰리는 이해해야만 했다. 비트인스턴트는 그의 개인 돼지 저금통도, 그의 자아 발견의 여행을 위한 자금줄도 아니었다.

타일러는 형에게 조금 천천히 하라고 신호를 보낸 다음 찰리와 단둘이 이야기할 1분의 시간을 요청하였다. 캐머런은 23번가가 내려다보이는 창가에 앉아 속을 끓이고 있었다. 그는 화낼 일이 정말 많았다. 비트인스턴트는 아주 짧은 기간 동안 그들의 많은 투자 금액을 날렸는데도 찰리는 아무런 관심도 없고 착각 속을 계속 헤매고 다녔다. 이제 그는 자신의 직원들이 비트인스턴트 사무실에서 회사, 즉 쌍둥이의 돈으로 개발한 소프트웨어를 얻기 위해 지분 구조를 바꾸려고 했다. 쌍둥이의 입장에서 보면, 그 소프트웨어는 그들이 투자한 것의 일부였다.

타일러는 찰리를 회의실 뒤편으로 데리고 갔다. 그는 부어히스나 나머지 사람들이 여전히 그의 목소리를 들을 수 있다는 걸 알고 있었지만 별로 신경 쓰지 않았다.

"비트인스턴트의 CEO로서 당신은 친구가 아닌 회사를 위해 무엇이 최선인지 생각해 볼 필요가 있어요. 이 둘을 분리해야 합니다."

타일러는 차분하고 정확하게 말하려고 노력했다.

찰리가 말했다.

"글쎄, 그들은 직원이기도 하지만 가족이기도 해요."

"아니요. 에릭과 아이라는 당신을 위해 일합니다. 로저 버는 회사의 지분을 갖고 있어요. 우리는 더 많은 지분을 갖고 있고요. 우리 중 누구도 가족이 아니에요. 만약 우리가 함께 일한 결과 친구가 된다면 그건 좋은 일이지만 우정이 우리의 목표는 아니잖아요. 그저 부산물일 뿐이에요. 우리는 볼링팀에 있는 게 아니에요. 우리는 함께 사업을 하고 있는 겁니다."

"그건 같은 거죠."

"그렇지 않아요. 당신은 프로답게 선을 그어야 해요."

찰리는 변호사와 잡담을 하는 척하는 부어히스와 창밖을 내다보는 척하는 캐머런을 바라보았다.

타일러가 찰리의 팔에 손을 얹었다.

"지금은 당신과 비트인스턴트가 성장해야 할 시점이에요."

"이건 로저에 관한 거죠, 안 그런가요?"

"아니에요. 로저나 에릭 같은 다른 누구에 관한 이야기가 아니에요. 당신에 관한 거라고요. 당신이 운영하는 이곳을 봐요. 당신이 최고 감사 책임자라고요. 그런데 당신은 지금 송금 면허를 갖고 있지도 않고, 은행과 아무런 관계도 없어요. 당신은 매일 밤 클럽에 나가 칵테일 웨이트리스들과 함께 있었죠. 그리고 빌어먹을 파나마로 갔고요. 언제 현실을 직시할 거죠? 한참 늦은 후에?"

찰리는 어깨를 웅크렸지만 물러서지 않았다.

"전 인맥을 쌓으러 간 거예요. 지역 사회에서 눈에 띄는 것도 중요하잖아요."

"찰리, 당신은 컨퍼런스에서 앞이 거의 보이지 않을 때까지 담배를 피고 술을 마셔요. 지금 비트코인에 그런 게 필요하다고 생각해요? 우리는 사람들이 비트코인을 합법적인 것으로 보게 하려고 여기에 있는 거예요."

찰리는 무언가 말하려 하다가 멈췄다. 타일러는 애송이 CEO가 무엇을 생각하고 있는지 짐작할 수 있었다. '로저 버가 뭐라고 할까?'일 게 뻔했다.

"계속 이러면,"

타일러는 자신이 원했던 것보다 더 큰 소리를 냈지만 어쩔 수 없었다.

"당신은 로저처럼 될 거예요."

"저도 로저처럼 되면 좋겠어요."

찰리는 거의 숨죽여 대답했다.

"저도 그렇게 되면 좋겠어요, 로저처럼……."

"그건 범죄자죠."

타일러는 대화를 끝내고 다시 사람들에게로 돌아왔지만 찰리는 여전히 회의실 뒤편, 자신의 세계에 남아 있었다.

그때 부어히스가 말했다.

"지금이 제가 사표를 내야 할 적기인 거 같아요. 더 이상 문제를 일으키기보다 아이라와 제가 떠날게요."

타일러와 캐머런은 이전에 부어히스와 아이라가 풀타임으로 비트인스턴트에 합류하지 않을 경우 그들이 퇴사할 가능성에 대해 논의한 적이 있었지만, 이런 일이 바로 지금 이 회의에서 벌어질 거라고는 예상하지 못했다.

한편으로는 이해되기도 했다. 부어히스는 처음부터 두 발을 다 들여놓은 적이 없었다. 그리고 지금은 두 발을 모두 빼야 할 충분한 이유가 있었다. 그는 찰리 쉬렘을 위해 일하는 마케팅 담당자가 되기에는 너무 똑똑할지도 모른다. 그러나 제일 중요한 것은 그의 부업인 사토시다이스가 비트코인 업계에선 벌써 상당한 이목을 끌고 있었고, 전체 비트코인 거래에서 의미 있는 비율을 차지하고 있었다는 점이다. 본인이 이미 빠르게 성장하는 스타트업 설립자인데 누군가의 직원으로 남아 있는 게 말이 되지 않았다.

"아무도 떠날 필요 없어요."

찰리는 사태의 변화에 당황한 듯 더듬거렸다. 그러고 나서 그는 타일러와 캐머런에게 돌아서서 말했다.

"어쩌면 로저가 당신들 지분을 살 수도 있어요."

찰리가 누군가의 편을 드는 건지 아니면 감정적으로 반응하는 것인지 구분하기 어려웠다.

"로저는 아무 지분도 살 수 없을 거예요."

캐머런이 화를 내며 말했다.

사실 버는 쌍둥이의 비트인스턴트 지분을 그들이 샀을 때보다 10% 더 높은 가격으로 다시 사들이든지, 아니면 2백만 달러 평가 금액으로 사겠다고 제안한 적 있었다. 모든 가능성을 살펴보는 것이 버의 성격이었다. 하지만 그들은 버와 어떤 거래도 하지 않을 것이다.

"여러분,"

찰리가 말했지만 타일러는 벌써 이미 문으로 향하고 있었다. 캐머런도 동생을 따라 나갔다. 찰리는 서둘러 뒤를 따라가면서 일이 이렇게까지 진행될 필요가 없고, 누구도 그만둘 필요가 없다고, 그리고 그들이 이 문제를 해결할 수 있다고 횡설수설하였다. 협상하고자 하는 찰리는 평소보다 훨씬 작고 기가 꺾여 보였다. 아마도 그는 악수하고 미소를 지으면 일이 잘 풀릴 거라고 진심으로 생각했는지도 모른다.

"노를 젓다 보면,"

타일러가 말했다.

"때때로 전체 속도를 늦추는 사람이 한 명 있을 때가 있어요. 물론 그는 선의를 갖고 있겠죠. 그는 누구보다도 열심히 노력하고 있을지 모르지만, 그건 중요하지 않아요. 그는 모든 사람을 힘들게 해요. 우린 그런 사람을 닻이라고 불러요."

이 말을 남기고 쌍둥이는 빌딩을 떠났다.

타일러와 그의 형은 자신들의 사무실로 돌아가는 2분 거리를 걷기 시작했다. 그들 둘 다 첫 1분 동안은 아무 것도 말하지 않았다. 타일러는 이런 식으로 회의가 끝날 거라고 예상하지 못했지만 그렇다고 완전히 불쾌하지도 않았다. 어쩌면 에릭과 아이라를 잃을 수 있다는 거친 말은 찰리가 정신을 차려 진짜 CEO처럼 행동하도록 하려면 반드시 필요한 것이었을지도 모른다. 그때 그는 주머니에서 익숙한 진동을 느꼈다. 찰리가 보낸 메시지일 거라고 생각했다. 아마 '가족'을 온전히 유지하려는 마지막 시도일 것이라고 말이다. 그러나 그렇지 않았다. 지금 그는 모르는 주소로 온 이메일을 내려다보고 있었으며, 호기심에 그 이메일을 열었다.

그리고 그는 횡단보도 한가운데서 멈췄다.

캐머런은 동생이 따라오고 있지 않다는 걸 깨닫지 못한 채 몇 걸음 더 앞으로 걸어갔다가 돌아왔다.

"뭐 하는 거야? 그러다 죽어."

타일러는 그에게 손짓을 하고 전화기를 건네주었다.

"이게 뭐지?"

"초대야. 샌프란시스코에서."

캐머런은 타일러의 핸드폰에 뜬 수수께끼 같은 이메일을 뚫어지게 바라보았다.

모르는 사람이 보낸 이메일은 짧았다. 아마 다른 사람 밑에서 일하는 사람일 것이다. 하지만 그것만이 의문스러운 게 아니었다. 초대장은 5월 16일 샌프란시스코에서 열리는 비트코인 2013 기조연설 전날 밤 오후 6시였다. 날짜, 시간, 장소 외에는 별다른 정보가 없었다.

그 메일은 읽기 전용이었다.

631 폴섬에서 제네시스 블록을 찾으세요. 사진첨부.

타일러는 핸드폰에서 고개를 들었다.

"제네시스 블록."

그가 말했다.

이것은 비트코인 블록체인의 첫 번째 블록을 부를 때 커뮤니티에서 사용하는 이름이었다. 이는 2009년에 사토시가 직접 채굴한 것이다.

찰리, 비트인스턴트. 조금 전까지 그들이 겪었던 혼란스러운 회의는 갑자기 날아온 이상하고 짧은 메일 덕분에 갑자기 먼 일처럼 느껴졌다. 에릭과 아이라가 정말로 회사를 떠나든 말든, 타일러는 그들이 최소한 찰리에게 경고하는 데 성공했다. 그가 문제를 해결하고 그 자신이 필요한 CEO가 되거나, 쌍둥이는 그 없이 문제를 해결할 방법을 찾을 것이다.

그리고 이 모든 생각을 날려버릴 만큼 이상한 이 이메일은 이비자에서의 첫 순간을 상기시켰다. 그때 타일러는 세상의 나머지 사람들이 놓친 무언가를 향해 토끼굴*을 들여다보고 있는 것처럼 느꼈다.

모퉁이를 돌면서 달려오는 택시의 경적 소리가 들려왔다. 그는 정신을 차리고 그의 형을 보도 쪽으로 끌어당겼다.

"캘리포니아로 가는 비행기를 빨리 예약해야 할 거 같아."

.....
* 『이상한 나라의 엘리스』에 나온 표현으로, 혼란스러운 상황을 의미한다

21 | 문 뒤에서

2013년 5월 16일. 오후 6시 정각.

샌프란시스코 마켓 스트리트 남쪽에 있는 링컨 힐.

주로 고가의 콘도가 밀집한 주거지역이다.

그들의 목적지는 평범한 로비와 책상 뒤로 지루해 보이는 안내원이 있는 고층빌딩인 것 같았다. 하지만 안내원은 캐머런과 타일러가 무엇을 찾고 있는지 전혀 알지 못했다. 다시 거리로 나온 그들은 빌딩의 정면을 훑어보고 나서야 찾던 것을 발견할 수 있었다. 지나가는 누구나 볼 수 있도록 열려 있는 문 한쪽에 제네시스 블록이라고 적힌 작은 간판이 붙어 있었다.

"나발이 우리가 어디로 가고 있는지 힌트라도 주었으면 했는데."

타일러는 캐머런에게 속삭였다. 속삭이는 건 호들갑일지도 모르겠지만, 그 순간의 신비로움과 에너지는 그래야 한다고 느끼게 했다. 내일 시작될 비트코인 2013은 그들에게 광고와 홍보 그리고 사전 인터뷰로 부담을 주고 있었다.

천 명 이상의 사람들이 산호세 컨벤션센터에 참석 예정이었는데, 전년도에 참석한 여든 명과 비교하면 엄청난 숫자였다. 심지어 몇몇 주요 뉴스 매체들도 거기에 있을 것이었다.

비트코인 가격을 폭등시켰던 키프로스 사태 이후 사람들의 관심이 집중되고 있었다. 하지만 여기 제네시스 블록은 무언가 달랐다.

"수수께끼 같은 초대장으로 수수께끼 같은 문에 오다니. 주제를 생각하면 이해가 돼."

이메일 초대장의 발신자를 찾는 건 어렵지 않았다. 그들은 초대장을 보낸 비서의 이름을 구글에서 검색해 보았더니 초대장이 엔젤 투자가이자 창업가인 나발 라비칸트로부터 왔다는 걸 알게 되었다. 라비칸트는 다트머스대학교에서 경제학과 컴퓨터공학을 전공한 뛰어난 사상가로 수년간 수많은 기술에 성공적으로 투자하였다.

쌍둥이는 몇 달 전 뉴욕에서 조 론스데일이 주최한 테크 디너 모임에서 라비칸트를 만났다. 론스데일은 자칭 천재로 스탠퍼드에서 재학 중일 때 페이팔에서 인턴을 했고, 피터 틸의 헤지펀드인 클라리움 캐피탈에서 일했으며, 이후 틸과 알렉스 카프와 함께 팰런티어 테크놀로지를 공동 설립했다.

론스데일과 틸은 둘 다 몇 시간 동안 계속해서 승부를 겨루는 것으로 알려진 체스 천재였다. 틸 또한 페이팔을 설립한 밸리의 전설이었고, 세상을 변화시키는 수많은 기업을 창업한 페이팔 마피아[*]의 '대부'로 여겨졌다.

이 그룹에는 일론 머스크, 리드 호프만[**], 데이비드 삭스[***], 켄 하워리[****], 맥스 레브친[*****] 등이 포함되었다. 틸은 또한 페이스북의 첫 번째 투자자였다. 그는 50만 달러 수표를 10억 달러 투자로 바꾸었고, 1만 3천 배의 엄청난 수익을 올렸다.

만찬에서 나발은 쌍둥이에게 자신이 2010년에 공동 설립한 회사인 엔젤리스트를 소개했다. 이 회사는 투자자들과 기업가들의 만남의 장소였으며 「비즈니스 인사이더」는 한때 이곳을 '투자자들을 위한 데이팅 앱'이라고 부르기도 하였다. 나중에 쌍둥이는 만찬에서 나발이 러시안 체스 그랜드 마스터이자 정치 운동가인 가리 카스파로프에게 비트코인에 대해 설명하는 것을 우연히 들었다.

쌍둥이가 실리콘밸리 '기득권층'에서 온 누군가가 비트코인에 대해 진지하게 이야기하는 것을 들은 건 그 만찬이 처음이었다. 대화가 끝난 후 쌍둥이와 나발은 연락처를 교환하였다. 그 외에는 나발이 왜 그들에게 연락했는지, 기조연설 전날 밤 샌프란시

‥‥‥
[*] 페이팔 창업에 참여했던 멤버들이 이후 다른 벤처에 참여하여 큰 성공을 거두어 붙여진 별칭
[**] 비즈니스 중심의 소셜 네트워크 서비스 링크드인의 창업자
[***] 기업용 소셜 네트워크 서비스 야머의 창업자
[****] 밴처 캐피탈 파운더스 펀드의 창업자
[*****] 크라우드 소싱 리뷰 포럼 옐프의 창업자

스코에서 무엇을 할지 전혀 알 수 없었다. 그들은 단지 그곳에 있는 것이 현명하다고 느꼈다.

타일러가 손잡이를 돌려보니 문이 잠겨 있지 않았다. 펜트하우스처럼 놀라울 정도로 넓은 공간이었지만 실제로 누군가가 살고 있는 아파트는 아니었고, 예술적으로 꾸며진 '남성을 위한 공간'이었다. 타일러는 풀사이즈 당구대, 둥근 포커 테이블, 축구게임기, 여러 대의 평면 TV스크린, 가죽 소파, 술로 가득 차 있는 바, 그리고 높은 주방과 식료품 저장실로 통하는 계단을 보았다.

"우리가 첫 번째로 도착한 건 아니네."

캐머런이 말했다.

타일러는 30분 늦게 가자고 했지만, 캐머런은 자신들이 가진 유일한 정보가 시간과 장소뿐이니 메일의 지시를 따르는 게 낫다고 주장했다. 캐머런의 말이 맞았다. 방 안에는 이미 20여 명의 사람들이 있어 소파를 채우고 바 주위에서 어울리고 있었기 때문이다.

몇몇 사람들은 비트코인 가격 차트를 보여 주는 TV 스크린 아래에 모여 있었다. 마운트곡스는 최근 시스템 다운으로 가격이 하락했지만 비트코인은 부분적으로 회복하여 코인당 120달러 정도에 머물고 있었다.

타일러는 룸 안쪽으로 들어가자 더 많은 손님들이 있다는 걸 알 수 있었다. 이와 함께 그의 첫인상이 정확했다고 다시 확신했다. '이건 중요한 모임이다.' 그가 형에게 무슨 생각을 하고 있는지 말하기 전에 나발이 소파에서 그들을 발견하고, 이 밤의 공동 주최자인 빌 리를 데리고 왔다. 잘생긴 대만계 미국인인 리는 기업가이자 투자가로서 1990년대 후반 닷컴 열풍 때 그의 첫 회사를 2억 6천5백만 달러에 매각했다. 그 후 도미니카 공화국으로 떠나 그곳에서 호텔을 사고 2년 동안 서핑을 하였다. 미국으로 돌아오자마자 리는 자신의 절친인 일론 머스크의 새로운 스타트업인 테슬라와 스페이스X를 즉각 지원했다. 몇 년 후 그는 앨 고어*의 막내딸과 결혼했다. 아마도 리는 밸리에서 사람들 눈에 띄지는 않았지만 외부에 알려지지 않았으면서도 가장 영향력 있는 인물 중 하나였을 것이다. 밸리 안에서 그는 자신의 이미지를 다듬어 샌드힐 로드에 있는 벤처 기업가들의 카키색 바지나 페이스북의 해커 후드티와는 거리가 먼 스타일로 꾸몄다. 당시 그는 흰색 티셔츠 위에 오래된 듯한 가죽 재킷을 걸치고, 황갈색 목에 구슬 목걸이를 걸고 있었다.

"파티에 오신 걸 환영합니다."

리가 쌍둥이와 악수하며 말했다.

"바와 주방에 있는 것들 모두 마음껏 드세요. 우린 몇 분 내로

......
* 미국의 제45대 부통령

시작할 겁니다."

리가 쌍둥이 뒤로 줄지어 들어오는 많은 손님들을 환영하기 위해 자리를 떠났을 때 나발이 몸을 앞으로 기울였다.

"그는 실제로 여기 사는 건 아니에요. 이 위층에 살고 있죠. 건물 꼭대기의 대부분을 차지하고 있는 펜트하우스를 갖고 있거든요. 당신들이 와 주셔서 너무 기쁩니다. 세계 최초로 '비트코인 거물'로 등극한 당신들이 지금 여기에 없다면 말이 안 되겠죠."

"오늘 무슨 일이 있는 건가요?"

캐머런이 물었다.

"비트코이너스 어나니머스Bitcoiners Anonymous는,"

나발이 재치 있게 말했다.

"암호화폐 중독으로 고통받고 있는 엔지니어들과 기업가들을 위한 후원 단체입니다."

"그러면, 당신들이 중독 조장자들인가요?"

타일러가 물었다.

"엄밀하게 말하면 우리는 실리콘밸리에서 암호화폐에 관심을 갖는 유일한 사람들입니다. 저는 최근에 실리콘밸리에서 많은 시간을 보내지 못하고 있는 당신들을 여기에 모신 겁니다."

그건 사실이었다.

"이 방에 있는 사람들은 어쨌든 대부분 실리콘밸리의 아웃사이더들입니다. 이들은 인터넷을 작동시키는 프로토콜과 도구, 즉 파이프라인을 만들고 있죠. 당신들은 그들을 인터넷의 장비 설치자라고 부를 수도 있어요. "

나발의 말이 맞았다. 여기 몇몇 얼굴들은 전문적인 테크놀로지 영역에서 유명했고, 타일러와 캐머런도 그들 중 일부를 알아볼 수 있었지만, 대부분은 미국 전역의 사람들이 알고 있는 실리콘밸리 '브랜드', 즉 서해안 테크놀로지계를 주름잡는 수십억 달러짜리 유니콘 기업은 아니었다. 대신에 그들은 인터넷의 중요 기능에 시간을 쏟는 테크놀로지계의 거물들이었다. 이들은 페이스북이나 구글과 같은 매력적인 회사들이 살고 있는 표면이 아닌, 보다 심층에 자리잡은 전송 및 네트워크층에 집중하고 있었다. 그들은 백 오피스*에 준하는 엔지니어링이지, 빛나는 프론트 오피스** 타입은 아니었다. 그들은 흔히 '넥비어드***'라고 불렸다. 이들은 고객을 마주하는 편은 아니었다.

하지만 사람들이 이 방에서 누가 가장 똑똑한 사람이냐고 묻는다면 글쎄, 여기는 똑똑한 사람들로 가득 찬 방이었다. 그들은 암호기술, 프로토콜, P2P 네트워크, C와 C++ 같은 로우 레벨 언어에서의 코딩에 관심이 있었다. 그들은 사용자 친화적이

......
* 고객과 직접적인 접촉 없이 서비스를 보조하고 관리하는 부서
** 고객을 직접 맞이하는 간판 부서
*** Neckbeard. 높은 지능에 몸단장을 하지 않고, 비만에 관계가 서툴며, 많은 시간을 게임에 허비하는 사람을 통칭하는 말

거나 추상적인 개념이 아닌, 베어메탈*, 0과1, 비트와 바이트와 가까웠다.

타일러는 그들 중에서 틸과 함께 페이팔을 공동 설립한 맥스 레브친을 확실하게 알아볼 수 있었다. 레브친은 초창기 네트워크의 사기행위를 근절시킨 것으로 인정받았으며, 페이팔 마피아의 주요 회원이었다. 타일러는 또한 비트토렌트를 개발하고 분산된 P2P파일 공유를 개발한 브램 코언을 볼 수 있었다. 코언은 아마도 사토시 다음으로 살아 있는 이 중 가장 뛰어난 프로토콜 개발자로, 진정한 위엄이 있었다. 타일러는 생각했다. '어쩌면 그가 사토시일까?'

그리고 비트코인 채굴을 설명하는 가장 초기 블로그 중 하나를 쓴 정보 보안 전문가인 폴 밤과 크롬 브라우저에서 구글에 의해 사용되는 SPDY 프로토콜을 작업한 최초의 엔지니어 중 한 명인 마이크 벨쉬, 21e6**이라는 비트코인 채굴 회사를 공동 설립한 맷 파커와 발라지 스리니바산과 같은 초기 비트코이너도 있었다. 스리니바산은 또한 업계에서 빠르게 성장하고 있는 암호화폐 거래소인 코인베이스라는 회사의 최고 기술 책임자로 예정되어 있었다. 또한 트레이드힐이라는 비트코인 거래소를 운영했던 라이언 싱어가 있었다. 그중에서도 가장 눈에 띄는 사람은 ......

* 소프트웨어가 설치되지 않은 하드웨어
** 21,000,000의 과학적 표기법으로, 지금까지 생성될 비트코인의 총수

마운트곡스의 설립자인 제드 맥케일럽이었을 것이다. 그는 원래 「매직」 게임용 카드 교환 포털이던 웹사이트를 비트코인 거래소로 용도를 변경하였고, 2011년 마크 카펠레스에게 사업을 매각하여 다른 암호 관련 벤처 사업에 착수하기 전까지 소수 지분을 유지하였다.

쌍둥이 바로 앞에는 댄 카민스키라는 보안 전문가가 있었다. 그는 도메인 네임 프로토콜에 있는 결함을 발견한 것으로 유명했다. 그가 결함을 고치기 전까지 모든 인터넷 사용자는 해킹의 위험에 처한 상태였다.

캐머런과 타일러는 뉴요커 잡지에서 그의 프로필을 읽은 적이 있었다. 그 프로필에는 비트코인 해킹에 실패한 시도도 기록되어 있었다. 카민스키가 인터넷 역사상 가장 위대한 보안전문가라는 사실은 틀림없다. 쌍둥이는 그가 부모님의 지하실에 틀어박혀 몇 주 동안 비트코인의 프로토콜을 뚫으려고 했지만 소용이 없었다는 이야기를 읽고 매료되었었다.

카민스키는 타일러가 나발과 헤어진 이후 첫 번째로 대화를 나눈 사람이었다. 그는 카민스키가 세 브랜드의 활동 추적기를 손목에 차고 있다는 걸 알아차렸는데, 핏빗, 나이키 퓨얼밴드, 조본업이었다. 타일러는 그 보안 전문가를 당구대로 데리고 갔는데 그곳엔 맥케일럽과 레브친이 오직 신만이 알 법한 이야기로 즐거워하고 있었다.

타일러가 물었다.

"세 분은 모두 같은 일을 하는 것 아닌가요?"

카민스키가 어깨를 으쓱했다.

"아니에요. 첫 번째 사람이 망가졌는지 두 번째 사람이 확인해야 하고요, 세 번째 사람은 다른 두 사람이 거짓말을 하고 있는지 확인한답니다."

이것은 바로 타일러가 보안 엔지니어들에게 기대했던 것이었다. 시스템의 내결함성과 무결함성을 생각하는 방식 말이다. 이후 10분 동안 그는 카민스키의 비트코인 해킹 시도에 대해 물어보았다. 처음에 카민스키는 비트코인의 복잡한 코드를 쉽게 뚫을 수 있을 것이라 예상했다. 원래 너무 복잡하고 긴 코드는 악용할 수 있는 취약점이 많다는 걸 의미했다. 그러나 그는 컴퓨터로 가득 찬 부모님의 지하실에서 여러 날을 보내면서도 아무런 성과를 내지 못했다. 그가 버그나 약점을 발견했다고 생각할 때마다 코드에서 "공격이 제거되었습니다"라는 메시지를 받았다. 마치 사토시는 모든 공격 방향과 취약점을 미리 생각해 놓은 것 같았다. 카민스키로서는 도저히 불가능한 일이었다. 사토시는 몇 줄의 코드만으로도 항상 앞서 있었다. 그 때문에 카민스키는 사토시가 한 사람일 수 있다는 사실을 믿기 어려웠다. 그는 틀림

없이 비트코인의 창시자는 완벽함과 안전함을 추구하는, 하나의 팀일 거라고 생각했다. 그게 아니라면 그는 전혀 다른 차원의 천재일 것이다.

타일러는 남성들을 위한 공간을 둘러보았다.

"사토시가 바로 이 방 안에 있을 수 있다고 추측해도 될까요?"

카민스키는 이의를 제기하지 않았다.

근처 당구 테이블에 서 있는 레브친일까? 처음부터 페이팔 마피아의 목표는 인터넷을 위한 보편적인 통화를 만드는 것이었다. 그러나 그들은 기대에 미치지 못하였고 결국 페이팔은 이베이에 매각되었다. 페이팔은 모든 면에서 레브친과 그의 동료들에게 엄청난 금전적 승리를 가져다주었다. 이는 인터넷상에서 사용하기 쉽다는 특성 덕분에 거둔 큰 승리였지만 그렇다 해도 여전히 기존 은행 시스템에서 운영되는 결제 네트워크였다. 프로토콜, 즉 음성을 사용하는 인터넷 전화VOIP 방식으로는 돈을 벌지 못하였다. 페이팔은 여전히 기존 은행 시스템이 사용하는 구리선을 사용하였다. 그들은 사람들이 지불하는 방식을 바꾸어 놓았다. 하지만 그들은 세상을 바꾸지 못했다.

비트코인은 기본적으로 페이팔 마피아가 중단했던 곳에서 다시 시작하기를 선택했다. 페이팔이 동일한 말의 새 안장이라면 비트코인은 자동차였다. 그것은 가상화폐의 성배였다. 틸과 같은 일부 페이팔 마피아들은 성배에 도달하려는 그들의 초기 시도에 너무 환멸을 느꼈던 바람에, 레브친처럼 비트코인에 흥분하기 어려운 것도 같았다. 하지만 결국 그들은 모두 그가 본 것을 보게 될 것이다.

빌 리가 그들과 다시 합류하여 레브친에게 당구 큐대를 받아 그 팁에 초크를 칠하면서, 화제는 어느 나라가 비트코인을 국가 통화로 채택할 것인가로 옮겨갔다. 정부가 가상화폐를 적으로 보지 않고 포용할 수도 있다는 생각은 무모한 논점이지만 아이슬란드에서도 한 번 나온 공론이었다. 왜냐하면 최근 금융 붕괴 이후 아이슬란드 사람들은 은행가들을 매우 의심하게 되었고, 심지어 그들 중 많은 사람을 감옥에 넣었기 때문이다. 그리고 아이슬란드는 또한 추웠기 때문에 비트코인을 채굴하기가 좋았다. 채굴자들에게 가장 큰 어려움 중 하나는 황금 티켓을 찾기 위해 숫자를 연산할 때 컴퓨터가 과열되지 않게 하는 것이었다.

리는 자신의 사업부를 레이캬비크˚로 옮겨야겠다고 농담을 했다. 테슬라와 스페이스X에 처음 투자한 장본인인 리는 까마득한 미래까지 내다보고 있었다. 우주에 대한 그의 관심은 비트코인이 화폐의 미래라는 걸 더욱 확신하게 만들었다.

"우주는 소행성으로 가득 차 있어요."

.....
* 아이슬란드의 수도

그는 포켓 중 하나에 샷을 날리기 위해 큐를 일렬로 정렬하면서 말했다.

"그리고 소행성은 금속, 귀금속, 즉 다이아몬드, 티타늄, 특히 금으로 가득해요. 사실 가장 가까운 소행성들이 수십억 달러에 이르는 금을 가지고 있는지 추측하는 데이터베이스가 이미 있어요. 기술은 나날이 좋아지고 있어요. 일론에게 물어봐요. 머지않아 우리는 그 소행성들을 채굴할 겁니다. 우리 우주에서 금은 전혀 희귀하지 않아요. 아니, 사실 넘쳐나죠. 바닷가 모래처럼요. 그리고 우리 모두는 그게 무엇을 의미하는지 알고 있어요."

"귀금속은 더 이상 그리 귀하지 않을 테죠."

캐머런이 말했다.

"그러나 비트코인만은 유일하게 가치가 상승할 겁니다."

그 방에 있던 모든 사람들은 분명히 그날을 보았다. 그렇게 되는데 20년이 더 걸릴지도 모르지만 피할 수 없는 일이었다. 그 방에 있는 모든 전문가와 엔지니어가 캐머런과 타일러를 얼리어답터 동료로 여겼다. 그들은 쌍둥이를 환영했다. 실리콘밸리의 모든 사람이 그들을 대하는 태도와는 정반대였다. 실리콘밸리에서 그들은 마크 저커버그와 지울 수 없는 인연 때문에 '오아시스'에서 기업가를 위해 음료 한 잔도 살 수 없었다.

이 방에 모인 그룹은 실리콘밸리의 그런 기득권층이 아니었다.

그들은 반란군, 진정한 사이퍼펑크족이었다. 이들 대부분은 페이스북 같은 회사에서 일할 정도로 '상업적'이 아니었다. 그들은 게임을 어떻게 해야 할지는 몰랐다. 하지만 그 게임이 바뀌려 하고 있다.

타일러는 사람들 사이를 이동하며 가능한 모든 사람을 만나 이야기를 나누었다. 대화는 모두 낙관적이었다. 모두가 비트코인의 채택은 가정이 아닌 시간의 문제라고 믿었다. 비트코인은 세계의 진정한 통화가 되며, 블록체인 기술은 곧 어디서나 통용될 것이다.

동시에 이 엔지니어들, 기술자들, 미래지향적인 사상가들은 지금이 암호화폐의 중요한 시기라는 데 동의했다. 이제 전 세계가 지켜보고 있다. 비트코인은 곧 중력을 이기는 '탈출 속도'에 도달해야 한다. 비트코인은 금 2.0이다. 그리고 금은 화폐 1.0이다. 그러나 금은 1만 년의 선점 우위를 가지고 있었다. 비트코인은 우수한 특성을 가지고 있지만 채택이 가속화되지 못하면 다른 힘들이 비트코인을 죽이려 할 것이다. 비트코인계 최대 공개 컨퍼런스가 있기 전날 밤 이곳에 모인, 큰 아이디어를 가진 다양한 사람들처럼 비트코인 성공을 계획하는 사람들이 있는 반면에, 이들을 위협으로 보는 사람들도 있었다. 월스트리트, 비자카드, 아메리칸 익스프레스, 웨스턴 유니언, 정부, 심지어 페이팔까지. 그 명단은 계속 이어졌다. 이들 조직들과 기업들은 비트코인이 성공하면 잃을 것이 가장 많고, 동시에 비트코인이 실패하면 가장 많은 이익을 얻게 된다.

타일러는 비트코인이 미래의 적들을 이길 수 있는 열쇠는 은행과 정부가 정신을 차려서 비트코인을 죽이려 하기 전에 충분히 빠르게 성장하는 것이라고 믿었다. 그들은 함께 일하는 것 외에는 선택의 여지가 없을 것이다. 그러기 위해서는 탈중앙화된 램프의 요정, 즉 비트코인이 뚜껑이 닫히기 전에 램프에서 나와야 한다. 일단 이런 일이 발생하기만 한다면 모든 정부는 대신 암호 자본이 되기 위해 싸울 것이다.

저녁 행사가 끝나고, 나발은 타일러와 그의 형과 함께 문 쪽으로 걸어가면서 초기 단계에서 비트코인의 일부가 된 것만으로 쌍둥이가 그 대의에 큰 도움을 주고 있다고 말했다. 비트코인이 빠르게 성장하기 위해서는 이제 주류에 도달해야 했다. 올바른 말을 위해서는 올바른 사람이 필요했다. 세상은 듣고 있었다.

이것이 바로 그와 캐머런이 지난 몇 달 동안 찰리에게 설명하려 했던 것이었다. 세상은 귀를 기울이고 있었고, 그들이 들어야 할 목소리는 파나마의 무정부 자유주의자들의 목소리가 아니었다. 부어히스는 떠났다. 그는 약속을 지켰고, 회의 직후에 사임했다. 그는 자기 회사에 집중하기 위해 파나마로 이동했다. 타일러는 여전히 찰리 쉬렘도 그와 같은 목소리들 중 하나일 거라고 믿고 싶었다. 그러나 사실 엔지니어들과 미래주의자들이 모인 이 방에서 찰리 쉬렘이 서커스의 사이드쇼처럼 남자들을 위한 공간에 머물러 있는 걸 상상하기 어려웠다.

"우리를 이 일에 참여하게 해 주셔서 기쁩니다."

타일러가 문에 이르렀을 때 나발에게 말했다. 이는 단순한 감사 이상이었다. 나발이 그들을 초대 명단에 추가한 것은 스프레드시트에 이름을 입력하는 것만큼이나 간단하지 않았다.

사실, 쌍둥이의 합류는 그들도 이미 알고 있는 실리콘밸리 거물인 차매스 팔리하피티야와 갈등을 일으켰다. 그는 2011년까지 페이스북의 사용자 성장 담당 부사장이었고, 아직도 마크 저커버그의 협력자로 남아 있었다. 쌍둥이 마음속의 그는 거침없는 성품에 종종 거만했고 과하게 차려입으며, 유행어와 상투적인 표현을 빠르게 패러디하곤 했는데, 거기에는 '방해', '데이터 중심', '티핑 포인트', 그리고 그가 개인적으로 가장 좋아하는 표현인 '의미 있는 문제에 의미 있는 해결책'이 있었다.

페이스북에서 팔리하피티야의 유명세는 소셜 네트워크의 사용자층을 늘려 왔다. 그것은 페이스북의 호황기 동안 아침에 해가 뜨도록 한 공로를 인정받는 것과 같다.

쌍둥이가 들은 바에 의하면 나발이 그들을 초대하려 한다는 것을 알게 되자 팔리하피티야는 나발을 설득하여 쌍둥이를 초대한 것을 취소시키려 했다. 나발이 그에게 취소할 생각이 없다고 하자, 팔리하피티야는 참석을 거부했다.

타일러는 그건 팔리하피티야에게 손해라고 생각하며 그가 제네시스 블록에서 탈퇴한 걸 기뻐했다. 그는 사실 여기에 지난 10년 동안 가장 큰 유니콘 기업이자 어쩌면 가장 미래지향적일 실리콘밸리의 회사 중 하나인 페이스북에서 온 사람이 아무도 없다는 것이 기뻤다.

"이처럼 중요한 일의 일부가 된다는 건 저희에겐 큰 의미예요."

타일러가 덧붙였다.

"저는 언제나 약자를 응원합니다."

나발이 웃으며 말했다.

22 | 비트코인 2013

산호세 메켄너리 컨벤션센터의 주 무대는 보라색 커튼으로 장식되어 있었다. 모인 사람들은 비트코인의 모든 걸 상징하고 있었다. 반바지, 후드티, 운동화 차림에 스포츠용 비닐 끈에 명찰을 달고 있는 개발자들은 하루 종일 각자 이동식 부스를 설치하고 있었다. 그것은 이제 서로 연결된 벌집의 작은 방처럼 거대한 컨벤션센터에 퍼져 있었다.

비트코인 채굴자들은 지하실과 차고, 격리된 은신처를 모니터링하기 위해 끊임없이 핸드폰을 점검했으며, 그들의 하드웨어는 사토시가 몇 년 전에 시작했던 끊임없는 경쟁, 즉 어려운 블록 보상을 풀기 위해 끊임없이 싸웠다. 다양한 색상의 반정부 구호가 그려진 티셔츠를 입은 자유주의자들, 긴 머리에 수염을 기르고 있는 암호해독자들. 그다음엔 녹음기, 조명, 카메라를 가진 금융 언론들이 모두 무대를 겨냥해 그 순간을 포착할 준비를 하고 있었다. 이 산업 격납고에 있는 모든 사람이 필연이라고 믿는 비트코인 역사의 진지한 순간이 곧 다가오고 있다.

"처음엔 그들이 당신을 무시할 겁니다."

캐머런이 무대 중앙에서 소리쳤다. 천장에 매달려 있는 스포트라이트의 섬광과 모든 관심의 눈빛 아래서 그의 맥박이 치솟았다.

"다음엔 당신을 비웃을 겁니다."

"그리고 당신과 싸울 겁니다."

무대 위 그의 옆에서 그의 동생이 덧붙였다. 그의 목소리가 무대 전체에 설치된 거대한 스피커를 통해 울려 퍼졌다.

"그러면 당신이 이겼습니다."

캐머런이 외쳤다.

천 명에 가까운 참석자들 사이에서 박수의 물결이 퍼져나가자, 마침내 캐머런의 불안이 가라앉았다. 이들은 적대감을 가진 관중들이 아니라 같은 집단의 일부였다. 비록 그들 중 상당수가 쌍둥이가 연사인 것에 대해 어떻게 생각해야 할지 몰라 혼란스러웠을 수 있지만, 윙클보스 쌍둥이가 무대에 오르자 일단 받아들이기로 한 것 같았다.

간디의 인용구로 연설을 시작하는 건 너무 야심 찼을지도 모른다. 그러나 이 유명한 말은 이 실리콘밸리 청중들에겐 영원한 호소력을 가졌다. 이건 실리콘밸리의 거의 모든 회사의 바람일지도 모른다. 그러나 연설에서 캐머런과 타일러는 트위터나 페이스북보다 더 멀리 나아간 관점에서 자신들의 주장을 밝혔다.

캐머런이 말했다.

"자동차는 한때 특히 말과 비교할 때 신뢰할 수 없는 것으로 여겨졌습니다. 단순한 유행은 널리 채택되기에 적합하지 않고 범위와 유용성이 제한적입니다."

나아가 캐머런과 그의 동생은 1903년경 미시간 저축은행 총재의 말을 포함하여 몇 가지 문장을 인용했다. '말은 여기 있을 것이다. 자동차는 그저 신기한 유행일 뿐이다.' 자동차가 처음 발명되었을 때 웃음거리였다는 사실은 지금 와서는 터무니없게 보였지만 캐머런이 지적했듯이 진정으로 세상을 변화시킨 대부분의 혁신은 초기에 비슷한 반응을 겪었다.

아마존도 처음에만 해도 사람들 대다수가 실패할 거라고 생각했다. 회의론자들은 소비자들이 그들의 신용카드를 온라인 거래에서 사용하거나 '중요한 사적인 요소' 없이 쇼핑하는 걸 꺼릴 거라고 믿었다. 캐머런은 인터넷이 세계에 미치는 영향과 잠재력은 일찍부터 의심받아 왔다고 설명했다.

1998년 저명한 노벨 경제학상 수상자이자 뉴욕 타임스 칼럼니스트인 폴 크루그먼은 뉴욕타임스에 "2005년쯤 되면, 인터넷이 경제에 미치는 영향이 팩스보다 크지 않을 게 분명하다"고 악평했다.

이제는 비트코인이 헤드라인을 장식하고, 누구나 아는 단어가 되었기 때문에 더 이상 무시당하지 않았다. 대신에 비웃음은 최고조에 달했고 싸움이 시작되었다. 비트코인은 우스갯거리로 풍자되거나 '위험하다'고 비난받았다. 회의론자들은 비트코인을 1600년대의 네덜란드의 튤립, 1990년대 후반의 닷컴, 2008년의 주택 시장과 같은 유명한 거품에 비유했다. 그러나 캐머런과 그의 동생은 이러한 비유 중 어떤 것도 적용되지 않는다고 믿었다.

비트코인은 가치 저장소로 가장한 썩기 쉬운 꽃, 혹은 주가가 실제 가치와 맞지 않는 회사, 혹은 고수익을 위해 빚을 내 산 두 번째 집이 아니다. 비트코인은 하나의 네트워크이며, 사람들이 이해해야 할 것이 하나 있다면 바로 네트워크의 힘이었다. 더 많은 사람들이 구매할수록 더욱 가치가 생긴다. 메트칼프*의 법칙은 간단명료하다. 네트워크는 느리게 일정한 속도로 성장하지 않는다. 그들은 바이러스처럼 엄청난 속도로 성장한다.

"이건 거품이 아니라 쇄도였다."

진짜 싸움이 닥쳤을 때, 그리고 적이 맹렬하게 달려들 때, 비트코인은 어떻게 이길 수 있을까?

캐머런은 비트코인이 채택될 경우 가장 많이 잃을 사람들이 비트코인과 가장 많이 싸울 것이라 확신했다. 즉 모든 중개인, 임대차 계약자, 전통적인 금융계의 수수료 징수자들, 즉 은행들,

......
* 통신망의 가치는 연결 사용자 수의 제곱에 비례한다고 주장한 엔지니어, 수학자, 창업가

송금업자들, 신용카드 회사들, 정부였다.

캐머런과 타일러는 또한 정부 규제가 올 거란 걸 알고 있었다. 이 안에 있는 많은 이들의 생각과 달리, 그들은 만일의 사태를 상정하고 준비하는 게 중요하다고 믿었다. 지난 1년 동안 비트코인을 구매하고, 비트코인을 홍보하며, 비트코인의 기대주 중 하나에 투자한 경험을 통해 그들은 다음과 같은 깨달음을 얻었다. 비트코인 커뮤니티가 직면한 가장 큰 위험은 바로 자기 자신이었다.

마운트곡스의 지속적인 서버 불안은 시장에 엄청난 불안정을 야기했다. 실크로드는 손대는 모든 것을 더럽혔다. 비트코인 초창기에 중요 역할을 했던 급진적인 철학자들은 이제 비트코인을 주류로 만들기 위한 캠페인에 반대했다. 이 모든 것이 비트코인 커뮤니티였다. 위기는 외부의 위협이나 선전포고 때문에 생기지 않는다. 위기는 곧 다가올 것이다.

규제는 올 것이다. 아니 와야 한다. 그전에, 캐머런은 참석자들에게 커뮤니티는 스스로 "결정하고 만반의 준비를 해야 한다"고 경고했다.

"아마 지금 비트코인의 가장 큰 아이러니는 수학을 기반으로 하는 화폐인 비트코인이 인간에 의해 저지되고 있다는 사실일 겁니다. 우리는 모두 이것을 바꿀 수 있습니다."

비트코인은 자기 자신과의 싸움을 멈추는 방법을 배워야 했다.

이 연설을 위해 캐머런과 타일러는 그들의 정장을 집에 두고 왔다. 캐머런은 스니커즈 운동화까지 모두 검은색이었으며, 패턴 셔츠를 입은 타일러는 소매 단추를 풀어 걷어 올렸다. 실리콘밸리의 기업가처럼 보여야 하는 때와 장소가 있다는 걸 그들보다 더 잘 아는 사람은 없었다. 바로 창의적이고 여유롭게 일을 주도하며 스스로 규칙을 만드는 사람처럼 보이는 것 말이다. 그리고 또한 당신이 어떤 규칙이 중요하고 구조가 필요하다는 걸 이해하는 것처럼 보여야 하는 시간과 장소도 있었다.

정장을 입어야 할 때와 장소가 있다. 이것은 비트코인 세계가 이해하기 위해 배워야 할 것이다. 왜냐하면 이것이 비트코인이 자동차의 길을 갈지 튤립의 길을 갈지 결정하는 데 도움이 될 것이기 때문이다.

반응은 대단했다. 캐머런은 요란한 박수갈채를 받으며 무대에서 내려와 커튼 틈새로 밀고 들어가 타일러를 따라 발표자 휴게실로 이어지는 좁은 통로를 내려갔다. 캐머런은 길을 가면서 수많은 사람들과 악수를 했다. 대부분 그가 알지 못하는 사람들이었는데 그중에는 컨퍼런스 주최자들, 진행요원들, 심지어 음향과 조명 담당자도 있었다. 그는 숨 쉴 틈도 없이 그의 형제 뒤를 바짝 따라가 간신히 열려 있는 문 앞에 도착하였다. 그는 뒤에 있는 벽을 따라 뷔페-물, 페이스트리, 모자와 티셔츠, 펜과 같은 비트코인과 관련된 홍보용품-가 차려져 있는 녹색 방으로 갔다. 이 방에서 그는 전 세계의 주요 비트코인 관련 회사의 CEO들, 즉, 마이셀리움, 집잽, 오픈코인, 코인베이스, 리플 랩스, 코인랩, 코인센터의 수장들을 보았다. 거의 모든 회사의 명함에 '코인'이라는 단어가 들어 있었다.

그는 뷔페에 이르러 라벨에 비트코인 상징이 들어가 있는 물병을 쥐고 나서야 비로소 그들의 연설을 보여 주었을 TV 화면 아래에 그가 직접 투자한 회사가 눈에 들어왔다. 찰리 쉬렘은 활기차게 대화를 나누고 있었는데, 손을 위아래로 휘젓고 몸을 발앞꿈치로 흔들고 있었다.

그의 맞은편에 로저 버가 있었다.

캐머런은 동생을 툭 치고는 두 사람을 향해 고갯짓을 했다.

"또 시작이군."

캐머런이 말했다.

"그들이 무슨 말을 하는지 세 가지만 추측해봐."

"폭발물, 마약, 무장 반란."

캐머런이 말했다.

그들이 뉴욕에서 논쟁을 벌인 후 찰리가 최선을 다했다는 건 사실이었다. 비록 그가 여전히 여행을 너무 많이 하고 있고, 나이트클럽 위에서 살고 있으며, 그들의 바람만큼 오래 비트인스턴트 사무실에 머무르고 있지는 않았지만, 에릭과 아이라의 상실은 그가 행동을 가다듬게 만드는 압박이 되었던 것 같다. 그는 자신의 회사가 어디로 가고 있는지, 그리고 어떻게 그곳에 갈 것인지에 대해 모두 옳은 말을 하고 있었다. 적어도 그는 비트인스턴트가 운영될 수 있도록 하였다.

하지만 분명한 것은, 그는 버에 대한 그들의 충고를 받아들이지 않았다는 것이다. 버는 그들의 어린 CEO에게 마법을, 그것도 곧 풀릴 것 같지 않은 마법을 건 것 같았다. 캐머런은 멀리서도 그 이유를 알 수 있었다.

버에게 카리스마가 있다는 걸 인정해야 했다. 쌍둥이는 여전히 그들의 '투자 파트너'와 직접적인 대면을 피할 수 있었지만, 그들 마음속엔 버가 괴짜 억만장자가 되든가 아니면 중간이 없이 순식간에 몰락할 미친 사람이 될 거라는 데 의심의 여지가 없었다.

종교적인 열정으로 그의 말에 매혹된 사람들에게 그는 비트코인 예수 같은, 일종의 메시아였다. 그건 그가 비트코인 세계에 한발 빨리 들어왔거나 혹은 많은 투자를 해서가 아니었다. 믿고 싶어 하는 사람들, 다른 세계와 다른 시스템을 갈망하는 사람들

비트코인 억만장자의 신화

을 끌어당기는 매력을 가지고 있기 때문이다.

그러나 버의 암호화폐 종교는 극단적인 믿음을 중심으로 전개되었다. 버는 아직 컨퍼런스에서 발표하지는 않았지만 최근 급성장하는 산업을 다루기 위해 생겨난 비트코인 관련 블로그인 코인데스크와 인터뷰를 했다. 버의 인터뷰 질답은 캐머런의 머릿속에서 경종을 울렸다. 버는 젊은 시절 감옥에 갇혔던 그의 경험이 비트코인에 투자 결정에 영향을 미쳤는지 묻는 질문에 이렇게 대답했다.

"법에 부딪치기 전, 저의 정치적인 견해는 보다 추상적이었고 철학적이었습니다……. (그들은) 더욱더 현실이 되었습니다. 제가 비트코인에 가장 흥분하게 된 것은 비트코인이 정부의 통제를 제거하는 모든 방법이기 때문입니다."

버는 비트코인을 다음과 같이 설명했다.

"이 믿을 수 없을 정도로 강력한 도구는 단지 미국인만을 자유롭게 하는 게 아니라 지구상의 모든 나라를 자유롭게 할 것입니다……. 저는 모두에게 외치고 있습니다."

미국인들이 해방될 필요가 있다는 생각은 윙클보스 쌍둥이에게는 말도 안 되는 것 같았고, 비트코인이 미국 정부의 권력을 빼앗는다는 생각은 위험해 보였다. 캐머런은 비트코인의 놀라운 점 중 하나가 폭정 아래 사는 곳에 경제적 자유를 가져다준다는 점이라는 말에는 분명히 동의했지만, 이러한 자유가 미국과 같은 열린 사회의 시민들에게 필요하다고 생각하는 것은 위험한 방향으로 일을 밀어붙이는 것처럼 보였다.

하지만 버는 여기서 멈추지 않았다.

"저는 규제에 찬성합니다."

그는 코인데스크 기자에게 말했다.

"하지만 저는 총으로 위협하는 규제에 찬성하지 않습니다. 정말 중요한 차이입니다. 워싱턴 D.C.의 규제 기관이 법을 만들 때, 그들은 당신에게 그렇게 해 달라고 '부탁'하지 않습니다. 그들은 당신에게 이렇게 하라고 '말하고' 있습니다. 누군가에게 그렇게 해 달라고 부탁하는 것과 무엇을 하라고 말하는 것에는 근본적인 차이가 있습니다. 마치 사랑하는 것과 강간당하는 것의 차이와 같습니다."

'사랑과 강간'이라는 선동적인 발언은 무정부주의의 핵심과도 같았다. 버의 논리는 과세를 비롯한 모든 법률에 실제로 쉽게 적용될 수 있었다. 캐머런은 이것이 바로 버가 원하는 바라고 믿었다. 버는 정부의 권력이 뒷받침하고 있는 법이 강간과 유사하다고 믿었고, 비트코인이 모든 법을 우회할 수 있는 하나의 방법이라고 말했다.

캐머런과 그의 동생은 비트코인이 싸움에서 승리할 수 있는 방법은 그것을 선점하고 필요한 곳에서는 규제 당국과 의원들과 협력하여 전쟁을 시작하기 전에 전쟁을 멈추는 거라고 말하였다. 이에 반해 버는 전투용 도끼를 내던지며 전쟁을 선언하였다.

그리고 이제 그는 녹색 방 건너편에서 평소처럼 찰리의 머리에 씨앗을 심고 물을 주고 있었다. 찰리는 스펀지처럼 그걸 다 빨아들이고 있었다.

"우리가 그들과 합류해야 할까?"

캐머런이 물었다.

"결국 무장 반란의 대가를 치르는 건 우리야."

타일러는 다른 쪽을 가리키며 또 다른 그룹의 비트코인 실력자들을 따라갔다.

"오늘 밤은 안 돼. 이 순간을 즐기자."

캐머런은 공중에 양손을 들고 누군가에 말을 하고 있는 찰리와 체셔 고양이*처럼 웃고 있는 버에게 마지막으로 한 번 눈길을 주었다.

"우리는 간디와 함께 저녁을 시작했어. 체 게바라**로 끝내지 말자."

. . . . .
* 『이상한 나라의 앨리스』에 나오는 고양이로, 등장할 때마다 시종일관 입이 귀에 걸리도록 웃고 있다.
** 아르헨티나 출생의 쿠바 정치가이자 · 혁명가로, 쿠바 혁명에 성공한 후 볼리비아에서 게릴라군을 조직해 싸우다 전사했다.

캐머런이 미로 같은 컨벤션센터를 지나 마침내 비트인스턴트 부스-실제로 비트인스턴트 이름과 로고가 그려진 대형 포스터가 크롬 타올 걸이처럼 보이는 것에 검은 커튼을 엮어 만든 임시 칸막이 안의 책상 위에 매달려 있었다-에 도착했을 때, 찰리는 이미 다른 일에 집중하고 있었다. 그는 불 속에 있는 천사처럼 환하게 빛나고 있었다.

캐머런은 그 이유를 알 수 있었다.

마이크.

카메라.

로우컷 상의를 입은 매력적인 기자.

찰리는 높은 의자에 앉아 있었는데 공중에 발이 매달려 있었고, 발바닥은 땅을 찾고 있었다. 그는 비트인스턴트의 다른 팀원들과 약간 떨어져 있었고, 검은 비트인스턴트 티셔츠에, 검은 블레이저 재킷, 그리고 어두운 청바지를 입고 있었다.

그는 국제 TV 방송국인 RT에서 「프라임 인터레스트」란 쇼를 진행하는 앵커와 인터뷰를 하고 있었다. 원래 '러시아 투데이'로 알려져 있는 RT는 러시아 정부의 자금으로 지원되는 곳이었다. 그 시점에서 캐머런이 알고 있는 건 놀랍게도 금융 분야에서 괜찮은 방송 프로그램을 가지고 있다는 것뿐이었다.

캐머런은 1.5미터 떨어진 곳에서도 기자가 찰리에게 호의를 품고 있다는 걸 알 수 있었다. 그리고 찰리는 사랑스러웠다. 찰리는 큰 얼굴과 큰 턱을 가진, 카메라에 어울리는 작은 남자로서 다정하였고, 매력적이었으며, 말하기를 좋아하였고, 인터뷰를 무척 잘하였다. 하지만 실제 찰리는 약간 혼란스럽고 산만하다고 할 수 있다. 카메라에 비친 그의 모습은 사랑스러워 보였지만 한편으론 당황스럽기도 했다.

토요일 컨벤션센터는 한창 진행 중인 발표 세션과 사람들로 붐비는 거대한 무역 박람회가 한창이었다. 그리고 그곳은 찰리의 놀이터였다. 거기서 그는 유명인사였다. 실제로 캐머런은 걸어가는 길에 찰리의 얼굴이 그려진 티셔츠를 판매하는 노점상을 지나쳤다. 비트인스턴트는 그곳에서 가장 많이 언급된 회사 중하나였다. 대부분의 사람들은 찰리를 바로 알아보았다. 찰리는 러시아 투데이와의 인터뷰를 통해 윙클보스 쌍둥이가 비트인스턴트에 투자했다는 소식을 알렸는데 이는 컨퍼런스에서 발표하기 전까지 비밀로 유지되었던 뉴스였다. 인터뷰에서 찰리는 자신이 이비자에서 쌍둥이를 만났다고 말하면서 상당히 특이한 방법으로 설명하기 시작했다.

"나는 그들에게 내 라운지 의자를 주었어요."

그리고 아자르가 그들을 어떻게 설득했는지 말했다.

"당신들은 이 찰리를 만나야 합니다. 천재 소년 어쩌고저쩌고……. 그리고 첫눈에 반하게 되었죠."

캐머런은 웃어야 했다.

'무슨 헛소리야'와 '그냥 내버려 둬'라는 두 가지 생각이 그의 머릿속에서 교차했다. 찰리가 사실과 다르게 이야기했다는 것만이 문제가 아니었다. 찰리는 실제로 자신이 말하고 있는 바를 믿고 있었다.

찰리는 기자에게 쌍둥이가 방문했을 때 어떻게 그가 지하실에서 있었는지, 그리고 비트인스턴트를 만들도록 어떻게 그를 격려했는지에 대해 말했다. 그들이 "찰리, 당신이 이걸 만들어야 해요"라고 했다는 것이다. 그리고 이제 그는 사업의 정점에 있었고, 비트인스턴트의 사무실은 새롭고 멋진 소호로 이사할 예정이라고 했다.

소호? 캐머런은 고개를 저었다. 비트인스턴트 사무실은 여전히 플랫아이언 지구에 있었고 화려하지도 않았다.

찰리가 정신이 나간 건가?

마침내 찰리는 그의 창업 신화에서 오늘의 사업으로 화두를 돌렸다.

"우리는 30개 주에 걸쳐 화폐 송금 면허를 갖고 있습니다. 그리고 연방 면허도 갖고 있습니다."

그러나 기자가 재차 다그치듯 묻자 찰리는 갑자기 다시 정신을 잃은 것 같아 보였다. 바로 캐머런의 눈앞에서 그의 어린 CEO는 한 문장으로 그의 내면에 있는 상반된 신념을 보여 주었다.

"우리는 비트코인이 모든 걸 뒤집기를 원하지만 동시에 우리는 법규를 준수해야 합니다."

이 간단한 문장은 캐머런과 그의 동생이 걱정하는 모든 걸 요약한 것 같았다. 버가 찰리를 한 방향으로 당기는 것 vs 캐머런과 타일러가 원하는 방향으로 그가 회사를 이끄는 것. 캐머런은 타일러가 지금 함께 있었으면 했지만, 그 순간 그의 동생은 복도 건너편 부스 중 한 곳에서 벤처회사 동료들을 만나고 있었다.

찰리는 언제나 올바른 말을 하려고 노력은 하고 있었다.

"당신은 무슨 일이 있어도 모든 고객을 알아야 해요……. 그들이 1달러를 지출하든, 1천 달러를 지출하든 말이에요."

하지만 또다시 대본에서 벗어났다.

캐머런은 찰리가 그의 믿음과 갈등을 일으키는 부분이 무엇인지 명확히 볼 수 있었다.

"자금세탁을 하면, 그들은 당신을 범죄자처럼 대하는데 그건 공평하지 않아요……. 만약 당신이 우리를 믿는다면 당신은 고객에게 말할 수 있어야 해요. 우리는 당신을 믿을 겁니다……. 우리는 당신을 범죄자 취급하는 걸 뒤집으려 하고 있어요. 제가 당신을 도와드리겠습니다. 당신도 나를 도와주세요."

그게 대체 무슨 뜻인가? 하지만 찰리는 제 자리를 찾은 것처럼 보였다. 그는 청중들이 박수 치고 웃게 하였던 자유분방하고 재미있는 즉흥적인 연설로 돌아갔다.

"비트코인은 날개 달린 현금입니다……. 지역에 있는 걸 가져다가 전 세계로 옮길 수 있습니다."

찰리가 덧붙였다.

"그리고 금융 인프라를 뒤엎을 겁니다."

1분 정도 이야기를 더 나누고 인터뷰가 끝났다. 기자는 찰리에게 감사를 표하고 자신의 장비를 챙기기 시작하였다. 그제야 캐머런은 찰리에게 다가갈 수 있었다.

"그건…… 흥미로웠어요."

캐머런이 시작했다. 찰리가 의자에서 벌떡 일어나더니 갑자기 캐머런을 어색하게 끌어안았다.

"정말 놀라운 일이에요. 연설은 정말 좋았어요. 여기 정말 대단하지 않아요?"

마치 고장 난 수도꼭지에서 물이 새듯이 그에게서 말들이 흘러나오고 있었다. 그 순간 캐머런은 자신이 생각하고 있는 걸 말할 용기가 없었다. 찰리가 너무 어리거나 에너지가 너무 많거나 산만한 게 문제가 아니었다. 타일러가 굳게 믿었던 것처럼, 그는 CEO가 될 자질이 없었다. 찰리는 분명 내면에서 이 새로운 세상에서 자신이 누구인지를 알아내려고 애쓰고 있었다. 그는 눈에 보일 만큼 여러 방향으로 동시에 끌려가고 있었다.

캐머런은 자신의 동생보다 찰리에게 더 공감하며 동정했다. 그는 찰리를 위해 동생과 논쟁하며 여러 번 악마의 변호사 노릇을 했지만 결국 타일러가 옳았다는 걸 알았다.

찰리 쉬렘이 만일 "천재 소년 어쩌고저쩌고" 하는 환상에 빠져 자신의 정체를 빨리 깨닫지 못한다면, 그는 추락할 게 분명했다.

자기 자신을 두 방향으로 오래도록 계속해서 끌려가도록 내버려 둔다면, 그는 조만간 반으로 찢어지고 말 것이다.

새벽 1시. 캐머런은 재미있는 시간을 보내다 보니 더 이상 찰리를 걱정하는 데 시간을 할애할 여력이 없었다. 미팅은 무역 흐름과 연설에 관한 세션에서 누군가가 컨벤션센터 안뜰 중 하나에 설치한 야외 카지노로, 그다음에는 근처 힐튼과 메리어트 호텔에서의 칵테일 파티로, 그다음에는 지역 레스토랑으로 옮겨갔다. 거기서 산호세 샤크스 하키 유니폼을 입은 요란한 관중들과 비트코이너 취객들이 어울려 그들의 팀이 막 빅 플레이오프 게임에서 이긴 것을 축하했다. 이 같은 하루의 흐름 속에서 철학적 차이점은 쉽게 잊혔다. 비록 찰나의 순간이겠지만, 그들은 모두 하나가 되어 그들이 사랑하는 것을 축하했다.

"이게 파트너십이 작동한다는 걸 아는 방법이죠."

찰리는 캐머런과 그의 동생 사이에서 비틀거리며 말했다. 그들 세 사람은 시멘트벽과 형광등이 있는 복도를 따라 내려가고 있었다. 이곳은 컨벤션센터 내부로 이어졌다.

"저는 술이나 마리화나를 하지 않는 사람을 채용한 적이 없어요. 그건 저와 함께 투자하는 사람들에게도 적용되어야 한다고 생각해요."

캐머런은 웃었다. 비록 로저 버는 마리화나도 술도 안 한다는 생각이 떠오르긴 했지만 말이다.

그는 그 생각을 흘려 버렸다. 러시아 투데이와의 인터뷰가 끝난 후, 그는 하루의 대부분을 찰리의 행동을 지켜보며 보냈다. 찰리는 분명 물 만난 물고기 같았다. 비트인스턴트는 화제 그 자체였다. 그가 낮 동안 이야기했던 비트코인 커뮤니티의 많은 사람들은 현재 마운트곡스의 거래 중 70%가 비트인스턴트를 통해 이루어졌다고 추정하였다. 비록 CNBC는 그 수치를 30%에 가깝게 제시했지만, 캐머런은 컨퍼런스에 참석한 사람들 대부분이 찰리를 통해 첫 비트코인을 구입했다고 믿었다. 결국 그는 비트코인을 쉽게 살 수 있게 해 주었다. 아무 편의점에나 걸어 들어가 계산원에게 현금을 내면 30분 안에 비트코인을 받을 수 있었다.

그의 얼굴이 그려진 티셔츠는 빙산의 일각에 불과했다. 캐머런과 타일러가 기조연설을 마쳤을 때도 사람들이 몰려들어 함께 셀카를 찍거나 악수를 요청했지만, 찰리는 사람들을 끌어내지 않고는 컨벤션센터에서 1미터도 이동하기 힘들 정도였다. 그러나 캐머런이 직접 목격한 바에 따르면, 그는 이러한 유명세에 걸맞지 않은 사람이었다. 어느 순간 두 명의 개발자가 자신을 소개하기 위해 찰리에게 다가갔을 때, 찰리는 뒷주머니에 손을 넣었다가 두 손을 앞으로 내밀어 마치 공연을 하는 것처럼 팔을 뻗더니 손끝에서 명함 두 장을 매달았다. 분명히 그가 연습하고 있었던 동작이었다.

오후 내내 그는 한 팬 그룹에서 다음 팬 그룹 사이를 왔다 갔다 했다. 하지만 찰리를 움직이게 한 것은 그의 근처에 있는 모든 카메라와 마이크였다. 누가 질문을 하든 그는 인터뷰를 거절할 수 없었다. 처음에 캐머런은 그를 좀 더 전문적인 방송인 CNBC나 CNN으로 이끌려고 했지만 아무 소용이 없다는 걸 깨달았다. 찰리는 누구에게나 말을 걸었다. 그는 고등학교 때 무시당했던 아이였다. 이제 갑자기 모두가 그에게 주목했다. 모두가 찰리와 비트코인 공장의 일부를 갖기 원했다.

칵테일 파티가 거의 끝나자 곧 스테이크와 생선과 파이어볼 위스키로 이루어진 떠들썩한 만찬이 이어졌는데, 문제의 파이어볼 위스키가 너무 많아서 터널 같은 복도를 걷는 내내 꼭 위스키로 가득 찬 호수를 걷는 것 같았다. 캐머런은 찰리에게 기회를 주는 게 옳다고 느꼈다. 그는 멋진 것을 만들었고, 칭찬을 받을 만했다. 그를 올바른 방향으로 인도하는 건 그들에게 달렸다. 하지만 그건 내일까지만 기다릴 수 있는 일이었다.

"이게 제대로 된 장소로 가는 거 맞나요?"

찰리가 검은색 청바지 주머니를 더듬으며 말했다.

"만약 이 터널이 엄마의 지하실로 이어진다면 전 자살할 거예요."

캐머런은 웃었다. 그는 타일러가 그들이 어디로 가고 있는지 알고 있다고 확신했다. 그의 동생은 전날 컨벤션센터의 지도를 연구하고 있었다. 타일러는 항상 준비되어 있었다.

하역장을 통해 컨벤션센터를 가로지르자는 게 그의 생각이었다. 그들이 앞쪽으로 갔다면 근처 식당까지 걸어가는 데 10분이 더 걸렸을 테고, 둘 다 찰리가 그렇게 오래 서 있을 수 있을 거라고 생각하지 않았다.

찰리의 여자 친구인 코트니가 레스토랑에 있었고 조금 후 목적지에서 그들을 만날 예정이었다. 캐머런은 찰리가 그녀에게 반해 있다는 것과 그녀가 그보다 30센티미터 정도 더 크다는 것 이외는 그녀에 대해 별로 알지 못했다. 그는 그녀가 찰리에게 좋을지 나쁠지 아직 결정하지 못했다. 그녀가 곁에 있다면 그가 뉴욕에 더 자주 머물 수 있겠지만, 그렇다고 해서 그를 클럽에 들어가지 못하게 할 수는 없을 것이다.

레스토랑에는 마침 부어히스도 있었다. 그리고 로저 버도 잠깐 거기에 머무르고 있었다. 캐머런은 컨벤션에서 부어히스와 많은 시간을 이야기하며 보냈다. 처음에는 어색했지만 곧 긴장을 풀고 예전 동료들처럼 이야기할 수 있었다. 부어히스는 버와 많은 부분에서 같은 신념을 가지고 있었지만, 그는 유쾌한 사람이었고 의견 차이가 아무리 확고하더라도 항상 부드러운 톤을 유지했다. 그는 찰리의 가장 친한 친구라고 할 수는 없지만, 버가 그랬던 것처럼 CEO의 마음을 조종하는 관계인 것 같지는 않았다.

만찬 때 그들은 사토시다이스 게임을 했다. 이 게임은 그들의 핸드폰으로 비트코인에 베팅하고, 그들이 베팅한 금액이 두 배의 비트코인으로 돌아온다면 술을 마시는 거였다. 의심할 여지 없이 부어히스는 그의 새 회사를 처분한다면 꽤 많은 돈을 벌수 있을 것이다. 그는 필시 곧 그렇게 될 것이다. 왜냐하면 이 온라인 게임이 애매한 법적 난관에 봉착했기 때문이다. 세상 돌아가는 방식에 아무리 동의하지 않더라도, 마음속으로 부어히스는 현실주의자이지 순교자는 아니었다. 아마도 그것이 부어히스와 버의 큰 차이점이었을 것이다.

캐머런은 컨퍼런스에서 버와 이야기하지 않았다. 비록 버는 적어도 쌍둥이 앞에서는 예의 바른 사람이었지만, 캐머런은 그가 자신들을 피하고 있다는 느낌을 받았다. 캐머런은 부어히스에게 코인데스크에 실린 버의 최근 인터뷰를 읽었다고 말하면서 꽤 급진적이었다고 했다. 부어히스는 웃으며 고개를 끄덕였을 뿐이었다. 그건 마치 그게 바로 로저라고 말하는 것 같았다. 만약 타일러가 대화에 끼었다면 그는 말다툼을 시작했을지 모른다. 그러나 캐머런은 그게 아무 소용이 없다는 걸 알았다. 부어히스는 버를 두둔하고 있었다. 버는 근본주의자였다. 그는 세금은 강간이고, 군대는 살인자들이라고 믿었다. 누구도 그의 생각을 바꾸지 못할 것이다.

"자, 가죠."

타일러가 복도 끝에 있는 두 개의 이중문을 가리키며 말했다.

그들은 복도를 따라 목소리와 헷갈릴 수가 없는 여러 대의 키보드 소리가 섞인 전자 음악이 울려 퍼지는 걸 들을 수 있었다.

캐머런은 문 뒤의 광경을 상상할 수 있었다. 두세 명씩 그룹을

지어 긴 테이블에 나란히 늘어선 컴퓨터 주위를 맴돌고 있는 회의실. 피자 상자가 한쪽 구석에 높이 쌓여 있고, 상자나 맥주통이 벽을 따라 놓여 있으며, 아이폰과 연결된 붐박스에서 음악이 흘러나오고 있을 것이다. 그리고 멘토들, 즉 컴퓨터 엔지니어들, 조언자들, 설립자들은 그룹 사이를 돌아다니면서 팀원들이 아이디어를 쫓을 수 있도록 밤늦게까지 돕고 있을 것이다.

캐머런은 자신이 그린 그림을 자랑스러워했다. 대부분 그와 그의 동생이 실현시킨 것이기 때문이다. 윙클보스 캐피탈이 이 해카톤의 밤을 후원하였다. 그들이 방과 피자, 그리고 맥주 대금을 지불하였다. 이 이틀간의 행사는 그날 아침 9시에 시작되었다.

참여를 원했던 해커팀들-컴퓨터 프로그래머들, 사업가들, 기술에 정통한 크리에이터들-은 짧은 발표를 하려고 이 방에 모여들었다. 그 후 다섯 명의 비트코인 투자자로 구성된 패널들은 그들이 어떤 아이디어를 후원할지에 대해 논의했다. 그 후 그 팀들은 바로 흩어져 '해킹'을 시작했다. 그들은 일요일까지 가장 뛰어난 비트코인 어플리케이션을 만들어야 했다. 그다음 그들은 패널의 평가를 받아 상을 타게 된다. 아니면 그들이 투자를 유치하기 위해 만든 것으로 판정단이나 다른 누군가에게 깊은 인상을 줄 수도 있다.

이 방에 있는 해커들 중 일부는 엘리트 프로그래머일 것이고,

나머지는 관광객이거나 일반 시민일 것이다. 하지만 그들 모두가 비트코인 업계에서 일하고, 젊은이들 간의 동지애가 있으며, 동기가 부여된 사람들이라는 사실은 캐머런에게 이 공간에서는 그 어떤 것이든 가능하다고 생각하게끔 만들었다. 20년 전 그가 실리콘밸리 차고에서 그리던 모습이었다. 하지만 지금, 실리콘밸리는 기회를 놓쳐 버렸다.

찰리는 멈추어 섰다. 여전히 이중문으로부터 3미터 떨어져 있었다. 그가 손가락을 폈을 때 캐머런은 힙합 뮤직비디오에서 볼 수 있을 것 같은 능숙하게 말아 올린 두껍고 긴 마리화나를 보았다.

"진짜예요?"

찰리가 재킷 주머니에서 라이터를 꺼내자 캐머런이 물었다.

"이건 약이에요."

찰리는 마리화나를 입에 물며 웃었다.

"농담이에요. 이건 약은 아니지만 의사가 위스키보다는 건강에 좋다고 했어요."

찰리는 벽에 몸을 기대고 라이터를 갖다 댔다. 마리화나 끝에 있는 종이가 주황색으로 빛나다가 약간 파랗게 빛났다.

"당신들은 훌륭한 연설을 했어요."

찰리가 말했다.

"당신들은 업계에 많은 신뢰를 주고 있어요. 하버드 말이에요. 그들이 영화에서 당신들을 뭐라고 부르죠? 하버드의 남자들?"

"여섯 잔의 위스키에 마리화나를 피면 의사가 뭐라고 하던가요?"

캐머런이 물었다.

"아뇨, 진심으로, 당신들은 우리 모두를 멋지게 만들어 줘요. 보세요. 제가 좀 미쳤을 수 있다는 걸 알아요. 제 말은 제가 좀 지나치게 흥분할 수 있다는 거예요. 하지만 당신들이 옳아요. 우리는 진지해져야 해요. 제가 실수를 할 수 있지만 우리가 이길 수 있도록 무슨 일이든 할 거예요."

"정신을 똑바로 차려야 한다는 것만 기억해요. 그리고 바보 같은 짓은 하지 말아요."

캐머런은 벽을 잡고 있는 찰리를 쳐다보았다.

"물론 안 해요."

찰리의 눈이 흐릿해졌다.

"가만히 있어요. 언젠간 우리가 깨울 거예요. 컨벤션센터에 있는 수천 명의 사람들만이 아닌, 모든 사람이 비트코인에 대해 말하게 될 거니까."

캐머런이 말했다.

타일러와 캐머런이 키보드로 타자를 치는 사람들 쪽으로 걸어

가기 시작하자 찰리는 벽에서 몸을 떼고 그들을 따라갔다. 그의 눈꺼풀이 눈의 반을 덮고 있었지만, 그의 눈은 살아 있었고 불타고 있었다. 캐머런은 찰리가 무슨 생각을 하는지 추측할 수 있었다.

그 상상은 전 세계가 비트코인에 대해 이야기하고 있고, 찰리는 그 한가운데서 164센티미터짜리 클로즈업을 준비하고 있는 것이리라.

"당신의 입술이 '하늘의 사람들'의 귀에 닿기를."

찰리가 말했다.

"전면 기사는 아니지만 페이지 상단부에 있어."

타일러가 윙클보스 캐피탈에 있는 자신의 유리벽 사무실의 열린 문을 통해 소리쳤다. 그의 목소리는 복도 건너편에 있는 캐머런의 똑같은 유리벽 사무실로 전달되었다.

"경제면, 제1면. 월스트리트에 있는 모든 사람이 20분 안에 이 글을 읽을 예정이야."

비트코인 2013의 흥분도 어느덧 6주가 흘렀다. 그들은 뉴욕으로 돌아왔다. 지금은 아침 7시 전으로, 플랫아이언 지구는 아직 깨어나지 않았다. 쓰레기 트럭과 거리 청소 차량의 소리가 창문을 통해 새로 칠해진 5천 평방피트의 사무실 공간으로 스며들었다. 뉴욕 타임스 한 부가 타일러 책상 위에 펼쳐져 있었다. 타일러는 타일러의 형이 경제면을 매우 자랑스럽게 펼쳐 놓고 있다는 걸 알고 있었다. 그들은 정확히 동시에 정보를 얻을 수 있도록 기사를 읽을 준비가 될 때까지 기다렸다. 그들은 그들의 부모도 햄튼에 있는 집에서 똑같이 하고 있다는 걸 알고 있었다. 팝퍼의 이번 경제 기사는 적어도 '페이스북'이란 단어를 사용하지 않았다.

윙클보스 쌍둥이
비트코인을 위한 첫 번째 펀드 계획

타일러는 이것이 그들이 비트코인을 엄청나게 사들였다고 세계에 알린 것보다 훨씬 더 중요한 발표라는 걸 알고 있었다. 기사가 설명한 대로 타일러와 그의 형은 비트코인 ETF(상장지수 펀드)를 만들기 위해 SEC(미국증권거래위원회)에 '윙클보스 비트코인 신탁' 등록 명세서를 제출하였다. 이것은 주식을 살 수 있는 것처럼 누구나 쉽게 비트코인을 구매할 수 있도록 하기 위함이었다.

"기자가 '대담한'이라는 단어를 사용했어."

타일러가 말했다.

"난 그들이 SAT* 어휘를 사용한 게 좋아. 엄마와 엄마의 단어 카드가 생각나. 윙클보스 쌍둥이는 대담하다. 무엇이 그들을 대담하게 만들었을까?"

만일 ETF가 규제 당국의 승인을 받으면 누구에게나 비트코을 사는 일이 애플이나 페이스북 주식을 사는 것만큼 간단해질

.....
* 미국의 대입시험

것이었다. 이는 마운트곡스와 같은 숨겨진 거래소로 향하는 어두운 과정을 우회하게 할 것이다. 솔직히 말해서 찰리의 관리하에 있는 비트인스턴트는 산호세 사건 이후 더 이상 예전만큼 신뢰할 수 없었다.

현재 ETF에서 사는 방식은 일반적으로 투자자들이 금과 같은 귀금속과 상품에 직접 투자하는 형식이었다. 첫 번째 금 ETF는 2004년에 GLD라는 티커 심볼*로 출시되었는데 엄청난 성공을 거두었다. 사람들이 쉽게 귀금속에 투자할 수 있게 함으로써 전례 없는 양의 유동성과 투자자들의 관심을 끌어올려 금 시장을 완전히 변화시켰다. 사람들은 더 이상 금괴를 사서 집에 있는 금고에 보관하고, 집을 비운 사이에 배관공이 훔쳐 갈까 염려할 필요가 없게 되었다.

GLD를 사용하면 주식 중개인에게 전화하거나, 아니면 온라인 이-트레이드나 찰스 슈왑, 피델리티**로 이동하여 구매 버튼을 누르기 전에 세 글자를 입력하기만 하면 된다. 이것이 본래 윙클보스 쌍둥이가 비트코인을 구매하고자 했던 방법이다. 비트코인의 티커 심볼은 세 글자가 아닌 네 글자가 될 것이었다. COIN.

타일러는 COIN이 규제 장벽을 뚫고 승인을 받는다면 이는 게임의 판도를 바꾸게 될 거라는 걸 알고 있었다. 그들은 비트코인

.....
* 증권 거래소에 상장되거나 공개적으로 거래되는 특정 자산이나 증권을 나타내는 기호나 문자
** 이-트레이드, 찰스 슈왑, 피델리티 모두 미국의 자산 운용 회사의 이름

을 일반 대중에게 가져오는 데 성공하게 될 것이다. 뉴욕 타임스도 지적하였듯이 '비트코인 위에 떠 있는 낙인을 제거하고' 규제 기관의 무릎 위에 놓기 위한 직접적인 노력이었다.

ETF 제출은 비트코인이 주류로 진입하고 있다는 신호를 기존 은행 커뮤니티에 보내려는 것이 아니다. 이 서류는 비트코인 세계 내에서 비트코인 미래에 규제가 포함되어야 한다는 것을 알고 있는 쌍둥이와 같은 사람들과 비트코인이 월스트리트, SEC, 또는 다른 규제 기관이나 정부와는 별개로 존재해야 한다고 믿는 사람들 사이에 영구적인 선을 그어 줄 것이다. 윙클보스 비트코인 신탁은 선제공격이었고, 전쟁이 시작되기 전에 끝내겠다는 의미였다. 사람들은 비트코인 세계 안팎에서 주목하고 반응하게 될 것이다.

"이것 봐."

캐머런이 사무실에서 소리쳤다.

"신문은 놔둬, 온라인으로 봐 봐. 미쳤어."

발표한 지 1시간도 채 되지 않았는데 벌써 COIN은 입소문을 타고 있었다.

"우리가 지금 야후에서 실시간 검색어 2위를 달리고 있어. 3위가 뭔지 알아?"

타일러가 키보드를 두드리고는 크게 웃었다.

야후 검색어 3위는 독립기념일 주말 극장에 개봉할 새 영화 『론 레이저』였다. 이 영화는 조니 뎁과 아미 해머가 주연을 맡았는데, 아미 해머는 윙클보스 쌍둥이와 저커버그의 싸움을 다룬 영화인 『소셜 네트워크』에서 윙클보스 쌍둥이를 연기했다.

"여기에서 그들이 광고에 7천5백만 달러를 썼다고 하네."

캐머런이 말했다.

"맨해튼의 모든 택시, 버스, 기차가 영화 포스터로 덮여 있잖아. 심지어 서브웨이의 음료수 컵에도 아파치 원주민과 우리 중 한 명이 있다고."

타일러가 말했다.

"말도 안 돼. 우리는 한 푼도 쓰지 않았잖아. 그런데도 우리의 ETF는 트렌드에서 훨씬 앞서고 있어."

어떻게 대다수 미국인들이 들어 본 적도 없는 ETF와 같은 금융 상품이 인터넷을 뜨겁게 달궜을까?

타일러는 SEC가 COIN 제안에 어떻게 반응할지 전혀 알지 못했다. 아마도 그들은 정말 느리게 달팽이처럼, 즉 정부의 속도로 조심스럽게 움직일 것이었다. 주식처럼 누구나 가상화폐를 사용할 수 있게 되면 비트코인은 수조 달러 시장을 가진 금처럼 접근할 수 있게 된다. 이는 월스트리트의 모든 은행과 대형 증권사가 비트코인 거래 데스크를 시작하고, 가상화폐 분석가들과 특별 감사 책임자들을 고용하며, 어쩌면 자체 가상화폐 펀드를 시작할 수도 있다는 걸 의미한다. 그와 같은 변화는 시간이 걸리는 일이고, 하루아침에 일어나지는 않을 것이다.

그러나 쌍둥이는 첫발을 내디뎠고, 이보다 더 좋은 타이밍은 있을 수 없었다. 비트코인 2013에서 가졌던 희망은 사라졌다. 온 힘을 쏟고 앞만 보며 비트인스턴트가 필요로 하는 기업의 리더가 되겠다는 찰리의 약속은 지켜지지 않았다. 그는 곧바로 예전 방식으로 돌아가서 자신의 개인 브랜드라고밖에 설명할 수 없는 것을 홍보하기 위해 여기저기 돌아다녔다. 반면 비트인스턴트는 서비스는 지연되고 오보페이와의 관계가 끊어지려는 등 무수한 문제로 골머리를 앓았다. 변호사들과 이야기를 나눠 본 결과, 타일러는 비트인스턴트가 여전히 미국 송금법을 준수하고 있는지조차 확신할 수 없었다. 그리고 찰리가 상황을 파악하지 못하면 회사가 오래 버티지 못할 거라는 사실이 점점 더 분명해지고 있었다.

설상가상으로 회사는 수익이 나지 않았다. 사실 비트인스턴트는 그들이 몇 달 전에 찰리에게 제공한 단기 융자 50만 달러를 포함해 쌍둥이의 투자금 대부분을 소진하였다. 찰리에게 이미 투자한 자금에다 50만 달러를 추가로 더 주는 것은 이제 '이미 잃은 돈을 찾기 위해 많은 돈을 소비한다'는 말 그 자체인 듯했다. 그러나 찰리는 비트인스턴트의 은행이 대출을 반려했는데 마운트곡스로부터 회사 계좌를 보호하기 위해서는 즉시 자금이 필요하다고 간청하였다. 쌍둥이는 마지못해 그에게 돈을 송금해 주었다. 그것은 두 가지 끔찍한 선택지 중 그나마 나은 것으로 보였다. 다른 하나는 비트인스턴트가 즉시 파산하는 것이었다.

50만 달러는 기껏해야 몇 주 동안 임시로 빌려주는 것이었다. 하지만 몇 주 후 쌍둥이가 찰리에게 상환을 요청했을 때, 그는 얼버무리며 회사가 지금은 돈이 없지만 곧 받게 될 거라고 말했다. 그러더니 찰리는 그들의 전화, 문자, 이메일을 노골적으로 피하기 시작했다.

캐머런은 찰리가 부어히스와 아이라의 사임 이후에 성장할 수 있기를 기대했지만, 그 반대의 일이 지금 일어난 것처럼 보였다. 찰리는 뉴욕에 있을 때도, 비트인스턴트가 아닌 다른 곳에 있었다. 그는 클럽 에버 구석의 테이블 CEO였다. 그는 비트코인 팬들을 그곳에서 즐겁게 하고 있었다. 찰리에 대한 쌍둥이의 믿음은 날이 갈수록 줄어들고 있었다.

ETF를 신청하는 건 다시 태어난 기분이었다. 찰리가 변화할 수 없다면, 그들은 영원히 비트인스턴트를 떠나야 할 것이다. 그리고 그가 어떻게든 변할 수 있다 해도, 글쎄, 이미 너무 늦었을 가능성이 크다.

***

보내는 사람: 찰리 쉬렘

제목: 우리의 전화

날짜: 2013년 7월 9일 오후 4:43 동부시각

받는 사람: 캐머런 윙클보스, 타일러 윙클보스

안녕하세요, 여러분.

먼저, 제가 전화 통화에서 당신들이 한 말을 들었고 매우 심각하게 받아들인다는 점을 모두가 알아줬으면 합니다. 모든 분야의 문제를 해결하고 우리 자신을 가능한 한 빨리 성장해야만 하게끔 상황이 급변하고 있습니다.

저는 많은 실수를 저질렀습니다. 당신들이 꼭 집어 비판한 것뿐만 아니라, 다른 것들도 제가 전반적으로 지금 살펴보고 있으며 고치기 위해 조치를 취하고 있습니다.

즉시 시행할 조치들은 다음과 같습니다.

- 저는 월요일부터 금요일까지 매일 오전 9시에서 저녁 6시까지 사무
  실에 있을 것입니다.
  필수적인 비트인스턴트 업무(은행 방문과 같은)의 경우는 제외.
- 저는 앞으로 한 달 동안 뉴욕을 떠나지 않겠습니다. 저는 사무실에서
  집중하고 있을 것입니다.
- 저는 어떤 언론이나 기자와도 제가 직접 전화나 이메일을 통해 이야
  기하지 않을 것입니다.
- 당면한 문제를 해결하는 데에 제 시간을 모두 쓰겠습니다(테크놀로
  지 리더십과 다른 스타팀 구성원을 조달하여 부족한 부분을 메우고
  작업을 완료할 예정).
- 저는 업무 현황(좋은 점, 나쁜 점)을 정기적으로 업데이트할 겁니다.

우리는 무엇을 어떻게 고쳐야 하는지 정확히 파악하기 위해 내부 감사
보고서를 만들고 있습니다. 주말이 끝날 때쯤 보고하겠습니다. 문제와 해
결방안 그리고 실행계획을 철저하게 다룰 것입니다.

감사합니다.
찰리

찰리는 예전 사무실에서 몇 블록 떨어져 있는 비트인스턴트의

새 사무실에서 컴퓨터 키보드 위로 몸을 구부렸다. 여긴 소호도 브루클린도 아니었다. 여긴 서른 명의 직원을 수용할 수 있는 충분한 공간이었으며, 여러 개의 창문을 통해 자연광이 들어왔고, 일단은 전기가 연결되어 있었다. 새로운 마음가짐으로 일에 열중한 지 2주가 지나자 타고난 낙천주의자인 찰리조차도 그들이 얼마나 오랫동안 사업을 계속 운영할 수 있을지 궁금해졌다.

"당신 생각에 그걸로 충분할 거 같아요?"

코트니가 그의 어깨 너머로 물었다. 그녀가 에버에서 일을 시작하려면 한 시간이 남아 있었다. 일을 시작하기 전 그녀가 찰리의 사무실에 들르는 건 드문 일이 아니었다. 지난 3일 동안 찰리는 비트인스턴트에서 살다시피 했다. 그는 오직 샤워하기 위해, 그리고 직장에서 매일 마주하고 있는 전자 지옥에서 잠시 벗어나기 위해 에버 위 아파트로 돌아갔을 뿐이었다.

7월 4일 주말, 그의 변호인단과 미친 듯이 전화 회의를 하는 동안 이 모든 일은 정점에 달하였다. 비트코인 2013 이후, 그를 계속 바쁘게 했던 모든 일들-트래픽으로 과부하가 걸린 서버, 웹사이트 문제, 코드베이스에 발생한 버그-은 그의 변호사들이 지금 그에게 말하는 것에 비해 미미해 보였다. 오보페이는 공식적으로 협력을 종료했고, 비트인스턴트는 송금 면허 문제를 해결할 때까지 더 이상 운영을 계속할 수 없었다. 비록 현재의 송금

법이 비트코인 경제를 위해 설계되지 않았고, 또 비트코인에는 적용되지 않을 수도 있어 면허가 없어도 괜찮을 수도 있지만, 찰리의 변호사들은 그렇지 않을 거라고 경고했다. 그들은 오보페이가 더 이상 면허를 제공하지 않기 때문에 비트인스턴트가 사업을 계속하는 게 너무 위험하다고 했다.

하지만 찰리는 충분히 극복할 수 있는 문제라고 확신했다. 시간이 지나면 새로운 면허 파트너를 찾을 수 있다. 그렇지 않으면 그와 비트인스턴트가 직접 나서서 각 주에서 면허를 딸 수도 있을 것이다.

그러나 먼저, 그에게는 좀 더 개인적인 문제가 있었다.

"저는 제가 할 수 있는 한 정직하다고 생각합니다. 저는 여기 있고 일할 준비가 되어 있습니다."

더 이상 파티도, 늦은 밤도, 여행도 없다. 오직 일뿐이다.

이게 바로 그가 쌍둥이에게 약속했던 바이고, 그가 실행하고자 했던 바였다. 만약 그들이 그에게 시간만 준다면, 그는 비트인스턴트를 고칠 수 있을 것이다.

물론 그는 변호사들의 말을 들으면서 면허 문제를 다루는 동시에 사이트를 일단 폐쇄해야 한다. 그러나 그것은 그가 쓰고 있는 이메일에서 언급할 내용이 아니었다. 그는 이 일이 얼마나 형편없이 진행될지 알고 있었다. 일시적일지라도 사이트를 폐쇄해야 한다고 말하는 건 쌍둥이를 화나게 할 것이다. 그는 그런 일이 일어나는 걸 원하지 않았다.

찰리는 이 이메일이 임시방편이 되어 줄 거라 믿을 만큼 순진하지 않았다. 하지만 지금 당장은 시간을 벌기 위해서 무엇이라도 해야 했다. 임시 처방이라도 해야 한다. 쌍둥이가 그의 목을 조르고 있었기 때문에 그는 어떻게든 응답해야 했다.

그들은 아마 이미 기분이 좋지 않은 상태일 것이다. 쌍둥이가 며칠 전에 ETF를 처음 제출했을 때 찰리는 긍정적인 관심을 받고 있다는 사실에 매우 기뻐했다. 하지만 오늘 아침, 그가 새로운 기사를 살펴보았을 때 후속 기사의 어조가 확연히 달라졌다는 걸 알아차렸다.

낙관과 흥분은 갑자기 다른 무엇, 즉 조롱, 경멸, 그리고 욕설이라는 디지털 소음으로 바뀌었다. 최초의 뉴욕 타임스 기사에서 알 수 있듯이 대부분의 긍정적인 반응은 실리콘밸리 기득권층으로부터 쏟아진 새로운 부정적인 반응에 압도되었다.

찰리는 기사를 읽어 가면서 가장 눈에 띄는 지면에서 멈추었다. 먼저, 마이클 모리츠의 글이 있었다. 그는 실리콘밸리에서 가장 크고 유명한 벤처캐피탈 회사 중 하나이자 구글의 초창기 후원자로 유명한 세콰이어 캐피탈의 대표였다.

CNET*와의 인터뷰에서 모리츠는 냉소적으로 말했다.

"당신들도 알고 있듯이 윙클보스가 사업에 뛰어들면 심각해집니다."

금융 저널리스트인 플렉스 새먼 기자는 로이터에 다음과 같이 기고했다.

분명히 말하지만, 이건 윙클보스 형제의 정말 어리석은 생각이다. 그들은 오늘날 비트코인 세계에서 가장 큰 기생충이 되는 게 주된 야망일 뿐이다. 금융 혁신 게임에 억지로 밀고 들어오려는 윙클보스 형제는 이 모든 일에 대해 너무도 이기적이다. 그들은 실패할 것이다. 나는 그들 때문에 다른 사람들에게 너무 많은 피해를 입지 않기를 바랄 뿐이다.

UBS 은행의 수석 부사장인 빌 보든은 다음과 같이 기고했다.

내가 헤드라인 기사를 읽었을때 나의 첫 반응은 킬킬거리는 웃음이었다. ……나는 비트코인 세계가 흥미롭다는 것을 알지만, 설사 내가 비트코인을 사기로 결정을 한다 하더라도, 내가 윙클보스 ETF를 택할지는 회의적이다.

.....
* 기술 및 전자제품에 대한 리뷰, 뉴스, 기사, 블로그, 팟캐스트를 출판하는 미국의 기술 미디어 웹사이트

ETF 투자의 대부로 널리 알려진 캔터 피츠제럴드의 임원인 레지날드 브라운은 다음과 같이 기고했다.

비트코인 ETF 아이디어는 너무 설득력이 떨어져 만일 SEC 승인이 이루어진다 하더라도 몇 년이 걸릴 것이다. 내 생각에 이건 폭동이다.

그리고 이코노미스트지와 뉴욕 타임스는 이전에 비트코인을 '반사회적 네트워크'라고 부른 칼럼니스트 폴 크루그먼을 재차 불러 새로운 칼럼을 요청했고, 그 칼럼의 제목은 '비트코인은 악이다'였다.

전문가들은 모두 윙클보스 쌍둥이 또는 비트코인, 혹은 그 둘 다를 반대하고 있었다. 돌이켜 보면 부정적 의견이 나오는 것도 당연했다. 거대한 아이디어는 두려운 것이지만, 작은 건 그렇지 않았다. ETF는 거대한 아이디어였고, 기존 시스템에 대한 도전이었다. 심지어 모리츠 같은 실리콘밸리의 엘리트들도 그들이 알고 있는 틀 밖의 것에 대해서는 이해하지 못했다.

ETF와 함께 그 쌍둥이는 지금까지 자신이 살았던 기존 은행계에 도전하고 있었다. 쌍둥이가 아무리 멋지게 차려입었다고 해도 그들의 무기는 여전히 겨우 태어난 지 네 살 된 디지털 화폐, 비트코인이 전부였다.

찰리는 기존 은행계가 비트코인을 실제로 어떻게 생각하는지 정확히 알고 있었다. 비트인스턴트는 엄청난 수요와 충성스러운 고객들과 열광적인 팬들에도 불구하고 위기일발 상황이었다. 바로 기존 은행계가 디지털 코인을 받아들일 준비가 되어 있지 않았기 때문이다. 이것이 찰리가 쌍둥이를 이해해야만 했던 부분이다. 그와 그들은 같은 싸움을 하고 있었다. 물론, 그가 최고의 군인은 아니었을지도 모른다. 그가 부어히스와 아이라의 사임 이후 태연한 체하려고 했음에도 불구하고 전문가들이 떠났다는 사실은 그를 낙담하게 했다. 그는 그의 친구들이 떠난 이후에도 잘 지내고 있다는 걸 알고 있었다.

부어히스는 그들 모두를 능가하고 있었다. 그는 최근에 자신의 사이드 프로젝트였던 사토시다이스를 무려 126,315비트코인에 팔았는데, 당시 약 1,150만 달러로 평가되었다.

그러나 부어히스와 아이라가 없었다면 비트인스턴트는 집처럼 느껴지지 않았을 것이다. 심지어 버마저도 다른 투자로 그의 초점을 옮기는 것처럼 보였다. 찰리는 그를 비난할 수 없었다. 처음에 쌍둥이와 함께 가기로 한 것은 찰리의 결정이었고, 비트인스턴트가 현재 문제를 해결하지 못하면 그 책임은 오직 찰리의 몫이었다. 자신의 이메일을 마지막으로 다시 한번 읽으면서 찰리는 아무리 이 호소가 진심에서 우러나온 것이라 할지라도 궁극적으로는 충분하지 못할 거라는 걸 알고 있었다. 그는 성과를 만들어 낼 필요가 있었다. 그러나 그는 정말로 필요한 건 더 많은 시간이라고 믿었다. 비트코인이 변동성이 크다는 건 모두가 알고 있었다. 언젠가는 영혼을 짓누르는 심연으로 떨어질 수 있고, 다음 날에는 높이 치솟을 수 있었다.

기업가 정신 그 자체를 가져야 한다. 가격의 폭풍 같은 변동은 마음이 약한 사람들을 위한 게 아니다. 내려가는 길에 잡으면 셔츠를 잃어버릴 수도 있지만 그 심연을 충분히 오래 견딜 수 있다면, 그 암울한 시간을 견딜 수 있다면, 다시 올라오는 길에 그 기회를 잡을 수 있을 것이다.

찰리는 코트니에게 그가 지을 수 있는 가장 자신만만한 미소를 지어 보이고 나서 전송 버튼을 눌렀다.

3장

모든 인간의 지혜는 이 두 단어에 담을 수 있다.
'기다림' 그리고 '희망'!

알렉상드르 뒤마 Alexandre Dumas

『몬테 크리스토 백작 The Count of Monte Cristo』

샌프란시스코.

2013년 10월 1일.

오후 3시 15분.

조용하고 가로수가 늘어서 있는 다이아몬드가는 경사진 산업단지로 가는 길목에 자리 잡은 주택가로 이루어져 있었다. 글렌 파크 샌프란시스코 공공도서관은 대형 창문이 있는 화강암 큐브 건물로, 따뜻한 오렌지빛이 도는 실내에 나무 바닥과 패널 천장이 있었다. 2층으로 올라가는 계단 뒤쪽 모퉁이를 돌면 도서관의 공상과학 소설 코너 창가에 작고 밝은 불이 켜진 책상이 놓여 있었다.

덥수룩한 머리의 스물아홉 살 청년이 책상 앞 자리에 앉으며 자신의 발 옆에 가방을 두었다. 원래는 텍사스 출신이지만 캘리포니아 스타일로 잘생긴 그는 약간 졸린 눈으로 가방에서 삼성 700Z 노트북을 꺼내어 책상에 올려놓고 화면을 열었다.

몇 초 뒤에 그는 토르 브라우저를 실행했다. 토르 브라우저는 원래 미 해군이 선박의 통신보안을 목적으로 개발한 익명의 웹 프로그램이었지만, 지금은 인터넷 활동을 비공개로 하려는 전 세계 사람들이 무료로 즐겨 사용하는 프로그램이 되었다. 그는 도서관의 무료 와이파이를 통해 인터넷에 연결한 후, 암호화된 포탈을 열었다. 이곳은 어디를 봐야 할지 아는 사람만이 찾을 수 있는 곳으로 다크웹이라 불렸는데, 양파의 껍질처럼 수많은 층 아래의 깊은 곳에 존재하고 있었다. 오직 토르와 같은 브라우저만이 양파 껍질을 조심스럽게 벗겨내어 이런 사이트를 찾을 수 있었다.

비밀번호를 입력하는 내내 그의 스니커즈가 책상 아래 나무 바닥을 계속 치고 있었다.

그는 피곤했다. 그는 웹사이트 작업을 위해 밤늦게까지 많은 시간을 보냈다. 그의 웹사이트가 연간 방문객이 수십만 명에 이를 정도로 엄청난 성공을 거둔 것을 감안하면 놀랄 일도 아니다. 사실 그는 보잘것없는 겉모습에도 불구하고 예상 밖의 거물이었다.

그의 웹사이트를 통과한 거래소 규모는 수백만 달러가 아니라 10억 달러가 넘는 가치를 갖고 있었다. 그의 개인 자산은 이미 3천만 달러에 육박했다. 사이트는 잘 운영되고 있었지만, 디지털 방식, 즉 기름칠이 잘 된 기계 같은 방식으로 그런 괴물을 관리하는 건 쉬운 일이 아니었다. 지속적인 유지 관리와 감독이 필요했다. 그에게는 자기 사무실이 없었지만 그의 노트북은 여행용 임원실 같았다. 파이낸셜 디스트릭트 타워에 있는 회사 사무실이나 개인 전용기 내의 대기 조절 객실 대신에, 그는 공공도서관의 구석 자리, 혹은 커피숍, 혹은 몇 블록 떨어진 그의 공유 아파트의 작은 침실에서 작업하고 있었다.

그는 정확히 28분 전인 오후 2시 47분에 아파트를 나왔고, 벨로라는 커피숍에서 오후를 보낼 계획이었다. 그가 좋아하는 무료 와이파이가 있는 이 커피숍 체인은 수두가 잔뜩 돋아난 것처럼 글렌 파크에 점점이 흩어져 있었다. 하지만 오늘은 벨로가 그의 취향에 비해 손님이 너무 붐벼 가끔 그랬던 것처럼 9미터 정도를 더 걸어서 도서관까지 갔고, 좁은 공간의 커피숍 대신 공상과학 소설 코너의 고독을 택했다.

이제 그는 일할 준비가 되었다. 그가 사이트 비밀번호를 입력하자 채팅 알림이 떴다. 그는 많은 직원 중 '시러스'란 이름으로 활동하고 있는 직원을 발견하였다. 그는 시러스를 직접 만난 적은 없었지만, 한 달에 여러 번, 때로는 매일 이메일을 보냈고, 사이트의 많은 포럼을 관리하고 사용자 요청에 응답하도록 매주 천 달러를 지불했다.

그가 채팅창을 열자마자, 시러스는 그곳에 있었고 일을 하고 있었다.

'안녕하세요. 거기 있나요?'

그는 눈을 비비며 텅 빈 도서관 2층을 둘러보고는 다음과 같이 타이핑을 했다.

'안녕.'

'잘 지냈어요?'

시러스가 물었다.

'전 좋아요. 당신은요?'

평소와 같이 잡담은 거기서 끝났다. 한 번도 만난 적 없는 두 사람이 친해 봐야 얼마나 친할 수 있겠는가. 게다가 부득이하게도 강력하게 암호화된 익명의 온라인상에서의 만남이니 깜빡이는 커서 이상의 좋은 관계를 맺을 수 있겠는가.

'좋아요. 표시된 메시지 중 하나를 확인해 줄 수 있나요?'

시러스가 적어 보냈다.

이건 거의 매일 있는 일상적인 행정 업무로, 대개는 몇 분 내에 쉽게 처리할 수 있었다. 그가 해야 할 일은 비밀번호를 사용해 사이트의 백엔드로 로그인하고, 아마도 사소할 기술적인 문제를 해결하기 위해 몇 개의 키를 누르는 것이었다.

특별히 긴급한 건 아니었지만 몇 년 동안 10억 달러가 움직이는 웹사이트를 운영해 수백만 달러의 이익을 얻고 있다면, 아무리 작은 문제라도 방치하여 곪게 하는 건 결코 좋은 생각이 아니다.

'그럼요.'

그가 답장을 보냈다.

'로그인할게요.'

그가 해당 페이지로 찾아가 자신의 고유한 암호를 입력해 플래그가 표시된 메시지를 검색하기 시작했을 때, 그는 일에 너무 몰두하는 바람에, 그들이 그의 뒤에 설 때까지, 그리고 그들의 그림자가 그의 노트북 화면에 비칠 때까지 두 사람이 도서관 1층에서 계단으로 올라오는 것을 눈치채지 못했다. 힐끗 돌아보니 그의 뒤에 잘 차려입은, 분명 부유해 보이는 남녀가 서 있었다. 이들은 샌프란시스코 전역에서, 특히 글렌 파크 같은 동네에서 쉽게 볼 수 있는 세련된 전문직 종사자들이었다. 남자는 크고 날씬했는데, 아마 실리콘밸리를 중심으로 도시 교외 지역에 생겨난 수만 개의 인터넷 스타트업 중 하나에서 일했을 것이다. 그 여자는 분명 그의 애인이었다. 왜냐하면 2층에 도착하자마자 그들은 서로의 벗은 몸을 본 두 사람만이 싸울 수 있는 방식으로 말다툼을 시작했기 때문이다. 사납고 너무 시끄러웠다.

그들이 그의 뒤에 다다랐을 때 그녀의 목소리는 분노로 끝을 향해 치닫고 있었다. 이제 더 이상 저 연인의 싸움을 무시할 수

.....
* 프로그래밍에서 특정 동작을 실행할지 말지 결정하는 변수

없었다. 짜증이 난 그는 실제로 의자에서 일어나 도대체 무슨 일인지 확인하려 했다. 바로 그때 일이 발생했다.

남자가 앞으로 뛰어올라 두 손으로 그의 노트북을 잡고서 책상 반대편으로 오고 있는 여자에게 밀어서 보냈다. 여자는 노트북을 책상 위에서 잡아당겨 조심스럽게 열고 근처 책장 뒤에서 갑자기 나타난 세 번째 사람에게 노트북을 건넸다.

그 청년이 충격으로 얼어붙은 채 지켜보고 있을 때, 세 번째 남자는 노트북에 USB 메모리 스틱을 꽂았다. 그런 다음 코트 주머니에서 블랙베리 휴대폰을 꺼내 노트북 화면을 찍기 시작했다. 1미터 떨어진 거리에서도 청년은 화면을 쉽게 볼 수 있었다. 시러스와의 대화를 보여 주는 열린 채팅창과 그가 표시된 메시지로 이동하던 웹사이트의 백도어 페이지가 한 구석에 있었다.

그러나 그가 어떤 말이나 행동을 하기도 전에, 연인들은 이미 그의 양옆에 있었고 남자는 그의 팔을 등 뒤로 잡아당기고 있었다. 얼음처럼 차갑고 무시무시할 정도로 단단한 무언가가 그의 손목에 닿으며 금속의 찰칵 소리가 엄숙하게 들렸다. 갑자기 수갑이 채워졌고, 팔은 등 뒤로 꽉 조여 그의 어깨는 압력에 타는 듯했다. 그러고 나서 남자가 계단으로 내려가는 동안 여자는 TV 쇼에서처럼 그의 권리를 읽어 주고 있었다.

그는 자신이 체포되었다는 것을 깨달았다. 그는 자신의 노트북이 여전히 열려 있다는 사실을 깨닫자 가슴이 철렁 내려앉았다. 그의 열린 노트북 화면 위로 세 번째 인물의 얼굴이 비치고 있었다. 그는 지역 경찰로 보이지 않았다. 그렇다고 글렌 파크나 샌프란시스코, 심지어 캘리포니아 주민도 아닌 것 같았다. 그는 훈련된 FBI 요원으로, 아마도 컴퓨터 포렌식 전문가일 것이다. 그는 현재 그의 남은 일생을 모두 가둬 놓기에 충분한, 암호화되지 않은 정보를 확보하였다.

25 | 그다음 날

"자금세탁."

캐머런은 타일러가 그의 뒤를 맴돌 때 그의 컴퓨터를 읽고 있었다.

"컴퓨터 해킹, 마약 거래 음모, 그리고 살인 청부."

타일러가 화면을 보기 위해 몸을 숙였다.

"살인 청부?"

"분명 그는 두 명의 살인청부업자를 고용하려 했어. 결국엔 비밀 FBI 요원으로 밝혀지긴 했지만 말이야. 암살자 고용이라……."

"그건 너무 무섭다."

캐머런은 컴퓨터에서 몸을 뒤로 젖히고는 분주한 사무실을 바라보았다. 사무실은 이제 윙클보스 캐피탈이 되었다. 많은 사람들 중 거의 대부분이 30세 미만으로 하버드, 예일, 컬럼비아, 뉴욕대, 버클리, 스탠퍼드 등을 최근 졸업했다. 그들은 비트코인을 존중할 만한 것으로 만들기 위해 노력하는 쌍둥이에게 끌려 그 열정으로 모인 사람들이었다. 이제껏 쌍둥이는 열심히 싸워왔지만, 꼭 약에 취해 항로를 방해하는 알바트로스처럼 실크로드가 그들 앞을 항상 가로막고 있었다. 그런데 갑자기 바로 그렇게 사라져 버렸다. 역사상 가장 큰 불법 마약 거래 시장의 배후로 지목된 스물아홉 살의 로스 울브리히트도 마찬가지였다.

"공포의 해적 로버츠가 감옥에 간다."

공포의 해적 로버츠는 울브리히트 본인이 『프린세스 브라이드』라는 영화 속의 주인공 캐리 엘위스를 따라 지은 온라인 이름이었다. 영화 속에서 공포의 해적 로버츠는 신화적인 인물이었지만, 실제 역사에서는 여러 해적들이 대대로 썼던 이름이라고 한다.

울브리히트는 나중에 자신이 실크로드의 창시자가 아니라고 주장했는데, 영화 속 농장 소년 웨슬리처럼 다른 사람으로부터 칭호만 물려받았다고 주장했다. 사실 블로거들은 실크로드 창업가 중 가장 가능성이 높은 한 명은 마크 카펠레스일 것이라 했는데, 그는 일본에 있는 마운트곡스 CEO이기도 했다. 하지만 FBI는 동의하지 않았고, 그들은 울브리히트를 기소할 충분한 증거를 수집한 것 같았다.

그에게 제기된 모든 혐의로 인해 그는 일생을 감옥에서 보내야 할 위험에 처해 있었다. FBI는 울브리히트가 10억 달러 상당의 마약을 거래하는 역사상 규모가 가장 큰 마약상 중 한 명이라고 주장했다.

하지만 울브리히트는 자신이 웹사이트를 운영하는, 단지 소프트웨어 제공자에 불과할 뿐이며, 사이트에 거래되는 내용물에 책임이 없고 아마존, 이베이, 그리고 많은 다른 사이트에서도 불법적인 물건들이 판매되는 것을 여러 번 목격했다고 주장했다. 하지만 결론적으로는 배심원들 앞에서는 이기기 힘든 주장이었다.

일단 배심원 중에 적어도 한 명은 오피오이드(합성 진통 마취제) 중독으로 삶이 황폐해진 누군가를 돌보고 있거나 혹은 그런 사람을 알고 있을 게 분명했다. 옥시코돈 같은 알약들은 실크로드에서 매일 자유롭게 거래되고 있었다. 공포의 해적 로버츠는 자신의 웹사이트가 무엇을 팔고 있는지 정확히 알고 있었고, 자신의 글에서 실크로드가 선점한 틈새시장을 자랑스럽게 생각한다고 계속해서 말해 왔다. 만일 FBI의 말을 믿는다면 사실 그는 그 사이트의 운영자일 뿐만 아니라 그 사이트에서 청부 살인자를 고용하려 했던 고객 중 하나였다.

최종 재판 결과가 어떻든 실크로드는 끝났고, 그 소식은 비트코인 경제에 반향을 일으킬 것이다.

"가격이 벌써 떨어지고 있어."

타일러가 캐머런을 지나 컴퓨터 옆에 있는 마우스에 손을 뻗으면서 말했다.

"빠르게 떨어지고 있어."

비트코인 1개 가격이 오전에는 145달러 선에서 출발했지만 울브리히트의 체포 소식이 전해진 이후 가격이 급락하기 시작했다. 이제 코인 하나당 110달러에 육박하고 있었다. 몇 시간 만에 7억 달러 이상의 가치가 날아간 셈이다. 쌍둥이는 서류상으로 수백만 달러를 잃었지만 캐머런은 더 큰 그림을 그리고 있었다.

쌍둥이의 자체 연구는 언론에서 단호하게 선언했던 것처럼 실크로드가 비트코인 시장을 지배하지 않았다는 걸 보여 주었다. 실크로드는 흥미진진한 헤드라인 소재였지만, 사실은 비트코인 경제의 작은 일부였다. 실크로드 폐쇄에 따른 비트코인 가격 하락은 반드시 시정될 거란 게 쌍둥이의 논리였다. 그리고 물론 쌍둥이의 생각에 따르면, 실크로드의 사망은 비트코인의 미래 합법화를 위해 매우 좋은 소식이었다.

"할 일은 하나뿐이야."

캐머런이 말했다

"사자!"

캐머런은 컴퓨터를 열고 격렬하게 타이핑하기 시작했다. 위험한 일이긴 했지만, 그는 이번 같은 구매 기회가 올 것이라 예상하여 마운트곡스나 새로이 등장한 다른 여러 교환소에 항상 자금을 보관하고 있었다.

그의 전화가 울리기 시작했다.

"또 찰리 전화야."

지난 몇 주 동안, 찰리 쉬렘은 두 사람에게 쉬지 않고 전화를 걸어왔다. 그는 특히 캐머런에게 집요하게 전화했다. 캐머런은 언제나 그에게 부드러운 구석이 있었기 때문이다. 가끔 찰리는 캐머런에게 하루에 세 개의 메시지를 남기기도 했다.

그와 타일러가 찰리로부터 새로운 시작을 약속하는 이메일을 받은 지 불과 며칠 만에, 그리고 어떤 예고도 없이 비트인스턴트가 갑자기 문을 닫았다. 비트인스턴트는 면허-회사를 자금 전송자로서 지정하는 허가-의 상실을 극복할 수 없었다. 찰리가 할 수 있었던 유일한 일은 비트인스턴트 문을 닫는 것뿐이었다. 그는 이를 쌍둥이에게 마지막 순간까지 알리지 않았다. 그들은 이 행동을 용서할 수 없었다. 그러고 나서 찰리는 말도 안 되는 이야기를 온라인에 올렸다. 이 폐쇄는 웹사이트의 개조 수리를 위한 일시적인 영업 정지며 비트인스턴트는 곧 이전보다 더 좋은 모습으로 돌아올 거라는 것이었다. 그러나 캐머런은 찰리가 자신들에게 보냈던 이메일처럼, 고객들에게 보낸 메시지도 사실이 아니라는 걸 알고 있었다. 비트인스턴트는 돌아오지 않을 것이다.

정말로 비트인스턴트를 쇄신하기 위해서는 새로운 송금 면허와 새로운 은행 파트너가 필요했다. 그리고 무엇보다도 현금이 많이 필요했다. 왜냐하면 찰리는 아직도 갚지 못한 50만 달러의 연결 융자를 포함하여 쌍둥이가 준 모든 돈을 소진했기 때문이다.

캐머런과 타일러는 정신적으로 자신들과 찰리를 분리하는 절차를 진행하기 시작했다. 그는 사이트의 폐쇄를 비밀로 숨기는 등 자신의 파트너들을 거짓으로 대했다. 그렇다면, 그들에게 말하지 않은 또다른 게 분명 있을 텐데 그건 무엇일까? 또 그는 비밀을 숨기기 위해 어떻게 행동했을까? 실패하는 건 상관없다. 그건 그들이 합의한 사업의 일부였고 그들이 선택한 역경이었다. 기록에 따르면 20개의 스타트업 투자 중 1개가 성공한다. 그러나 찰리의 행동은 그들이 느끼기엔 배신과 직무 유기에 가까웠다. 그는 비트인스턴트의 문제를 해결하기 위해 달려드는 대신에 업무에서 손을 떼고 다른 길로 도망갔다. 더 많이 여행하고, 더 많이 파티하고, 밤낮으로 술과 마약에 손을 댔다. 쌍둥이에게 나쁜 소식이 올 거라고 경고하는 대신 찰리는 그들에게 더 많은 돈을 달라고, 그래서 잃은 돈을 찾을 수 있게 해달라고 요청하면서 계속 생명줄을 찾고 있었던 것이다.

그 때문에 그가 지금 전화를 했음은 의심의 여지가 없었다. 하지만 이제 수도꼭지가 말랐다. 쌍둥이는 마침내 비트인스턴트를 실패한 경험을 학습한 것으로 정리하여 떠날 준비를 하였다.

캐머런은 찰리의 전화를 무시하려고 했지만, 실크로드 뉴스가 아직 그의 컴퓨터에 떠 있었기 때문에 그는 몇 분만 찰리에게 허락하기로 했다. 자신의 호기심을 충족시켜 준다면 말이다. 찰리는 버와 가까운 사이였고, 캐머런은 버가 실크로드의 종말에 대해 어떻게 생각하는지 알고 싶어졌다.

"그는 이 일을 우스꽝스럽다고 생각해요."

찰리가 말했다. 그는 제자리에서 뛰고 있는 것처럼 숨을 헐떡거렸다.

"그는 울브리히트가 부당하게 유죄 판결을 받았다고 생각하고 있어요."

캐머런은 그 정도는 예상했어야만 했다. 물론 버는 인터넷에서 다른 극단적 자유주의자와 합류하여 울브리히트를 순교자로 만들려고 했다. 실제로 몇 년 후인 2016년 3월, 울브리히트가 이중 종신형에 더하여 40년형을 선고받은 후 버는 전 '공포의 해적 로버츠'에게 공개 서한을 보냈다.

저는 노예들을 그들의 주인에게서 탈출하도록 도운 해리엇 터브먼과 비슷하게 당신이 역사에게 기록될지 알고 싶습니다. 실크로드를 창조함으로써 당신은 평화롭게 마약을 사용하는 수백만 명의 사람들을 경찰, 마약단속반, FBI, 판사라는 방식의 폭력적인 억압자들에게서 탈출하도록 도왔습니다. 그들은 당신과 같은 평화로운 사람을 감옥에 가뒀습니다……

"저는 무엇이 더 무서운지 모르겠어요. 버의 생각인지, 아니면 당신이 그를 멘토로 여긴다는 사실인지 말이에요."

캐머런이 말했다. 그의 동생은 종종 찰리에게 강경한 태도를 취했다.

"그리고 그가 당신을 어떻게 만들었는지 봐요. 비트인스턴트는 문을 닫았어요. 당신이 면허 따위 신경도 안 쓰고, 버의 헛소리를 믿느라 바빴기 때문이에요."

"저는 법을 준수하고 있다고 믿어요."

찰리가 전화로 말하고 있었다.

"우리가 이 문제를 해결할 수 있어요."

"우리는 더 이상 당신의 서커스에 관심이 없어요."

타일러가 계속했다.

"우리는 이 시점에서 피해를 최소화하는 데 관심이 있어요. 우리의 50만 달러부터 시작합시다."

상대편 전화기에서 잠시 침묵이 흘렀다. 캐머런은 찰리가 이 대화를 어떻게 진행하고 싶어 하는지 확신할 수 없었지만, 그는 오래전에 그 돈에 대해 잊어버린 게 분명했다.

"그건······ 묶여 있어요. 불가능해요."

"묶여 있다고요? 무슨 뜻이죠? 그 대출은 운영비가 아닌 경영 자본으로 배정되었잖아요."

"비트코인을 가진 열 명 중 세 명이 저를 통해 구매했어요."

찰리가 화제를 다른 곳으로 돌리려 애쓰며 말했다.

"비트인스턴트는 돌아올 수 있어요. 우리는 새 송금 면허만 있으면 돼요. 아직도 우리를 통해 사고 싶어 하는 사람들이 수천 명이나 있어요."

"아무도 당신에게 면허를 주지 않을 겁니다. 이건 더 이상 게임이 아니에요. 파나마에 앉아서 정부가 악하다고 불평하는 거야 상관없지만 미국에서는 규칙을 따르지 않으면 결국 수갑을 차게 돼요. 원래 그런 식이에요."

회의실 전화기에 불이 들어오기 시작했다. 캐머런은 찰리를 기다리게 하고 전화를 받았다.

그들의 비서실장인 베스 커티슨이었다. 베스는 중서부 출신으로 일리노이에서 뉴욕으로 와서 대학을 다녔고, 나중에는 컬럼비아경영대학원에서 경영학 석사 과정을 밟았다. 그녀는 쌍둥이가 처음으로 고용한 직원이었다. 그녀는 똑똑하고, 열심히 일했으며, 무척 정직했고 감성적이면서도 지적이었다. 그녀는 빠르게 쌍둥이가 가장 신뢰하고 의지하는 팀원 중 한 명이 되었다.

"3번에 월스트리트저널, 4번에 블룸버그 연락입니다. 파이낸셜 타임스는 5번입니다."

캐머런은 뺨이 점점 차가워지는 걸 느꼈다. 그들이 모두 실크로드에 대해 물어보려고 전화했을까? 그럴 것 같지는 않았다. 쌍둥이는 그 사이트와는 아무 관련이 없었다.

"저널에 먼저 연결해 주세요."

마침내 캐머런이 말했다.

"톱 안건부터 시작하겠습니다."

기자는 인사치레로 많은 시간을 낭비하지 않았다.

"여러분, 소환장에 대해 할 말이 있습니까?"

그 질문은 전혀 예상하지 못한 것이었다. 캐머런은 음소거 버튼을 누르고 타일러를 쳐다보았다.

"도대체 무슨 소리를 하는 거야?"

타일러가 음소거 버튼을 해제했다.

"무슨 소환장을 말하는 거죠?"

그는 전화기로 물었다.

"누가 소환된다는 겁니까?"

잠시 침묵이 흘렀다.

"당신들입니다."

캐머런의 심장이 쿵쾅거렸다. 그는 록펠러 센터의 크리스마스트리처럼 환하게 켜진 회의실 전화기를 응시하고 있었다. 그는 찰리가 여전히 테이블에 기댄 채 그의 전화기를 기다리고 있다는 것을 까맣게 잊어버렸다.

캐머런과 타일러 윙클보스는 뉴욕주의 은행 및 보험 규제 기관인 뉴욕주 금융 서비스부의 감독관으로부터 소환장을 받았다. 그들과 찰리 쉬렘과의 줄다리기는 끝났을지 모르지만 비트코인과의 싸움은 이제 막 시작되었다.

JFK 국제공항.

1월, 저녁 7시가 조금 넘은 시각, 춥고 흐린 일요일 밤.

아이슬란드 항공 보잉737 표면에는 가벼운 눈가루가 덮여 있었다. 비행기의 엔진은 20분 일찍 착륙했지만 여전히 따뜻했으며 늘 그렇듯이 긴 활주로를 따라 게이트까지 이동했다.

한 무리의 승객들이 승강용 통로를 지나 세관과 입국심사 쪽으로 천천히 이동하고 있었다.

"이건 경계 상태라고 해."

찰리가 움직이는 사람들 뒤에서 코트니를 데리고 가면서 말했다.

"사회의 한 구조에서 빠져나왔지만, 아직 다른 구조에 들어가지 않았을 때 말이야. 여긴 경계 영역이라고 해. 내가 대학교에서 읽은 적이 있어."

코트니는 배낭을 오른쪽 어깨 위에 걸친 채 찰리의 손을 꽉 잡고 걸어가고 있었다. 그는 바퀴 하나가 흔들리는 데다, 짐을 너무 많이 담은 것 같은 기내용 가방을 끌고 있었다.

"마리화나 필 때 네가 내던 그런 종류의 소리가 나네."

코트니가 말했다.

"똑바로 말하자면, 네가 마리화나 안 할 때가 언제야?"

사람들을 따라가는 동안 찰리는 웃으며 그녀의 손을 다시 꼭 잡았다. 찰리는 사람들 대다수가 걷는 것보다 더 느리게 가고 있다는 데 주목하였다. 그건 단지 그들 모두가 재활용된 산소로 가득한 알루미늄 튜브에서 7시간을 보냈기 때문만은 아니다. 시차 때문이기도 했다. 시계를 보니 지금 암스테르담은 새벽 2시였다. 그가 그 관대한 도시에 하룻밤만 더 있었더라면, 결코 침대에 누워 있지만은 않았을 것이다. 그는 이틀간 열린 전자상거래 컨퍼런스에 참가하는 동안 내내 네덜란드의 진보적인 마리화나법을 이용하여 도시의 역사적인 홍등가에 점점이 흩어져 있는 '커피숍*'에서 시간을 보냈다. 그럼에도 불구하고 그의 연설은 깊은 인상을 주었으며, 수백 명의 유럽 비트코인 애호가들의 박수갈채를 들을 수 있었다.

그리고 암스테르담은 그가 컴백 투어로 생각했던 곳 중 하나였다. 강연회, 모임, 좌담회 등으로 가득 찬 몇 주간의 세계 순회 여행 말이다. 모두가 비트코인에 대해 이야기하고 싶어 했다. 일반적인 통념과 달리 실크로드가 무너진 후 비트코인은 가격이

· · · · ·
* 네덜란드에서 합법적으로 마리화나를 할 수 있는 장소

폭등하더니, 로스 울브리히트가 체포된 지 한 달 만에 코인 하나 당 천 달러에 이르렀다. 10배의 상승은 믿을 수 없을 정도로 대단한 일이었다. 윙클보스 쌍둥이의 재산은 현재 비트코인으로 2억 달러에 달했다. 비트인스턴트가 추락할 수는 있지만-일시적인 중단, 순간적인 폐쇄로-찰리는 전혀 그렇지 않았다. 그는 여전히 비트코인 업계의 주요 인물 중의 하나였다. 비록 쌍둥이가 그의 전화를 받지 않는다고 해도, 그들이 정말로 그를 무시하고 나아가려고 했어도, 그의 사이트가 기술적으로 다운되더라도 그는 어느 때보다도 더 크고 대담하게 돌아올 것이다. 그는 잠시 비틀거렸을지 모르지만, 암스테르담의 비트코인 팬들이 그를 열렬히 환영한 것을 보면 알 수 있었다. 그는 진짜배기이며 진정한 전설이었다.

그들이 움직일 때 찰리는 코트니를 더 가까이 당기며 말했다.

"진정으로 중요한 문제야. 이건 인류학 기초 강의에서 배웠던 것 같아. 사회는 구조로 이루어져 있어. 그게 우리가 통제할 수 없는 모든 것-삶, 죽음, 질병, 사랑, 빌어먹을 날씨-을 대처하는 방법이야. 우리가 구조를 만들고 그 안에 살아가지. 하지만 우리가 그런 구조들을 벗어나면, 우린 낯설고 이상한 상태로 들어가게 돼."

"경계 영역."

코트니가 찰리의 말을 반복했다. 이제 이중문 앞에는 몇 사람만이 남아 있었다. 그들은 연결 통로에서 나와 세관과 입국심사 앞에 이르렀다.

"맞아, 경계 영역에 있으면 모든 것이 불편하게 느껴져. 네 발이 완전히 땅에 있지 않은 것처럼 말이야."

그의 기내용 가방이 연결 통로 바닥의 이음새에 걸리는 바람에 바퀴가 앞으로 굴러가도록 잡아당겨야 했다. 코트니가 다시 웃으며 그를 끌어당겼다.

"JFK 공항에서 세관까지 걸어가는 게 경계 영역이라고 생각해?"

"그렇지. 이 모든 사람들을 봐. 비행기에서 내리는 곳은 그곳이 어디건 부자연스럽고 비인간적이야. 그리고 우린 아직 다음 구조에 들어가지 않았어. 우리는 뉴욕에 있는 것도 아니지만 유럽에 있는 것도 아니야. 우리는 지도에 실제로 존재하지 않는 장소에 있어. 우리는 경계 영역에 있어."

그들은 이제 익숙한 넓은 공간에 들어갔다. 이곳은 공항 경계의 무국적 상태를 벗어나기 위해 기다리고 있는 다양한 여행객들로 가득 차 있었다. 그들은 가장 줄이 짧아 보이는 곳을 선택했는데, 그 줄은 곱슬곱슬한 금발 머리에 가는 눈매를 가진, 좀 지루해 보이는 직원이 있는 창구로 이어졌다. 직원 너머로 찰리는 두 번째 이중문을 볼 수 있었는데, 이 문은 JFK 공항을 벗어나 혼란 속으로 나갈 수 있게 해 주었다.

"우리가 저 문들을 통과해 나갈 때,"

그가 가리켰다.

"우리는 뉴욕에 있는 거야. 우리는 우리의 삶으로, 우리의 구조로 돌아왔고 그리고 다시 정상으로 돌아갈 수 있어. 그러니 우리는 지금 이 순간을 즐겨야 할지도 몰라. 경계를 받아들여."

그는 몸을 숙여 코트니에게 키스를 했다. 줄은 평소보다 빠르게 움직였다. 일요일이었고, 아마도 세관원이 피곤한 여행객들을 상대하는 데 더 이상 시간을 보내고 싶지 않을 정도로 늦은 시간이었기 때문일 것이다. 10분, 어쩌면 15분 정도 지났을 때였다. 찰리와 코트니는 줄의 맨 앞에 섰다. 그때 직원이 창구로 오라고 손을 흔들었다.

그들 차례였다.

찰리가 가는 눈매의 남자 직원이 앉아 있는 창구에 다다랐다. 직원은 거의 쳐다보지도 않았다. 그는 단지 손을 내밀고 손가락을 흔들었을 뿐이었다. 이건 '여권을 주세요'라는 만국 공통 사인이었다. 찰리는 지난 몇 달간 이 절차를 너무 많이 겪었기 때문에 기계적으로 움직였다. 그는 자기와 코트니의 여권을 건네준 다음 그의 기내용 가방에 살짝 기대어 직원이 컴퓨터를 조회하고, 스탬프를 찍은 이후에 나가려고 기다리고 있었다.

하지만 놀랍게도 직원은 아무것도 하고 있지 않았다. 대신에 직원은 그냥 앉아서 찰리의 여권을 보고 있었다.

"무슨 문제라도 있나요?"

찰리가 물었다.

그 남자는 대답하지 않았다. 그때 찰리는 코트니의 손톱이 그의 손바닥을 파고드는 것을 느꼈다.

"찰리."

그는 몸을 돌렸다. 그리고 코트니 뒤쪽에서 제복을 입은 다른 남자가 다가오고 있는 것을 보았다. 그는 그것이 세관 유니폼이 아니라 뭔가 다른, 자신이 알아보지 못하는 것임을 깨달았다. 정장과 비슷했지만 옷깃에 배지가 붙어 있었다.

그리고 그의 벨트에는 수갑이 걸려 있었다.

찰리가 창구 쪽으로 뒤돌았을 때 반대편에서 또 다른 제복을 입은 사람이 다가오는 것을 보았다. 그는 무슨 일이 일어나고 있는지 깨닫기도 전에 그들에게 둘러싸였다.

그 앞에 있던 사람이 코트니를 지나쳐 그의 눈을 똑바로 쳐다보았다.

"당신이 찰리 쉬렘입니까?"

찰리는 그로부터 코트니로 시선을 옮겼다. 그녀의 얼굴에는 두려움이 가득했다. 찰리는 그 남자에게로 돌아섰다.

"당신이 제 여권을 가지고 있어요."

그는 데스크 뒤편의 남자에게 공연히 말해보았다.

"몇 가지 질문이 있습니다."

그리고 갑자기 그들은 그의 팔을 잡고 그를 줄 밖으로 인도했다. 코트니는 여전히 그의 옆에 있었고 따라가려고 서둘렀다. 두 번째 남자가 코트니와 함께 움직였다. 찰리는 그녀가 떨고 있으며, 눈가에 눈물이 맺혔다는 걸 알 수 있었다. 그는 그녀에게 걱정하지 말라고 말하고 싶었다. 이건 분명 실수였다. 하지만 찰리 역시 너무 두려워서 아무 말도 할 수 없었다. 그들이 움직이는 것을 사람들이 사방에서 지켜보고 있었다. 몇 명은 암스테르담에서부터 같은 비행기에 탔던 사람들이고, 몇 명은 다른 비행기에서 내린 사람들이었다. 세관을 통과하는 그를 지켜보는 그 모든 시선들은 너무도 이상한, 침묵의 관심 같은 분위기였다.

그런데 갑자기 그들은 세관 구역의 뒤쪽에 있는 문에 도착했다. 분명 찰리가 전에 수없이 지나쳤던 곳일 테지만, 전혀 알아채지 못한 문이었다. 찰리는 중앙에 긴 금속 탁자가 있는 방에 혼자 있었다. 그들은 코트니를 어디로 데려갔을까?

문이 찰칵하는 소리와 함께 뒤에서 닫혔다.

"여기가 어딥니까?"

찰리가 마침내 숨을 헐떡였다.

"2차 조사실입니다."

여전히 그의 팔을 잡고 있던 남자가 말했다.

"저는 수사관 게리 알포드로, 국세청 특수수사관입니다."

그리고 갑자기 재빠른 동작으로 허리에서 수갑을 꺼내 찰리의 손목에 채웠다.

"잠깐만요."

찰리가 공포에 휩싸여 말했다.

"무슨 일이죠?"

"쉬렘 씨, 당신을 체포합니다."

그 말이 총알처럼 찰리에게 박혔고 그는 실제로 잠시 기절했다. 무릎이 구부러졌지만 그 남자가 그의 팔을 잡고 있었다. 수갑의 차가운 금속이 닿는 순간 손목이 타는 듯 느껴졌다.

"무엇 때문이죠?"

그 남자가 미처 대답하기도 전에 문이 열리더니 더 많은 수사관이 두세 명씩 방으로 쏟아져 들어왔다. 모두 열다섯 명 정도였다. 그는 몇몇 배지는 알아볼 수 있었지만 나머지는 낯설었다. 그가 알아볼 수 있는 건 뉴욕 경찰, FBI, 마약단속반, JFK 보안요원, 세관원, 국세청이었다.

빌어먹을.

"이건 공조 체포입니다."

알포드 수사관이 말했다.

"이 조사에 많은 기관들이 한동안 관여해 왔습니다."

'관여해 왔다고?'

찰리는 이번 일이 지금 갑자기 일어난 게 아니란 걸 깨달았다. 아마도 상당 기간, 몇 주, 몇 달 혹은 몇 년 동안 진행되었을 것이다. 그의 체포는 수십 명으로 보이는 사람들이 연루된 수사의 정점이었다. 그들은 그를 추적하고 있었다. 얼마 동안인지 아무도 모른다. 그가 무슨 일을 한 걸까? 도대체 무슨 일이 있었던 걸까? 여기저기서 마리화나를 한 것 말고 그가 무슨 범죄를 저질렀는가?

"우린 지금 밖으로 나갈 겁니다."

수사관이 말했다. 이건 요청이 아니라 통보였다. 찰리는 다시 이동하기 시작했다. 밖으로 나가 많은 복도를 지나가는 동안 법 집행관들이 그의 뒤를 따라오고 있었다. 한순간 그는 코트니가 복도 어딘가에서 울고 있는 소리를 들을 수 있었다. 그다음 그들은 다른 문을 지나 훨씬 작은 방으로 그를 데리고 들어갔다. 거긴 진짜 콘크리트 감옥 같은 방이었다. 그 뒤로 문이 닫혔고 잠시동안 그는 혼자였다.

그는 거기에 서서 콘크리트 벽을 응시하며 집중하려고, 그리고 생각하려고 노력하였다. 그러나 그의 마음은 너무 빨리 움직이고 있었고, 모든 것들이 갑자기 흐릿해졌다. 그러고 나서 수사관들과 요원들이 모두 돌아왔고, 다시 복도를 따라 이동했다. 이번에는 방이 아닌 밖에 대기 중이던 검은색의 SUV 차량들이 있는 곳으로 향하였다.

"코트니는 어디 있습니까?"

그는 대형차량의 뒤쪽으로 밀쳐져 들어가면서 말했다.

"걱정하지 마세요. 우리가 그곳에 도착하면 그녀를 볼 수 있을 겁니다."

그리고 SUV 차량이 움직였다. 번쩍이는 불빛, 요란한 사이렌 소리와 함께 차량은 빌딩 사이를 질주하였다. 찰리는 차가 급정거하기 전까지 얼마나 차 안에 있었는지 알지 못했다. 이제 그는 지하 입구로 인도되었다.

"마약단속국 등록 센터에 도착했습니다."

누군가가 말했다.

다행스럽게도 그는 그곳에서 다시 코트니를 볼 수 있었다. 그는 곧바로 메인 등록 데스크 옆에 있는 나무 벤치에서 뛰어내렸다. 그러나 두 명의 수사관들이 재빨리 그들 사이를 오가며 그들을 떼어놓았다.

"내 변호사에게 전화해."

찰리가 소리쳤고, 코트니는 고개를 끄덕였다. 찰리는 자신에게 변호사가 필요하다고 확신했고, 또 그에겐 충분한 변호사가 있다고 확신하였다.

코트니가 사라지자, 그들은 그를 책상에 앉히고 질문을 퍼붓기 시작했다. 한 요원이 연이어 그에게 비트인스턴트에서 무엇을 했는지, 돈이 어디에서 왔는지, 비트코인이 어떻게 작동했는지까지 물었다. 마치 그는 암스테르담 컨퍼런스에 다시 온 것 같았다. 무대와 마이크가 없는 것을 제외하면 말이다. 모든 질문은 배지와 총을 착용한 사람들이 하고 있었다. 찰리는 아무리 자신이 결백하다고 생각하더라도 이런 질문에는 답변하지 말아야 한다는 걸 알 만큼 충분히 TV를 봤다. 그는 그냥 고개를 저었다.

그가 아무 말도 하지 않을 게 분명해지자, 요원들은 수감 절차를 시작했다. 그들은 지문 채취와 사진 촬영 후 그의 지갑과 벨트와 구두끈을 가져갔으며, 비트코인 개인 암호가 일부 새겨진 그의 반지도 가져갔다. 그 뒤의 다음 단계는 진짜 감방에 들어가는 것이었다. 조사실 또는 콘크리트 벽 방이 아니라 벽에 창살이 있는 진짜 감옥 말이다. 열린 공간에 바로 금속 변기가 있었고 그 옆에 이층 침대가 있었다. 그때 그 아래 침대에서 누군가 웃는 소리가 들렸다. 그는 혼자가 아니었다. 방 안에 다른 누군가가 있었다.

"잠잘 때 양말을 신는 게 좋아."

방 안의 다른 수감자가 말했다.

"여긴 추워. 진짜 춥다고. 넌 여기서 병에 걸려 죽고 싶진 않을 거야."

"당신은 왜 여기 있어요?"

찰리가 물어본 뒤 곧바로 후회했다. 감옥에서 질문을 해도 될지, 아니면 질문했다간 죽게 되는 것인지 몰랐기 때문이다.

"같은 감방을 쓰던 놈이 내 변기에 오줌을 싼 거야. 내가 바로 달려들었지. 내 생각에 그놈들은 나에게 일종의 '나만의 시간'이 필요하다고 생각한 거 같아."

찰리가 아무 말도 하지 않자 그는 웃었다.

"걱정하지 마라, 꼬마야. 난 좋은 사람이야. 변기만 깨끗하게 사용한다면 우린 아무 문제 없을 거야."

찰리는 창살, 이층 침대, 또 다른 수감자 그리고 변기통 앞에 서 있었다. 그리고 그는 눈을 감았다.

***

"찰리, 바비 파일라라는 사람 알고 있어?"

8시간이 지났고, 찰리는 여전히 감옥에 있었다. 그는 창살 가까이에 서 있었다. 코트니는 그 반대편에 서서 계속해서 찰리와 대화하려고 애썼고 대부분 성공했다. 그녀는 아직 집에 가지 않았다. 샤워도, 짐을 풀지도, 옷을 갈아입지도 않았지만 화장을 고치고 머리를 빗었다. 그녀의 눈이 충혈되어 있었다. 그는 그녀가 밤새도록 울고 있었다는 걸 알았지만 그 역시 그랬다. 그들이 다른 수감자를 데리고 나가 혼자 있게 한 새벽 3시경까지 그는 최대한 조용히 있어야 했다. 그다음 날 아침, 그는 수갑이 손목에 처음 채워졌을 때보다는 좀 더 진정을 찾았다.

"바비 파일라? 전혀 들어온 본 적이 없는데. 그 사람이 누구야?"

코트니가 찰리의 변호사에게 연락했다. 그의 변호사는 즉시 찰리를 고발한 여러 기관들과 상의하였다. 그는 찰리 사건을 신속하게 처리하고, 보석 상황을 결정할 판사 앞으로 데리고 가기 위해 수감 시설로 가는 길이었다. 그동안 코트니는 찰리가 알고 있는 모든 것을 설명하려고 애썼다.

바비 파일라. 찰리는 머리를 쥐어짰지만 그런 이름을 가진 사람은 생각해 낼 수 없었다. 그는 밤새 자신의 감정과 싸우는 것 말고도, 국세청과 마약단속반과 FBI가 그에 대해 어떤 혐의를 두고 있는지, 그가 직면하게 될 일이 무엇인지 알아내려고 애썼지만 거의 아무것도 생각해 내지 못했다. 굳이 추측해 본다면 면허와 관련이 있을지도 모르겠다고 생각했다. 하지만 그는 변호사들이 시키는 대로 비트인스턴트를 닫았다. 이것이 로저 버가 줄곧 말하던 정부의 음모인가? 찰리가 로저가 된 건가?

"난 정말로 바비가 누군지 생각나지 않아."

"온라인에서 그는 자기 자신을 비-티-씨-킹이라고 불렀어."

찰리의 입이 열렸다가 닫혔다.

"빌어먹을."

그가 마침내 말했다.

그리고 그 순간, 그는 깨달았다.

"실크로드야."

실크로드는 4개월 전에 폐쇄되었지만, 정부가 그걸로 모두 끝낸 건 아니었다. 그들은 모든 기밀과 단서와 정보를 통해 실크로드를 몇 년 동안 추적할 것이다. 그리고 어찌 된 일인지 갑자기 찰리가 그런 단서 중 하나가 된 것 같았다.

비티씨킹, 찰리의 머릿속은 과거로 달려가 그가 정확히 무슨 일을 했는지 알아내려 애썼다. 그가 아마 이메일에 무슨 바보 같은 내용을 썼을 수도 있고, 아니면 친구들에게 말했을 수도 있었다. 정말 이메일 때문에 체포될 수 있을까? 친구들에게 한 농담으로 감옥에 갈 수 있을까? 찰리가 실제로 한 일은 무엇일까? 누군가 비트코인을 살 수 있도록 도왔나? 그게 범죄일까?

"무슨 혐의인데?"

"자금세탁 음모가 한 건 있대. 그리고 의심스러운 활동 보고서를 제출하지 않은 혐의 한 건과 무면허 자금 송금 운영 한 건이래."

찰리가 눈을 크게 깜박였다. 의심스러운 활동 보고서를 제출하지 않은 혐의라, 좋아, 그는 이해할 수 있었다. 그는 비티씨킹이 백만 달러에 가까운 비트코인을 사들여 이를 재판매하는 걸 알고 있었고, 이 코인들이 실크로드로 갈지도 모른다고 의심을 하였음에도 불구하고, 미 재무부 산하 금융 범죄 단속 네트워크에 의심스러운 활동을 보고하지 않았다. 찰리는 비트인스턴트의 감사 책임자로서, 의심스러운 활동 보고서 작성 및 보고 책임이 있었다. 감사 책임자를 고용하고 혼자 모든 것을 다 하려 하지 말라는 쌍둥이의 말을 들었더라면……. 하지만 지금 와서 이런 생각을 하기에는 너무 늦었다.

하지만 자금세탁? 이건 무슨 뜻인가? 어떻게 그가 다른 사람의 돈을 세탁했단 말인가? 그가 세탁했다고 생각할 수 있는 유일한 돈은 세탁을 하기 전 바지에서 꺼내는 걸 잊은 몇 달러가 전부였다. 그리고 그는 자신이 면허 없이 자금을 송금해 본 적이 있다고 생각하지 않았다.

"찰리."

코트니가 조용히 말했다.

"변호사 말로는 25년형을 받을 수도 있다고 하던데."

그는 창살에 얼굴을 댔다. 이런 일이 일어날 리가 없다. 코트니가 말한 숫자가 그에게 큰 충격을 주었다.

"25년이야, 찰리."

그녀가 반복했다.

"우리가 무엇을 해야 할까?"

우리. 그녀가 그렇게 말하는 걸 들으니, 심지어 감옥 안에 있는데도 그의 기분이 한결 나아졌다. 왜냐하면 그 말은 지금 이것이 두 사람 모두의 일이라는 의미이기 때문이었다. 찰리가 감옥에 간다면-그가 정말로 감옥에 갈 수 있나? 비트코인을 팔았기 때문에?-코트니는 여전히 그를 위해 거기에 있을 것이다.

"모르겠어."

마침내 그가 말했다. 이것이 아마 그가 한 말 중 가장 솔직한 말일 것이다.

두 시간 후, 찰리는 마침내 판사 앞에서 항변할 기회를 잡았다. 긴 나무 의자에 그의 변호사 옆에 앉아 있었으며, 이제 막 수갑이 풀린 손목은 여전히 아프고 쑤셨다. 그는 끈이 빠져 있는 신발을 내려다보면서 검사의 논고를 듣고 있었다.

검사는 그가 수단과 방법을 가리지 않고 도주할 위험이 있다고 믿었기 때문에 그를 보석으로 석방해서는 안 된다고 주장했다. 검사는 심지어 판사에게 찰리가 마이크와 카메라를 들고 어떤 팟캐스터에게 싱가포르에 집이 있다고 말한 온라인 인터뷰를 재생했다. 검사는 또한 찰리가 개인 전용기가 있으며, 수백만 달러 상당의 비트코인을 전 세계에 숨겨 놓고 있다고 주장했다. 블룸버그가 보도했듯이 그는 비트코인 억만장자, 비트코인 킹이었다.

물론 그건 말도 안 되는 소리였다. 그는 싱가포르에 집이 없었으며, 전용기도 없었다. 돈만 조금 있었다. 하지만 모든 게 그의 변호사에게 들어갈 예정이었다. 그는 비트코인의 얼굴이며 전설이었지만 윙클보스 쌍둥이나, 로저 버, 에릭 부어히스와는 달리 개인적으로 비트코인을 많이 갖고 있진 못했다. 그는 전 세계를 돌아다니며 비트코인에 대해 말하느라 바빴고, 비트코인을 모으기 위해 멈춘 적도 없었다. 실제로 모을 수 있는 수단도 전혀 없었다. 사실 변호사 비용을 지불하고 나면 그의 순자산은 일곱 자리도, 아니 여섯 자리도 되지 않았다. 사실 다섯 자리만 되어도 운이 좋다고 할 수 있을 것이다.

빌어먹을. 머지않아 그는 거의 아무것도 남지 않게 될 것이다.

결국 검사는 그가 원했던 것을 모두 얻지는 못했다. 찰리의 변호사는 가택 연금과 발찌를 주장하였고, 판사가 이를 승인하였다.

그러나 판사가 발찌를 차고 감옥을 나와 법정을 떠나도록 승인하기 전에, 찰리는 책임 있는 보호자의 감독하에 머물 곳이 있어야 했다. 나이트클럽인 에버 위에 있는 그의 아파트는 출입이 금지되었고, 혼자 있을 수도 없었으며, 감시 없이 코트니와 단둘이 있을 수도 없었다. 그 말은 그가 갈 수 있는 데가 단 한 곳이라는 뜻이었다.

찰리는 긴 나무 의자에서 축 늘어졌다.

***

그의 변호사가 법정에 돌아왔을 때, 찰리는 여전히 그 의자에 앉아 있었다. 그의 변호사는 그에게 주저없이 말했다.

"그래서 당신의 부모님께 말씀드렸어요."

비록 찰리가 코트니와 함께 있으려고 집을 나왔을 때 어머니나 아버지께 말씀드리지 않았지만, 그의 부모님은 뉴스를 늘 경청했다. 무슨 일이 일어났는지 부모님에게 알려드릴 찰리의 변호사는 필요 없었다. 찰리의 체포는 1면 기사에 실렸다. 뉴스나 신문 어디에서나 찾아볼 수 있었다. 뉴욕 타임스, 뉴욕 포스트, CNBC, 심지어 BBC에서도.

신문들은 이를 최초의 비트코인 체포라고 불렀다. 물론 실크로드는 비트코인 경제의 일부였지만, 공포의 해적 로버츠가 체포된 것은 그의 사이트가 비트코인을 썼기 때문이 아니었다. 비트코인은 상관없었다. 그가 어떤 다른 화폐를 썼든, 그는 똑같은 혐의로 체포됐을 것이다. 새로운 디지털 경제의 얼굴 중 한 명인 천재 소년 찰리 쉬렘은 이제 명시적으로 비트코인 거래로 체포된 첫 번째 사람이 되었다. 언론은 떠들썩했다.

"하지만 문제가 있어요."

찰리의 변호사가 말했다.

물론 문제가 있었다. 찰리는 속으로 생각했다.

'난 체포되었다고.'

"상황은 이렇습니다. 판사가 보석금으로 백만 달러를 제시했습니다. 그러기 위해서는 부모님이 집을 담보로 내놓아야 합니다. 그 후에야 당신은 석방되어 가택연금 상태에서 그들과 함께 살게 될 겁니다."

온통 불쾌한 상황뿐이었다. 망가진 부모님과의 관계와, 부모님의 집에 있으려면 찰리가 사과하고 부모님의 규칙을 따라 살아야 할 필요가 있는 점을 분명히 한 것을 고려하면 더욱 그러했다. 그러나 그가 무엇을 할 수 있다는 말인가.

"당신은 선택의 여지가 없어요."

찰리는 그의 변호사가 옳다는 것을 알고 있었다. 그는 감옥에 있을 순 없었다. 그가 재판을 받기까지 몇 달이 걸릴 수도 있고 어쩌면 1년이 걸릴 수도 있었다. 이 싸움을 어떻게 이길 수 있을지 알아내기 위해는 감옥 밖에 있을 필요가 있었다. 특히 비트코인으로 체포된 첫 번째 사람이라는 이미지를 바꾸기 위해서라도 말이다. 하지만 그의 부모가 요구하고 있는 것은 끔찍하게 불공평한 것이었다.

그러나 그는 선택의 여지가 없었다.

그는 코트니에게 진실을 말하고 그의 부모들에게는 거짓말을 할 것이다. 코트니는 펜실베이니아에 있는 그녀의 어머니의 집으로 돌아가 재판이 끝날 때까지 기다릴 수 있었다. 찰리는 종교를 속일 수 있었다. 자기가 스스로를 속이고 있다는 걸 깨닫기 전까지만 해도 그는 계속 종교생활을 해 왔던 사람이었다.

"이렇게 하는 게 맞아요."

변호사가 말했다.

"우리가 당신을 여기서 나가게 할 겁니다. 그리고 나서 우리는 당신을 방어할 수 있도록 노력할 거예요. 우리는 이길 겁니다."

그러나 찰리는 거의 듣고 있지 않았다. 일시적이지만 코트니와 헤어지는 일, 부모님과 잘 지내야 하는 일, 그리고 하늘의 사람들을 믿는 척하는 일 모두 어려운 일이었지만 최악은 따로 있었다. 그는 지하실로 돌아가야만 했다. 그리고 이번에는 현관문 밖에 발을 내밀면 미국 정부의 정책에 따라 화재경보기처럼 울리는 발찌를 차고 있을 것이다.

27 | 타운 건너편

30블록도 채 떨어지지 않은 곳에서 타일러 윙클보스는 캐딜락 에스컬레이드 SUV 뒷좌석의 검은 가죽시트에 몸을 파묻고 신경질적인 에너지를 몸 전체로 발산했다. 창문을 통해 그는 그들의 사무실로 향하는, 특색 없는 입구를 볼 수 있었다. SUV는 바로 보도 가까이에 있었고, 엔진은 여전히 켜져 있었다. 그와 캐머런의 가상화폐 공청회 증인 선서가 시작되기까지는 족히 한 시간이 남아 있었다. 공청회는 뉴욕 금융서비스국이 주관하였으며, 규제 기관은 그와 캐머런, 그리고 스물두 명의 다른 비트코인 주요 인물들을 소환하였다. 플랫아이언과 트라이베카 간의 아침 교통량을 감안하면 이동에는 30분 정도가 걸릴 것이다. 냉정을 되찾고 마음을 준비하기엔 충분한 시간이다.

보도로 나온 캐머런은 차 뒤에서 타일러와 합류하기 전에 스트레칭을 하고 있었다. 차에 타기 전에도 계속 다리를 스트레칭하고 있었다. 비록 지금은 그들이 조정복을 입고 있거나 물 근처에 있는 것은 아니었지만 타일러는 큰 조정 경기 전에 그가 항상 느꼈던 것과 같은 감각, 즉 약간의 두려움이 섞인 기대감을 느꼈다. 올림픽은 아니었지만 유사한 레벨, 그러니까 헨리 혹은 헤드 오브 찰스* 정도의 긴장감이 있었다.

캐머런이 마침내 SUV에 들어가 맞은편 일인용 좌석에 앉자 타일러는 노를 젓기 전 형에게 천 번도 더 보냈던 그 표정을 지어 보였다.

"준비됐어?"

"확실해. 우리가 총격전으로 가는 건지, 아니면 댄스파티로 가는 건지는 확신하기 어렵지만."

"틀림없이, 아마 둘 다일 거야."

태어나서 처음으로 소환장을 받았는데, 그것도 언론을 통해서 받았다는 사실을 알게 되었을 때의 당황스러움을 극복하고 타일러와 그의 형은 이 소환장이 잘못이나 범죄 행위에 대한 기소 목적이 아니라는 걸 빠르게 알아냈다. 사실 이런 자료 요청과 재판관 앞에서 증언할 수 있게 된 것은 진정한 기회였다. 쌍둥이는 가상 경제의 대표자로 선정되어, 금융당국이 비트코인과 가상화폐를 이해할 수 있도록, 그리고 어떤 종류의 규제가 필요한지 파악하는 데 돕는 역할이었다. 이제 비트코인은 뉴욕시의 금융 환경에서 피할 수 없는 부분이었다.

어떻게 보면 소환장은 쌍둥이에게 수여된 명예였다. 포브스지

.....
* 보스턴 찰스강에서 매해 10월 이틀간 개최되는 세계에서 가장 큰 조정 경기

의 헤드라인은 다음과 같았다. '비트코인 업계의 모든 주요 인물들은 방금 뉴욕의 금융규제기관으로부터 소환장을 받았다.'

소환장을 받은 사람과 회사 중에는 벤처 자본가인 마크 안드리센과 벤 호로위츠 그리고 코인베이스, 비트페이, 코인랩, 코인세터, 드왈라, 페이워드, 집잽, 부스트, 그리고 심지어 피터 틸의 파운더스 펀드도 있었다. 이 목록은 비트코인 업계에 주요 회사를 운영하거나 투자를 한 사람들만 모아놓은 인명사전과도 같았다. 이뿐만이 아니라 이 사건이 상당한 반향을 일으킬 것이라고 믿을 만한 또다른 이유가 있었다. 뉴욕금융서비스국 국장인 벤 로스키는 이 소환장에 서명한 사람이었는데, 비트코인을 "마약 밀매업자와 다른 범죄자들을 위한 가상의 황량한 서부"라고 불렀다. 이 소환의 초점은 비트코인에 관한 정보를 수집하는 것뿐만 아니라 해당 정보를 사용하여 비트코인 경제를 통제하는 것이었다. 그의 성명서에서 로스키는 말하였다.

"우리는 여러 가지 이유로 가상화폐에 대한 적절한 규제 안전장치를 마련하는 게 가상화폐 산업에 장기적으로 유익한 효과를 내리라 믿는다."

이것이야말로 바로 쌍둥이가 추구했던 바였다. 말하자면, 규제가 제대로 되어야 한다. 법규는 비트코인의 어두운 요소들을 제거할 만큼 강력해야 하지만 동시에 혁신 자체를 죽일 정도로 가혹하지 않아야 했다.

타일러와 그의 형은 의심의 여지 없이 치열한 하루가 될 것이라 예상하면서, 윙클보스 캐피탈 본사에 웅크리고 앉아 증언과 예상 질의 문답을 기록하였다. 그들은 자신들이 생각하기에 건전한 규제라고 생각되는 것들을 합리적으로 만들어 내려고 노력하였고, 성공하기를 희망하였다.

윙클보스 쌍둥이를 실은 SUV가 길가에서 출발하려고 할 때, 누군가 타일러 옆 창문을 크게 두드리는 소리가 들렸다. 그는 베스가 차 옆에 서 있는 것을 보았다. 그녀는 엘리베이터를 타지 않고 계단으로 달려 내려온 것처럼 숨을 헐떡였다. 타일러는 창문을 아래로 내렸다.

"찰리 쉬렘."

베스가 숨을 돌리며 가까스로 말했다.

"그가 어젯밤 JFK 공항에서 체포되었어요. 지금 기소되었어요."

타일러는 가슴이 철렁했다. 그에게 첫 번째로 든 생각은 사소한 일이었으면 좋겠다는 것이었다. 예를 들면, 비행기에서 대마초를 피운 죄로 밤새 갇혀 있는 것 같은?

베스가 그에게 적용된 혐의를 말하였다. 자금세탁, 의심스러운 활동 보고서 미제출, 무면허 자금 전송 운영.

젠장. 이건 찰리만의 문제가 아니었다. 비트인스턴트였다.

"이건 실크로드야,"

타일러가 말했다.

"실크로드와 관련된 일이야. 이 녀석이 무슨 짓을 한 거야?"

언뜻 보기에 자금세탁 혐의는 말도 안 되는 것처럼 보였다. 아마도 뭔가 엮여 있는 것 같았다. '무면허 자금 전송'은 CEO였지만 거의 제 자리에 없던 찰리가 자기도 모르고 관계되었을 수도 있었다. 하지만 의심스러운 활동 보고서는 비트인스턴트를 이용해 불법 활동 목적으로 비트코인을 구매하려는 누군가와 관련이 있어야만 했다. 그 불법 활동이란 누군가 실크로드에서 마약을 샀다는 것일 가능성이 컸다. 실크로드가 무너졌으니, 이젠 그곳을 불법적인 목적으로 사용하던 사람을 본격적으로 사냥해야 했다. FBI는 아마도 이들을 색출하기 위해 전담팀을 만들었을 것이다. 만일 찰리가 누군가가 불법적인 목적으로 비트인스턴트를 사용하는 것을 알고도 바보 같이 내버려 뒀다면, 그는 몰락의 길로 가게 될 것이다.

"우리는 성명서를 발표할 필요가 있어."

타일러가 말했다

"당장."

지금 그들은 감독위원장 로스키와 규제 당국 앞에서 합리적인 방법으로 비트코인을 규제해 달라고 증언하러 가는 길이었고, 그들이 처음 투자했던 비트코인 회사의 CEO는 규제 당국이 새로운 가상화폐에 대해 가장 두려워했던 바로 그 이유로 체포되었다.

그들은 그들이 해야 할 말을 빠르게 정리하였다.

우리가 2012년 가을 비트인스턴트에 투자하였을 때, 회사의 경영진은 자금세탁 방지법을 포함한 모든 법률을 준수하겠다고 약속했으며, 우리는 그 이상을 기대하지 않았습니다. 비록 비트인스턴트가 찰리 쉬렘의 기소에서 지명되지는 않았지만, 우리는 분명 그의 체포에 깊이 우려하고 있습니다. 우리는 비트인스턴트의 소극적인 투자자였고, 법 집행관들을 돕기 위해 우리가 할 수 있는 모든 일을 할 것입니다. 우리는 자금세탁 요건 시행을 위한 모든 정부의 노력을 전적으로 지지하며, 비트코인의 구매와 판매에 대해 보다 명확한 규정이 시행되기를 기대합니다.

만약 혐의가 정확하다면, 찰리가 그들을 속인 것이다. 타일러와 캐머런은 비트인스턴트를 비트코인 세계뿐만 아니라 금융 세계에서도 진정한 강자가 될 수 있도록 가능한 모든 노력을 다했다. 그들은 찰리를 유명한 투자자들, 은행들, 그리고 다른 잠재적 파트너들 앞에 데려다주었고, 회사가 면허를 받았는지 확인했으며, 그를 비트인스턴트가 필요로 하는 CEO로 만들려 노력했었다. 그리고 효과가 없자 그들은 그에게 몸가짐을 바르게 하라고 요구했다. 하지만 그 모든 일이 실패했다.

타일러는 그의 체포가 비트코인 커뮤니티에 큰 타격을 줄 거라는 걸 알고 있었다. 찰리는 비트코인 커뮤니티에서 가장 유명한 이름 중 하나이자 영향력이 큰 이론가 중 한 명이었고, 사이버 경제에서 가장 큰 명성을 가진 비영리 단체이자 전 세계에 비트코인의 명성과 인지도를 높이는 것에 목표를 삼고 있는 비트코인 파운데이션의 창립 멤버이기도 했다. 그는 많은 비트코인 이용자들이 찰리를 지지할 거라 생각했다. 일부는 잘못된 이유로 지지하겠지만.

"로저 버는 이미 포브스에 성명을 발표했어요."

베스가 차창을 통해 말했다.

타일러는 핸드폰을 바라보며 속으로 그 성명문을 읽었다.

사람들은 자기 몸을 소유하고 있으며, 원하는 건 모든 걸 넣을 수 있는 절대적인 권리를 가지고 있습니다. 마약을 하거나 사고팔았다는 이유로 FBI, 마약 단속반 요원들이 사람들을 체포하는 건 악입니다. 멈춰야 합니다. 저는 그들이 자신들의 오류를 깨닫고 '법 집행'이라는 이름으로 악을 저지르는 걸 멈추는 날이 오기를 기대합니다.

타일러가 봤을 때는 이런 신념이 찰리를 유혹하여 수갑을 채운 것 같았다. 이 두 개의 상반된 성명서는 비트코인 커뮤니티의 분열을 완벽하게 보여 주었다. 자유주의자들과 무정부주의자들은 비트코인을 규제 사회에 대항해 싸울 수 있는 전쟁 무기로 보았다. 암호화폐에 점점 더 끌리는 기업가와 벤처자본은 비트코인이 현대 세계를 위한 사회의 일부, 즉 새롭게 프로그래밍할 수 있는 화폐가 되기를 원했다.

베스는 그들의 성명을 뉴스와이어에 알리기 위해 사무실로 돌아갔다. 찰리와의 관계와 그가 기소된 혐의는 불쾌했지만 타일러와 캐머런은 잘못된 회사에 투자한 것 외는 아무 잘못도 하지 않았다. 잘못된 사람에 대한 투자는 그들 실수였지만 그것이 그들이 어디로 가고 있는지, 거기에 도달하기 위해 무엇을 해야 하는지를 바꾸지는 못했다.

"시작하자."

타일러가 말했다.

그들은 비트코인의 생명을 위해 싸우고 있다고 해도 과언이 아니다. 규제 기관의 축복이 없다면 비트코인은 이 초창기의 어두운 구름 위로 올라가지 못할 것이며, 전체 가상화폐 산업은 종말을 고할지도 모른다.

"이보다 더 최악의 타이밍은 없을 거야."

SUV가 도로변에서 멀어지자 캐머런이 중얼거렸다.

"모르겠어."

타일러가 말했다.

"누군가는 타이밍이 이보다 더 좋을 순 없다고 주장할 수도 있어."

캐머런은 아직 못 보았겠지만, 타일러의 마음속에서는 닻이 방금 배 밖으로 던져졌다.

28 | 하버드인

처치 스트리트 90번지.

거대한 연방 사무실 건물, 매력 없는 석회암 괴물이 처치 스트리트와 브로드웨이 사이의 블록 전체를 차지하고 있었다. 뉴욕 보건부, 뉴욕 공공서비스위원회, 중앙우체국이 입주해 있는 다목적 정부 시설인 이곳에서 가상통화 청문회가 열릴 예정이었다.

오전 11시 30분 4층 회의실.

정장을 입을 일이 있다면 지금이 바로 그때다. 캐머런은 긴 증인석에 앉아 있었다. 탁자에는 메모장, 노트북, 오래된 마이크들이 엉켜 어지럽게 널려 있었다. 타일러는 그의 왼쪽에 있었고, 그의 오른쪽에는 주요 세션에서 그들과 함께했던 다른 세 명의 증인들이 있었다. 캐머런 바로 옆에는 프레드 윌슨이 자리잡았다. 그는 닷컴의 호황과 붕괴를 포함하여 수많은 기술 파동을 지켜보았으며 사이버 화폐 영역에 크게 투자한, 노련한 베테랑 벤처 투자가였다. 윌슨 옆에는 전도유망한 벤처 투자가이자 라이트스피드 벤처의 파트너인 제레미 루가 있었다. 그리고 의자 끝에는 스타트업 세컨드 마켓의 설립자이자 CEO인 배리 실버트가 있었다.

캐머런 뒤로는 대부분 언론 매체들로 구성된 그저 그런 비평가들이 있었고, 붐비는 홀에는 간신히 자리를 잡은 소수의 비트코인 지지자들이 함께 방 뒤쪽까지 크게 펼쳐져 있는 접이식 의자에 앉아 있었다. 캐머런은 이보다 더 많은 사람들이 청문회를 보고 있다는 걸 알고 있었다. 이 청문회는 130개 이상의 나라에 동시 방송되고 있었다.

하지만 관객들이 아무리 많다 해도 그들은 캐머런의 마음에 있지 않았다. 그의 앞에 있는 크고 진지한 중역 회의실 맞은편에는 증인과 청중석보다 높은 일종의 중세 재판석 같은 연단이 있고, 그 위에서 규제 기관들이 질문을 위해 대기하고 있었다. 이들이 질문을 하는 사람들일 것이다. 그리고 이곳에선 그들이 실제로 힘을 가지고 있었다. 캐머런과 그의 동생은 위증하지 않겠다고 맹세하고 대답할 것이다. 그들이 말한 것은 그들에게 불리하게 작용될 수 있다. 만약 그들이 여기서 위증한 것이 발견된다면 그들은 감옥에 보내질 수 있을 것이다. 바로 찰리 옆으로 말이다.

연단 중앙에는 당연히 국장인 로스키가 앉아 있었고, 미국 국기, 뉴욕 주기, 그밖에도 알 수 없는 깃발이 많이 진열되어 있었다. 로스키는 40대 초반이었는데, 그는 공무원 조직이 케네디 일가와 지적인 날카로운 검은 눈동자에 의해 지배되었던 옛날을 연상시키는 얼굴을 가지고 있었다. 그의 옆에는 여러 부서의 직원들이 앉아 있었지만 로스키가 쇼를 운영할 게 분명했다. 회의실 질서가 잡히자마자 키보드의 달그락거리는 소리가 멈췄다. 곧 사람들은 의자를 끌어 위치를 조정하고 오디오 장비를 가동하였다. 로스키는 개정을 선언하고 짧게 선서를 진행한 후 바로 당면한 문제를 시작하였다.

로스키는 자신이 새로운 경제에서 가장 빛나는 별들을 자신의 중역 회의실에 모이게 한 이유를 빠르게 설명하였다.

"뉴욕주에서 운영되고 있는 가상화폐 회사들에 대해 규제 체계를 제안하고자 하는 것이 우리의 목표입니다. 우리는 이러한 일을 하는 미국 내 첫 번째 주가 될 것입니다. 그리고 가상화폐에 관해서는, 분명히 인정합시다. 규제 당국은 다소 낯선, 미지의 영역에 있습니다."

지금까지는 좋았다. 캐머런은 청문회가 협력적인 분위기를 조성하기를 희망했으며, 로스키가 자신이 이해하지 못했다는 것을 알고 있다는 사실에 용기를 얻었다. 그러나 로스키는 캐머런도 올 것이라 알고 있던, 같은 자리에 있는 권력자를 향해 빠르게 연설을 이어갔다.

"어제 우리가 목격한 법적 조치는 자금세탁을 비롯한 위법 행위를 근절하기 위해 이 산업에 가드레일을 설치하는 게 얼마나 중요한지를 강조하고 있습니다."

바로 이 방에 쌍둥이 사이에 끼어 앉아서 비트코인의 장점을 찬양하고 있었을 수도 있었던 천재 소년은 대신 어머니의 지하실에 가택 연금 상태로 앉아 있었다.

로스키가 계속 말하였다.

"솔직히 말해서, 우리가 혁신과 자금세탁 근절을 원한다면, 그리고 그 균형을 맞추려 노력한다면, 우리 역시 기업에 확신을 주어야 합니다."

분명 타일러가 옳았다. 찰리가 추락한 시점은 청문회 자체의 필요성을, 그리고 비트코인 고객이나 일반 대중을 보호할 뿐만 아니라 찰리와 같은 사람들을 그들 자신으로부터 보호하기 위한 정부 개입의 필요성을 부각시켰다.

로스키가 증인석 패널들에게 한 첫 번째 질문을 보면 그도 같은 생각을 하고 있음이 분명했다.

"어제 우리가 목격한 그 체포는 지금 업계에 먹구름을 드리우고 있습니다."

그가 시작했다.

"그리고 여러분 모두에게 묻고 싶은 것은 '어제 일에 대해 당신의 생각은 어떠한가? 어떤 기술이든 나쁜 방법으로 사용하려는 나쁜 사람들이 있을 수 있는가?'입니다. 마약상들은 휴대폰을 사용합니다. 그렇다고 우리가 휴대폰을 비난한다는 뜻은 아닙니다. 테러리스트들은 컴퓨터를 사용합니다. 비록 가상통화가 특별히 범죄에 더 취약하다는 주장도 있지만, 우리가 원하지 않는 것은 비트코인이 불법을 저지르는 사람들에게 안식처인 세상입니다."

로스키는 캐머런의 생각과 많은 부분이 일치했다. 테크놀로지는 이데올로기를 규정하지 않으며, 불가지론적이다. 단지 그것이 나쁜 배우, 또는 특정한 신념 체계를 가진 버 같은 사람들에 의해 선택되었다고 해서 그 자체가 나쁜 배우이거나 명확한 이데올로기를 가진 배역은 아니다. 비트코인은 테크놀로지다. 테크놀로지는 좋지도 나쁘지도 않다.

배리 실버트가 첫 번째 질문에 간결하게 답했다.

"피고인들이 유죄 판결을 받는다면, 시스템이 작동하는 것처럼 보입니다. 나쁜 사람들은 나쁜 짓을 할 겁니다. 그리고 그들이 이용할 수 있는 모든 기술을 사용할 겁니다."

옆에 있던 루도 가벼운 호주 악센트로 동의하면서 자세히 설명하였다.

"저도 공감합니다. 이는 잘 작동하는 규제와 법 집행의 기존 체계를 보여 주는 겁니다."

그러면서 그는 찰리의 체포를 어떻게 바라볼 것인지 제시했는데, 그것은 바로 쌍둥이가 직접 경험했던 비트코인의 역사에서 바라보는 시각이었다.

루가 말했다.

"저는 또한 우리가 시간이 지남에 따라 비트코인에 관련된 사람들의 성격 변화를 보았음을 지적하고 싶습니다. 처음 시작되었을 땐 학문적 참신함이 있었습니다. 그러나 시간이 지남에 따라 다른 이유로 사람들을 끌어들였습니다. 첫 번째 물결을 끌었던 성격은 탈중앙화와 오픈 소스입니다. 여기에 관심을 가졌던 사람들은 대부분 자유주의자와 급진주의자였습니다. 그리고 두 번째 물결을 끌었던 성격은 익명성입니다. 비트코인 뒤에 자신의 행동을 숨길 수 있다고 생각한 사람들입니다. 지난 1년 반 동안 비트코인 그룹은 두 가지 측면에서 비트코인에 이끌렸습니다. 첫째, 자유로웠고 거래 비용이 크게 줄었습니다. 그리고 둘째, 프로그래밍이 가능합니다. 이것이 비트코인 인구의 본질을 변화시켰습니다."

이러한 변화는 그와 같이 새로운 경제에 투자하기를 원하는 사람들에게 매우 좋은 일이었다. 그리고 루는 추가로 덧붙였다.

"급진 자유주의자들의 시장은 그리 크지 않습니다. 범죄자들의 시장도 그리 크지 않습니다. 그러나 무료 거래 비용을 제공하면 전 세계 모든 사람의 시장을 확보할 수 있습니다."

이것은 질문에 대한 벤처 자본가의 답변이었다. 큰돈은 더럽거나 불법인 걸 후원하는 데 관심이 없다. 도덕적인 이유 때문이 아니라 그런 것들이 사업에 좋지 않기 때문이다. 이건 쌍둥이가 줄곧 해왔던 말이었다.

윌슨이 로스키의 질문에 대한 답변에서 비트코인을 세분화하여 다섯 단계로 설명했다.

"첫째, 오픈 소스 커뮤니티의 발전 단계였죠……. 괴짜, 너드, 암호화폐-자유주의자들. 2009-2010.

둘째, 악의 단계. 실크로드, 마약거래. 총기거래. 2010-2011.

셋째, 투기, 거래 단계예요. 우리는 현재 이 끝에 도달하고 있습니다. 2013-2014.

넷째, 거래 단계, 실제 상인이 비트코인을 받기 시작하는 거죠.

다섯째, 프로그래밍이 가능한 화폐 단계. 프로그래밍이 가능한 인프라를 통해 돈이 이동할 수 있다는 겁니다."

프로그래밍이 가능한 화폐. 이 단계는 캐머런에게 우주 시대, 공상과학처럼 들렸지만 그는 비트코인을 허용한다면 경제가 거의 즉각적으로 이 단계로 나아갈 것임을 걸 알고 있었다. 그 단계란 기본적으로 자체 검증이 가능하며 완벽하게 효율적인 은행 또는 개인 간의 프로그래밍된 거래를 의미한다. 즉, 중개인이나 감독 없이 자동적으로 발생하도록 설정할 수 있는 스마트 계약이다. 예를 들어 미래에는 자율 주행 자동차와 자율 관리자가 가치를 주고받을 것이다. 어쩌면 실시간으로 차선을 변경하면서 더 빠르게 이동 운임을 지불해야 할 수도 있다. 그러나 이때 너무 느리고 비용이 많이 드는 전신환송금, 자동교환결제(ACH), 신용카드를 사용하지 않을 것이다. 그렇다면 그들은 암호화폐를 사용해야 한다. 기계들은 웰스파고 은행에서 계좌를 개설할 수 없지만 비트코인을 교환하는 프로토콜에 연결할 수 있었다. 그들 생각에 암호화폐는 기계를 위해 만들어졌고 미래를 위한 완벽한 통화였다.

"악의 단계는 이미 지나왔습니다."

그가 덧붙였다.

"비트코인 대다수는 악이 아닙니다."

이제 마침내 쌍둥이가 대답할 차례가 되었다. 비록 그 질문은 모든 증인에게 던져진 것이었지만, 동시에 그들을 향한 직접적인 질문이었을지도 모른다. 방에 있는 모든 사람들은 그들이 찰리에게 투자했다는 걸 알고 있었고, 그들이 무슨 말을 하는지 보려고 기다리고 있었다. 이는 전 세계에 실시간으로 방송되고 있었다.

타일러는 마이크에 가까이 가려고 앞으로 몸을 숙였다. 쌍둥이 중에서도 좀 더 진지하고 분석적인 그가 먼저 말을 하기로 결정했다. 캐머런은 방 전체의 시선이 타일러에게 달라붙어 있는 걸 느낄 수 있었다. 타일러가 입을 열고 말을 시작하는 걸 온 세상이 지켜보고 있었다.

"저는 어제 일이 과속방지턱이었다고 생각합니다."

애버크롬과의 비참한 만남 이후 찰리가 직접 한 발언은 찰리가 어떤 사람이 되었는지를 잘 보여 주었다. 찰리가 만일 이 청문회를 보고 있다면, 그는 틀림없이 타일러의 답변으로 냉혹한 현실에 정신을 차리게 될 것이다. 캐머런도 전적으로 동의했다. 그들은 찰리가 그의 행동으로 그들의 신뢰를 배신했다고 믿었다. 윙클보스 쌍둥이는 전에도 배신을 당한 적이 있었고, 그것은 그들이 가볍게 여길 만한 것이 아니었다.

타일러가 계속 말했다.

"실크로드가 폐쇄되면서 비트코인의 가격이 10배나 상승했다는 사실은 비트코인 수요가 불법 활동과는 거리가 멀다는 걸 나타냅니다."

이후 청문회에서 캐머런은 비트코인의 초창기를 알기 쉽게 설명하였다.

"1년 반 전, 우리가 비트코인을 처음 접했을 당시에는 비트코인이 서부 같은 무법지였다는 사실을 어느 누구도 부정할 수 없을 거라고 생각합니다. 그건 규제가 없었고, 자산과 회사를 평가하며, 누가 준수했는지 누가 그렇지 않은지를 결정하는 틀이 없었기 때문입니다. 거친 서부는 카우보이를 끌어들였던 거죠."

타일러처럼 말이다. 그는 이제 찰리를 먼 옛날 서부의 한 인물, 즉 비트코인 개척 역사의 비극적인 인물로 강등시켜 버렸다.

"보안관이 좋은 것이라는 사실에 동의하지 않을 사람은 없을 것입니다."

캐머런이 말했다.

로저 버 같은 사람들은 오래전에 시스템을 포기했을지 모르지만 쌍둥이는 그렇지 않았다. 어떤 사람들에게는 쌍둥이도 시스템의 일부로 보였겠지만, 그게 전부는 아니었다. 법원, 판사, 변호사, 하버드 총장, 하버드 동기, 중재자, 정장을 한 사람들, 위원장 로스키 국장 같은 사람에게 실망했던 그들만의 이유가 있었다. 쌍둥이는 그들 모두에게 실망했지만 다시 일어나 반드시 다시 받아낼 것이다.

그들은 부모님에게 싸움을 멈추지 말라고 배웠다. 인생이 당신을 몇 번이나 좌절시켰는가는 중요하지 않다. 중요한 건 당신이 다시 일어섰다는 사실이다. 형제자매를 잃은 사람은 다시 일어난다는 게 무슨 의미인지 안다. 그들의 번지르르한 겉모습에도 불구하고, 사람들이 그들의 특권적 배경을 어떻게 생각하는지에도 불구하고 몇 번이나 그들은 좌절했었다. 삶이 항상 쉽지는 않았지만, 그들은 여전히 사람들이 대체로 공정하다고 믿었다. 그들은 더 넓은 세상에서 다른 교훈을 경험했다. 그들은 결정적인 순간은 사건이 아니라 그 결과를 처리하는 방식에서 온다는 걸 알고 있었다.

어릴 때부터 캐머런은 아버지께서 그들의 이야기를 들으면서, 그와 타일러에게 포셀리안 파이널 클럽의 멤버였고 진정한 하버드인이었던 테디 루즈벨트의 연설을 읽어 주었던 것을 기억할 수 있었다.

비평하는 사람은 중요하지 않다. 강한 사람이 무슨 실수를 했는지, 누가 더 잘했을 거라고 지적하는 사람은 중요하지 않다. 공로는 실제로 경기장에 있는 사람, 먼지와 땀과 피로 얼룩진 사람, 용감하게 노력하는 사람, 실수하는 사람, 계속해서 실패하는 사람에게 있다. 왜냐하면 실수와 실패 없는 수고는 없기 때문이다. 따라서 그는 실제 행동으로 애쓰는 자이며, 위대한 열정과 위대한 헌신이 무엇인지 아는 자이다. 가치 있는 일을 스스로 하는 자, 최상의 노력으로 종국엔 높은 승리를 갖는 자이다. 그리고 비록 최악의 상황일지라도 담대히 맞서며, 실패하는 자라면 승리도 패배도 모르는 차갑고 비겁한 영혼들과는 결코 함께하지 않을 것이다.

캐머런은 방 주변을 살펴보았다. 높은 연단의 정부 관료들, 증언석에 있는 비트코인 지지자들, 그리고 좌석에서 지켜보고 있는 다른 모든 사람들을 바라보았다. 그리고 나서 그는 자신의 동생을 바라보았다.

최상의 노력으로 종국엔 높은 승리를 갖는 자.
비록 최악의 상황일지라도 담대히 맞서며…….

"비트코인은 자유입니다."
타일러가 모인 사람들에게 말했다.
"이것은 매우 미국적입니다."
그 순간 캐머런은 어쩌면 몇몇 규제당국자들은 쌍둥이가 싸우고 있는 세상이 그들이 싸우고 있는 세상과 같다는 것을 깨달았을지도 모른다고 생각했다.

사람들에 둘러싸여 있지만 완전히 혼자라는 걸 아는 건 이상한 느낌이었다.

찰리는 어떤 끔찍한 병에 걸려 죽어 가는 것 같은 느낌이 들었다. 가족과 친구들이 병실 침대에서 숨을 거두는 동안 보는 것 외에는 아무것도 할 수 없는 광경 말이다.

그는 자신이 겁에 질려 있다는 걸 알고 있었다. 하지만 이런 곳에서 침착하지 않기는 어려웠다. 이곳은 드라마를 위해 지어진 게 분명했다. 뉴욕 법원 건물 안, 먼지투성이의 낡은 나무로 장식된 법정. 찰리는 얼마나 많은 범법자들-살인자들, 방화자들, 강간범들, 은행가들-이 그가 지금 앉아 있는 이 불편한 자리에 서 있었는지를 상상할 수 있었다. 그의 자리 옆에는 변호인석이 있었다. 그의 오른쪽 5미터 정도 떨어진 곳에서 그는 검사팀을 볼 수 있었다. 세린 터너, 찰리가 합의하기 전부터 이 사건의 주임이었던 연방검사보였다. 터너는 로스 울브리히트를 종신형에 처하게 한 실크로드 기소 또한 주도했다. 그리고 터너의 여러 보좌들, 그 옆에는 프리트 바라라, 남부 지구의 연방검사로 수많은 화이트칼라 범죄자들과 월가의 은행원들을 체포한 유명한 검사였다. 그들 뒤에는 JFK 공항에서 찰리를 처음 체포했던 국세청 수사관 게리 알포드가 자신의 모든 조사 결과를 진술하기 위해 있었다. 그리고 바로 앞 자리에는 안경을 쓴 친절한 외모의 라코프 판사가 있었다.

찰리는 판사를 똑바로 쳐다보지 않으려고 애썼다. 자신이 그와 눈을 마주치면 눈물이 터질 것 같아 겨우 참고 있었다. 그는 또한 뒤돌아보는 것도 피하고 있었다. 그의 뒤 법정 방청석에는 사람들이 꽉 차 있었다. 그의 변호사와 함께 들어섰을 때 발찌가 발목에 부딪혀 소리를 내고 있었다. 그는 모든 좌석이 꽉 차 있음을 보았다.

한쪽에는 그의 가족들이 있었는데, 그의 직계 가족뿐만 아니라 브루클린 정통 시리아계 유대인 공동체 모두가 재판을 보러 나온 것 같았다. 바로 두 줄 뒤에는 그의 어머니, 아버지, 여동생이 있었고 그들 뒤로는 랍비, 옆집의 이웃들, 어린 시절 안과 의사, 그리고 치과 교정 의사도 있었다. 그를 지원하기 위해서일까, 비난하기 위해서일까? 아니면 증인으로 온 걸까?

다른 편에는 코트니와 그녀의 부모가 있었다. 방이 꽉 찼음에도 불구하고 찰리는 여전히 그녀가 흐느끼는 소리를 들을 수 있었다. 나머지 좌석 대부분은 비트코인 세계에서 온 그의 지지자들로 채워져 있었다. 비트인스턴트에서 일했던 사람들, 그가 참석했던 많은 컨퍼런스 동료들, 팬들. 비트코인 지지자들은 대부분 통로 반대편에 앉아 있던 검은 모자를 쓴 정통 유대교인 만큼이나 종교적인 열정이 있는 사람들이었다.

찰리는 청중은 중요하지 않다는 걸 알고 있었다. 그들을 자기편으로 모을 수 있을지 모르지만 앞으로 일어날 일에 영향을 줄 수는 없었다. 당신은 홀로 태어나 홀로 죽는다.

그리고 당신은 홀로 형벌을 받는다.

찰리의 변호사가 그의 팔을 잡아 지금 곧 시작된다는 신호를 보냈다. 그의 변호사는 눈빛으로 그를 격려하였다. 그들은 이 순간에 이르기까지 며칠 동안 모든 가능성을 거듭거듭 살펴보았고, 그들은 모두 찰리가 감옥에 수감될 가능성이 낮다는 데 동의하였다.

결국, 법원의 사건은 어리석은 이메일 몇 개로 귀결되었다. 찰리는 자신이 바보였음을 인정했다. 그는 비트코인을 실크로드에서 불법 마약에 사용할 수 있도록 재판매자에게 허용했지만, 그 자신은 자금세탁이나 마약상이 아니었다. 그는 자금세탁과 정반대의 일을 했다고 말할 수 있을 정도였다. 그는 자금세탁을 했다기보다는 어리석게도 부정한 돈을 가지고 있었던 것이다.

그는 죄를 범하긴 했지만 감옥에서 썩어야 할 만큼 잘못했다고는 믿지 않았다. 그는 자신이 잘못했다는 걸 알고 있었고 법정에서 혐의에 대해 싸우는 것은 너무 위험하고 비용이 많이 들기에 유죄를 인정했지만, 그렇다고 감옥에 가야 할 만큼 죄가 무겁지는 않았다.

간단한 소개 후, 그의 변호사는 먼저 변론할 기회를 얻었다. 그와 찰리가 의논한 대로, 그는 집행유예를 요청했다. 이는 그들이 이 범죄에 적합하다고 느낀 수준의 형벌이었다.

"그는 겨우 스물다섯 살입니다."

그의 변호사가 변론을 시작했다.

"그가 그리스 비극의 영웅이 되었는지는 모르겠지만, 그는 큰 상처를 입었습니다. 그가 해냈기 때문입니다. 그는 길을 찾았습니다. 자신의 유대인 커뮤니티에 대해 양가감정을 가지고 있었지만, 그는 집을 떠났습니다. 이 멋진 아이디어에 매료되어 있었으니까요. 그는 자신이 이룬 모든 것을 온 힘을 다해 지켜야 했지만 그렇게 하지 못했습니다……. 저는 찰리 쉬렘에게 그가 한 일이 나쁘고, 잘못되었으며, 불법이라는 것을 알려주기 위해 징역형이 필요하다고 생각하지 않습니다."

찰리에게는 그 말이 옳게 들렸다. 판사를 재빨리 살짝 쳐다보았다. 적어도 판사가 듣고 있다는 것은 알 수 있었다. 다음으로 검사가 반론을 펼쳤다.

"피고는 본질적으로 마약 유통을 용이하게 하고 있었습니다."

터너가 말하였다.

찰리는 속이 뒤집혔다. 비열하고 잘못된 소리로 들렸다. 그럼에도 불구하고 그는 적어도 기술적으로는 그것이 절대적으로 옳은 말이라는 걸 알았다.

"그는 마약 거래 대금을 옮기고 있었습니다. 저는 그것이 일반적인 마약 밀매 사건과 같지 않다는 걸 알고 있습니다……. 거리가 아니라 온라인에서 거래가 이루어지고 있었습니다. 이건 디지털 마약 거래였고, 그는 그 마약 대금을 다른 곳으로 전달하고 있었습니다."

맞다. 하지만 찰리는 여전히 불공평하다고 믿었다. 왜냐하면 그는 사람들이 비트코인을 갖도록 돕는 일이 본질적으로 세상을 더 나은 곳으로 만드는, 좋은 일이라고 믿었기 때문이었다. 그건 바로 일종의 자유를 제공하는 것이었다.

아니면 로저 버와 에릭 부어히스의 일부가 정말 그의 마음속에 있었던 것일까? 그는 더 이상 무슨 생각을 해야 할지 알지 못했다.

마지막으로 판사는 찰리에게 자신을 변호할 수 있는 기회를 주었다.

떨면서 그는 그가 생각하고 있는 것을 말로 표현하려고 했다.

그는 자신이 횡설수설하고 있다는 걸 알고 있었다. 그는 무서웠지만, 가족과 그를 양육한 모든 사람들이 그의 뒤에서 그를 주시하고 있었다.

"전 정말로 큰 실수를 저질렀습니다, 재판장님. 제 변호사와 터너 씨가 저에게 책임이 있고 저 자신과 공동체와 가족, 그리고 비트코인 커뮤니티 전체에 잘못했다고 말한 건 옳습니다."

뒤에서 바스락거리는 소리가 들렸지만, 그는 빠르게 생각하며 계속 말했다.

"스파이더맨 영화를 보신 적이 있을 겁니다. 그 대사 중 기억나는 한 가지는 '큰 힘에는 큰 책임이 따른다'였습니다. 저는 항상 그 영화를 볼 때마다 그게 무엇을 의미하는지 말하곤 했습니다. '당신이 큰 힘을 가졌을 때, 그 힘은 어디에서 오는 건가요?'"

즉흥 연설이었지만 그는 멈추지 않았다. 지난 1년간의 지옥 끝에 드디어 말할 기회가 주어진 것이다. 보석금과 전자발찌 때문에 그는 계속 지하실에 갇혀 지냈다. 특히 그가 코트니와 통화하는 것을 들키자 그의 부모님은 보석금을 취소하겠다고 위협하곤 했다.

"강력한 자리, 권력의 자리에 있을 때, 스스로 도의적인 책임을 지는 게 훨씬 더 어렵습니다. 아무 지위도 없을 때가 더 쉬운 법입니다. 저는 실패했습니다. 저는 매우 어렸습니다. 스물두 살

에 CEO였고 감사 책임자였습니다. ……우리 지하실에서 저와
제 파트너 둘이 이 사업을 운영했습니다."

변호사는 찰리의 옆으로 자리를 옮겼고, 찰리는 자신이 자제
해야 한다는 걸 알고 있었지만 그러지 못했다. 그에게는 방청객
이 있었고 마이크가 있었다. 그는 말을 이어갔다.

"저는 법을 어겼습니다. 심하게요. 정말 죄송합니다. 제가 여
러분들을 실망시키고 나라의 기대를 저버린 점에 대해 죄송하
게 생각합니다. 하지만 저는 모두를 소중히 여겼으며, 세상을 바
꾸기를 원했고, 지금도 노력하고 있습니다……. 저는 아이였습니
다. 저는 세상을 바꾸기 위해 작은 일이라도 한 것으로 기억되고
싶습니다……."

찰리는 판사를 똑바로 쳐다보았다. 그는 할 말을 다 하고 있었다.

"비트코인은 제가 사랑하는 제가 가진 전부입니다. 제가 이 땅
에서 해야 할 일은 누구도 차별하지 않고, 부패를 조장하지 않는
금융 시스템을 세상이 볼 수 있도록 돕는 것입니다. 저는 이메일
이 우체국에 영향을 끼친 것처럼 비트코인이 금융에 도움을 줄
거라고 생각합니다. 비트코인은 모든 사람이 평등할 수 있게 해
주었습니다. 아프리카, 중동, 아시아 사람들도 비트코인을 통해
이제 동일한 기회를 갖게 될 것입니다. 비트코인 덕분에 여러분
은 즉시 돈과 정보를 P2P 시스템으로 이동할 수 있습니다. 저는

비 트 코 인 억 만 장 자 의 신 화

이게 정말 중요하다고 생각합니다. 재판장님께서 제게 허락하신다면 저는 세상을 치유하여 사람들이 저처럼 어리석은 일을 하지 않도록 하고 싶습니다."

찰리는 잠시 멈추었다. 방 전체가 그를 응시하고 있었다. 판사, 그의 변호사, 검사, 그의 가족, 그리고 비트코인 지지자들이 이 자리에 있었다. 그는 침을 삼키며 천천히 자리에 앉았다.

"다시 말씀드리지만 죄송합니다."

그가 기침했다.

판사가 그를 내려다보는 동안 또다시 침묵이 흘렀다.

마침내 시간이 되었다. 판사는 찰리가 정말 똑똑하며, 어쩌면 너무 똑똑해 자신의 이익을 위해 앞서 나갔고, 자신의 앞에 무엇이 있는지 주의를 기울이지 않았으며, 그리고 계속해서 위대한 일을 할 수 있을 만큼 충분히 젊다고 짧게 진술하였다. 그러고 나서 그는 판결을 내렸다.

"법정은 적절한 형량이 2년이라고 생각합니다. 따라서 피고에게 징역 2년형을 선고합니다."

갑자기 법정이 긴 터널의 끝처럼 느껴졌다. 찰리는 아주 작게 움츠러들었다. 그는 한쪽에서는 어머니가 우는 소리를, 다른 쪽에서는 코트니가 우는 소리를 들을 수 있었다. 비트코인 지지자들은 저항의 함성을 질렀다. 그의 변호사는 그에게 속삭였다. 그가 어떻게 형량의 85%만 살 수 있는지, 형량 일부를 사회 복지 시설에 보내져 식당에서 설거지와 같은 간단한 일을 하게 되는지 이야기했다. 그는 괜찮을 것이다. 그는 형기를 마치고 나와도 아직 20대 청년일 것이다. 겁먹을 필요가 없었다.

찰리는 변호사를 바라보았다. 찰리는 터널을 빠져나왔다. 찰리는 체포된 후 처음으로 두려움을 느끼지 않는다는 걸 깨달았다. 찰리는 안도감을 느꼈다.

그는 거의 1년 동안 지하실에 갇혀 술을 마시며 대마를 피우고, 매주 토요일마다 회당에 끌려가고 매주 목요일에는 성구함인 테필린을 착용해야 했다.

찰리는 제정신을 차릴 수 있을 때면 코트니에게 몰래 전화를 했다. 심지어 그는 비트코인 컨퍼런스에 한두 번 참석하기도 했는데, 귀에 블루투스 마이크를 걸고 자신의 컴퓨터 스크린을 향해 법원이 차라고 명령한 전자발찌가 너무 무겁다고 격분과 열변을 토했다. 그가 나중에 그 영상을 보았을 때, 그는 자신이 얼마나 미친 것처럼 보였는지 충격을 받았다. 하지만 그의 인생에서 그 시기는 이제 끝났다.

그는 감옥에 가고 있었다. 그 후에 그는 설거지를 하거나 잔디를 깎는 등 필요한 모든 일을 할 것이다. 그는 다시 일어서서 비트코인으로 돌아갈 것이다. 왜냐하면 그가 판사에게 방금 한 말은 빈말도 목숨을 구걸하기 위한 말도 아니었기 때문이다. 이는 그의 영혼에서 나온 것이었다. 그래서인지 그는 지금 기분이 너무 좋았다. 비트코인은 그의 인생이었다. 그는 비트코인을 팔았기 때문에 감옥에 가고 있다. 하지만 결국 그는 감당할 수 있을 것이다. 그리고 그는 다시 시작할 것이다.

그의 뒤에, 그의 부모님이 그가 앉아 있는 곳에서 청중들을 갈라놓는 나무 난간에 도달해 있었다. 그들은 울면서 그의 이름을 부르고 있었다. 하지만 그는 그들을 보지 않고 대신 그의 변호사에게 고개를 돌렸다.

"코트니를 제외하고 모두 이 방에서 나가게 할 수 있을까요?"

그의 변호사는 연방보안관들에게 신호를 보냈고, 그들은 그 요청에 동의했다.

제복을 입은 보안관들은 찰리의 어머니와 아버지를 이끌고 나갔다. 얼마 지나지 않아 피고인석에 찰리와 코트니만이 남을 수 있었다.

"괜찮을 거야."

찰리가 울고 있는 그녀에게 말했다.

"우리는 괜찮을 거야."

가장 좋은 점은 그가 그것이 사실임을 알고 있다는 것이었다.

그는 그녀를 껴안았다. 그의 눈에 눈물이 가득했다.

30 | 다시 시작하다

8월의 마지막 주 오후였다. 캐머런은 종말을 맞은 듯한 황량한 지역을 헤쳐 나가고 있었다. 햇볕에 그을린 땅 위를 걸어가는 동안 스니커즈 운동화를 신은 그의 발이 불타는 먼지구름을 일으켰다. 그는 카고 반바지를 입고 있었고 다른 옷은 입지 않았다. 공기는 너무 뜨거워 용접이나 스키에나 적합할 법한 커다란 고글을 통해 산소, 질소, 탄소 분자들이 그의 머리 주위에서 소용돌이치며 반짝거리는 것을 볼 수 있었다. 온도는 90도에서 무한대 사이였지만 캐머런은 신경 쓰지 않았다. 소형 단발 엔진 세스나 경비행기가 그와 그의 동생을 사막 도시에서 먼 곳에 있는 임시 착륙장에 내려놓은 이후로 그는 미소를 멈추지 않았다. 그의 주변 광경은 종말 이후에나 볼 법한 모습이었지만 이는 그가 상상할 수 있는 가장 친근한 종말이었다.

"정말 장관이지?"

타일러가 더러워진 자전거에서 내려 캐머런과 함께 평지를 걸었다. 그 역시 반바지를 입고 있었고, 머리에 고글을 올린 채 영화 『매드맥스』에서 영감을 받은 듯한 조끼를 걸치고 있었다.

타일러는 캐머런에게 해 줄 이야깃거리가 많았다. 이 사막은 네바다 북부에 있는 30만 에이커의 평평한 평지와 용암층으로 된 산과 구릉에 둘러싸여 있었다.

아니면 그는 매년 8월 말이면 이곳에 생겨나는 팝업 커뮤니티인 '블랙록시티'에 대해 말할 수도 있었다. 그들이 서 있는 곳 주위에는 예술과 기획과 천재성이 담긴 작품이 커다란 시계처럼 펼쳐져 있었다. 그 안에는 12개의 작은 시계가 동심원을 이루고 있었으며, 각각의 시계는 앞선 시계보다 작은 반지름을 가지고 있었는데 마치 마트료시카 인형처럼 보였다.

아니면 그는 사막 바닥에서 솟아난 수천 개의 캠프를 언급할 수도 있었다. 가장 큰 시계의 가장자리와 가장 작은 시계의 가장자리 사이에서 생각할 수 있는 모든 시계 위치마다 캠프가 흩어져 있었는데, 오후 2시부터 시작해서 저녁 10시까지 시계 방향으로 스파르타식 텐트, 돔, 유르트*까지 수십 명의 사람들을 수용할 수 있는 정교하고 환상적인 건축물들이 들어서 있었다.

아니면 그는 캠프 옆에 생겨난 설치 미술품들과 조각품들 즉, 피라미드나 추락한 UFO, 퇴역한 점보 기체 등에 대해 말하고 있었을 수도 있다. 이들 중 몇몇은 실제로 모여 있었다. 여기에는 기하학적인 구조, 조각상, 사원, 다면체 건물, 혹은 사막 시계 주

.....
* 몽골 시베리아 유목민들의 전통 텐트

변을 돌아다니는 예술적인 자동차들, 체계적인 캠프의 미로를 통해 움직이는 수백 개의 팩맨 같은 유기체들, 모바일 붐박스, 해적선, 상어로부터 증기 기관차, 개조 차량, 드래곤, 불을 뿜는 문어에 이르는 다양한 튜닝 차량들이 있었다. 어떤 캠프는 밤을 일련의 조명 또는 LED 패널로 밝히기도 했으며, 어떤 곳은 번쩍이는 경광등과 레이저 광선으로 밤을 지새웠고, 일부는 형광 램프를 켰으며, 다른 사람들은 불을 뿜는 횃불과 불구덩이를 가지고 있었다. 이 모든 것들이 합쳐져 황량하고 아무도 살 수 없는 사막 평지를 총천연색의 환상으로 바꾸었다.

아니면 그는 '더 맨'에 관해 말했을지도 모른다. 그것은 캠프 한가운데 우뚝 솟아 있는 12미터 높이의 인간형 마천루로서 전체가 나무로 만들어져 있었고, 거대한 양발에 불쏘시개가 쌓여 있었다. '더 맨'은 1주일간의 축제가 끝날 무렵에 불타오를 것이다. 이 전통이야말로 이곳이 '버닝맨'이라는 이름을 갖게 된 이유이며 또한 이 모임의 주요 원칙 중의 하나를 상징하게 되었다. 바로 급진적인 자기표현이었다. 지금 캐머런 주변에 있는, '버너'라고 알려진 7만 명의 참가자들에게 이 축제는 종교로서 연례 순례이자 존재의 이유였다.

버닝맨 근처에는 더 맨의 '영혼'을 보관하는 영적 구조물인 성소가 있었다. 이곳은 영혼을 정화하는 나무 성소로서 사람들은 자신 또는 사랑하는 사람이나 특별한 사람에게, 때로는 지나가는 사람들에게 사진과 메모와 메시지를 새겨 남겼다. 거기에는 조언, 지혜, 기쁨, 행복, 감사, 영감, 비탄, 마음의 고통, 상실, 트라우마, 고통이 있었다. 이는 수많은 우여곡절이 있는 이 땅에서 살면서 깨달은, 인간의 핵심을 찌르는 깊은 내면의 감정과 통찰이었다. 이 성소는 캠프 내에서 유일하게 조용한 장소였다. 성소는 섬세한 속삭이는 소리, 희미한 흐느끼는 소리, 인간의 포옹 사이에서 자신의 생각 그리고 어쩌면 자신의 눈물을 들을 수 있는 곳이었다. 때로는 압도적인 감정의 여정으로 강렬한 감사와 내면의 평화가 남기도 하였다. 축제의 마지막 날에 성소가 불타올랐을 때, 성소는 모든 감정적인 것들을 해방하고 재탄생시키는데, 이는 매우 강렬하고 영적이어서 슬픔을 진정시키고 치유 과정을 통해 과거를 마감하고 새로운 장을 시작하도록 도왔다.

캐머런은 그해 여름 타일러와 자신이 버닝맨에 온 이유가 친구의 초대 때문인지, 동부 해안의 습도로부터 탈출하기 위함이었는지, 아니면 순수한 호기심 때문이었는지를 그로서도 확신할 수 없었지만, 버닝맨은 진정 그들을 기쁘게 하였다. 버닝맨의 사막은 누구든 상관없이 사람을 변화시킨다. 그 변화가 비록 순간적이라 할지라도, 충분히 경험할 가치가 있다.

그들은 텐트처럼 큐브들을 함께 쌓아 올려 캔버스 덩어리로 만든, 일종의 임시 사막 모텔인 '로스트 라운지'에 머물고 있었다. 내부에는 서로 다른 큐브 안에 DJ 부스, 공용 주방, 댄스 플로어 그리고 놀거나 하고 싶은 일을 할 수 있는 간단한 공간들이 있었다.

'에어스트립'으로 알려진 12개의 시계 중 가장 안쪽, 8시에 위치한 로스트 라운지는 그들이 지금 걷고 있는 곳에서 도보로 15분, 자전거로는 더 빨리 도달할 수 있는 거리에 있었다. 산책로 반대편, 모든 시계의 광대하고 먼지투성이의 중심 또는 얼굴인 곳, 바로 더 맨이 서 있는 곳에 블랙록시티로 알려진 이 거대한 사막 해시계의 가상 시계 바늘을 고정하는 축이 있었다. 잠시 동안 캐머런은 산책로와 에어스트립 가장자리를 따라 떠돌다가 15분에서 30분 간격으로 모든 시계를 가로지르는 방사형 거리와 골목길을 모험하기 위해 멈추고는 이 사막의 시계를 덮고 있는 수천 개의 캠프 중 일부를 탐험하는 것에 만족했다. 할 일도 없고, 있을 곳도 없다는 게 버닝맨의 매력이라 할 수 있다.

그들은 비슷한 일을 하고 있는 다른 참석자 그룹을 지나쳐 걸어갔다. 10대 후반부터 70대까지 모든 연령의 남녀가 풍경에 어울리는 옷을 입고 있었다. 어떤 이는 옷을 벗고 있었다. 가죽, 깃털, 고글, 혁대, 체인, 부츠, 장갑, 모자 등 세상 멸망 직전에나 보게 될 패션쇼 같았다.

캐머런이 산책로 주위를 시계 방향으로 계속 돌고 있을 때, 그는 또 다른 일행이 그들을 향해 오는 것을 보았다. 젊은이 여섯 명으로, 대부분 셔츠를 입지 않고 반바지만 입고 있었으며 온몸이 먼지로 덮여 있었다. 그들이 지나갈 때, 일행 중 한 명이 갑자기 멈춰 서서 캐머런과 그의 동생을 바라보았다.

"실례합니다. 끼어들려는 건 아닙니다만."

그가 조금 정중하게 말했다.

"혹시 윙클보스 쌍둥이인가요?"

이 질문은 그동안 수없이 들어와서 이젠 거의 배경의 소음처럼 느껴졌다. 물어본 이는 소년 같은 얼굴에 곱슬곱슬한 검은 머리 그리고 천사 같은 뺨을 지녔다. 캐머런은 그가 누구인지 잘 모르겠다고 생각했지만, 그는 캐머런과 타일러 정도의 나이로 보였다. 어쩌면 조금 더 어릴 수도 있을 것이다. 하지만 잘 생각해 보면 캐머런은 지금 흙투성이에 사막식 복장을 했으니 타일러가 바로 옆에 서 있지 않았다면 그를 알아보지 못했을지도 모른다.

"그렇습니다."

캐머런이 말했다.

"음, 와우, 좋아요. 저는 더스틴 모스코비츠입니다."

캐머런은 그 얼굴은 몰랐다 하더라도 분명 그 이름은 알고 있었다. 모스코비츠는 마크 저커버그와 함께 페이스북을 공동 창업했으며, 2008년 회사를 좀 더 효율적으로 일할 수 있도록 돕는 소프트웨어 서비스 회사인 아사나를 창업하기 위해 회사를 떠날 때까지 페이스북의 2인자였다. 포브스는 모스코비츠가 마크 저커버그보다 생일이 8일 늦고 페이스북 지분의 2% 이상을 소유하고 있기 때문에 역사상 가장 어린 자수성가 억만장자로 선정했다.

그들은 하버드를 함께 다녔지만 매우 다른 세계에 있었다. 캐머런은 모스코비츠를 만난 적이 없었고, 그를 동료로 고를 수도 없었다. 그렇지만 모스코비츠는 그들의 소송에서 개인적으로 피고로 지명된 바 있었다. 쌍둥이가 다른 많은 이들과 마찬가지로 시스템의 진행 상황을 의심하지 않고 따르다가 상처를 입었던 그 소송 말이다. 캐머런은 모스코비츠와 저커버그가 가까운 사이라는 걸 알고 있었고, 그와 타일러를 적으로, 그것도 어쩌면 치명적인 적으로 볼 가능성이 있다는 걸 알고 있었다. 물론 모스코비츠는 그저 방관자에 불과했고 법적인 토네이도에 휩쓸렸을 뿐 저커버그의 어떤 이중적인 행동에 관여하지 않았을 수도 있다. 그럼에도 불구하고, 그는 자신들보다는 저커버그 버전의 페이스북의 탄생 신화를 공유했을 가능성이 높다.

캐머런은 거기에 서 있었고, 타일러와 페이스북의 이전 2인자 사이에서 먼지가 소용돌이치고 있었다. 그는 모스코비츠를 빤히 쳐다보았고, 모스코비츠도 그를 빤히 쳐다보았다. 그리고 나서 갑자기 모스코비츠가 앞으로 나와 그와 포옹하였다.

버닝맨의 순간이었다. '급진적인 포옹'이 최고의 자리를 차지했다. 만약 이런 일이 사막 밖의 실제 세상, 즉 뉴욕 혹은 실리콘밸리에서 일어났다면 이 순간은 완전히 다르게 흘러갔을지도 모른다. 이 세상 밖의 세상이 이를 허락할 수 있을까? 아니면 어떤 힘, 누군가, 또는 무언가가 방해하지 않을까? 아무도 알 수가 없었다. 왜냐하면 여기서 이런 식으로 일어났기 때문이다. 그리고 적어도 사막에서 끌어안는 데 걸린 짧은 시간 동안, 과거는 과거가 되었다. 불화의 물은 다리 밑에 있었다.

그들과 헤어진 후, 모스코비츠는 두 손을 흔들고 다음 날 자신의 캠프에서 열리는 구운 치즈 파티에 쌍둥이를 초대하였다. 그러나 캐머런은 자신의 감정을 정리하느라 너무 바빠서 캠프가 어디에 있는지 기억하지 못했다. 하지만 결과적으로는 아마 그게 더 잘된 일이었을 것이다. 나중에야 알려진 일이지만 저커버그가 그날 저녁 구운 치즈 파티 서빙을 돕기 위해 헬기를 타고 버닝맨에 왔다. 만일 캐머런과 타일러가 파티에 참석하였다면 무슨 일이 일어났을지 누가 알겠는가? 그들이 저커버그와도 포옹했을 가능이 있었을까? 그 사막, 대지의 먼지와 인류의 바다 가운데, 그리고 모든 영성과 사랑과 감사 가운데서 윙클보스 쌍둥이와 저커버그가 구운 치즈 위에서 지나간 일을 잊어버리기로 할 수 있었을까? 글쎄. 그건 멋진 생각이긴 한 것 같다.

캐머런은 눈을 떴고 자신이 블랙록시티 사막과 버닝맨 그리고 끝없는 평지에서 멀리 떨어진, 뉴욕의 유리 사무실 책상에 앉아 있다는 걸 발견했다. 때때로 왜 특정한 기억이 떠오르는지 알 수 없었다. 버닝맨에서의 포옹은 한참 전의 머나먼 역사처럼 느껴졌다. 그러나 그것은 한동안 그의 마음 한구석에서 끓어오르고 있었다. 아마도 그와 타일러가 거의 10년 전 하버드커넥션/커넥트유 이후 처음으로 스타트업을 설립했기 때문일 것이다.

이 사업은 '제미니'라는 이름이었는데, 규제를 받고 규정을 준수하는 가상화폐 거래소로서 뉴욕에 본사를 두었다.

실크로드가 폐쇄된 후, 마운트곡스는 비트코인의 가장 큰 책임자가 되었다. 찰리의 체포와 쌍둥이가 로스키와 규제 당국 앞에서 연설한 뉴욕금융서비스국 가상화폐 청문회가 있은 지 2주 후, 마운트곡스가 무너졌다. 카펠레스는 마지막으로 마운트곡스에 대한 비상 구제 자금을 마련할 수 있는지 알아보기 위해 미친 듯이 뛰어다녔다. 그러나 이미 너무 늦었다. 정교한 해커에 의해 80만 개의 비트코인이 약탈되었다. 당시 현금으로 환산하면

452

약 4억 5천만 달러 이상의 손실이었다.

마운트곡스가 몰락한 후, 쌍둥이는 비트코인이 찰리와 카펠레스와 같은 1차 물결의 잔해를 청소할 새로운 창업가들과 회사들의 물결을 절실히 필요로 한다는 확신을 갖게 되었다. 사람들이 가상화폐를 사고 팔고 저장할 안전한 보안 장소가 없다면 혁신은 곧 실패할 것이다. 마운트곡스가 무너지기 전부터 캐머런과 타일러는 차세대의 거래소를 만들 기업가를 찾고 있었지만, 그들은 이 일에 제대로 접근하고 있다고 믿을 만한 사람을 찾을 수가 없었다. 쌍둥이는 거래소가 성공하기 위해서는 회사의 구조에 라이선스, 규정 준수, 보안, 기술의 네 가지 기본 기둥이 필요하다고 믿었다. 그들과 이야기를 나눈 기업가들 중에는 기술적인 견해는 일치하지만 규정 준수를 충분히 강조하지 않는 사람들도 있었고, 보안에 대해서 충분히 답을 내놓지 않는 사람들도 있었다. 항상 애매한 구석이 있거나 위험한 타협이 이루어지고 있었다. 만나본 어느 누구도 이 네 원칙을 동등하게 수용하지 않았다. 결국 쌍둥이는 문제를 직접 해결하기로 결심했다.

2015년 1월 23일에 캐머런은 그들의 계획을 세상에 발표하였다.

오늘, 제 동생 타일러와 저는 차세대 비트코인 거래소인 제미니를 발표하게 된 것을 자랑스럽게 생각합니다. '차세대'란 정확히 무엇을 뜻합니까? 우리는 개인과 기관 모두를 위해 완전히 규제되며, 규정을 준수하는 뉴욕 기반의 비트코인 거래소를 말한다고 생각합니다. 왜냐고요? 때가 되었기 때문입니다.

캐머런은 이것이 야심 찬 일임을 알고 있었다. 그들이 새로운 통화의 1%를 최초로 구입한 것과 아직도 실현되지 않은 그들의 ETF 또한 마찬가지로 큰 도전이었다. 구세계 금융 심장부인 뉴욕에서 벌어지는, 완벽히 규제받는 비트코인 거래인 셈이다. 그들은 이 사업이 얼마나 야심 찬 일인지를 실감하며 NASA의 초기 우주 프로그램 중 하나인 제미니의 이름을 따서 새로운 벤처 사업의 이름을 지었다. NASA의 두 번째 우주 비행 프로젝트는 머큐리 프로그램에서 뻗어 나온 다리였는데, 이는 사람을 궤도에 올려놓았고 아폴로는 그들을 달에 올려놓았다. 이 사실은 캐머런에게 의미가 있었다. 만일 이 일이 성공한다면 제미니는 돈의 미래로 가는 다리가 될 것이다.

하지만 그들이 그 이름을 선택할 때 로켓만 생각한 건 아니었다. 제미니는 원래 '쌍둥이'를 의미하는 라틴어였다. 그들이 발표에서 설명하였듯이 그들은 본질적으로 이중성의 개념을 탐구했었다. 가상화폐로 가득 찬 미래와 융합하는 오래된 전통 화폐 세계는 모두 제미니 플랫폼에서 교차한다.

제미니는 그들이 발표한 지 8개월 뒤인 2015년 10월 5일에 공식적으로 문을 열었다.

캐머런과 타일러는 제미니의 설립자일 뿐만 아니라 윙클보스 캐피탈을 통한 투자자이기도 했다. 그들은 이 사업에 그들의 껍데기만이 아닌, 말 그대로 뼛속까지 갈아 넣었다.

사무실에 앉아 있던 캐머런은 버닝맨의 기억이 계속 떠오르는 것이 그와 자신의 동생이 마침내 다시 한 번 기업가가 되었다는 사실과 관련이 있는지 궁금했다. 대학 졸업 후 그들은 자신들의 첫 아이디어를 마크 저커버그에게 제안했었다.

그와 타일러가 마침내 그들이 시작했던 곳에서 나아갈 수 있게 되었기 때문에 그는 페이스북 2인자와 대면했던 그 순간을 계속 떠올리는 것일까? 그들의 2막이 마침내 1막을 압도하게 되었을까?

캐머런은 그의 동생이 사무실 문 앞에 있는 걸 깨달았다. 그는 타일러가 자신이 무슨 생각을 하고 있는지 알았다면 그는 그에게 너무 많은 의미를 부여하고 있다고 말할 것 같았다. 캐머런은 언제나 공상가였다. 타일러에게 있어 실제 삶에는 1막, 2막이나 3막은 없었다. 그에게 인생은 배를 타고 강을 내려가는 것이었다.

"봤어?"

타일러는 세상에서 가장 무의미한 질문처럼 대뜸 물었다.

캐머런은 열린 문으로 동생을 스쳐 지나갔다. 이제 제미니의 본거지이기도 한 윙클보스 캐피탈은 부산했다. 그들은 제미니와 비트코인의 성장을 따라잡기 위해 빠르게 인력을 충원하였기 때문에 캐머런은 열린 공간에 책상을 차지하고 있는 사람들, 즉 모니터 요원들, 소프트웨어 엔지니어, 운영 인력, 고객 지원 담당자 등을 절반만 알아볼 수 있었다. 비록 그들의 ETF는 여전히 실현되지 않았지만, 제미니는 조금씩 성장하고 있었으며 지난 1년 동안 비트코인 가격은 1월부터 꾸준한 상승세를 누리고 있었다.

"뭘 보라고?"

캐머런이 물었다.

"네 컴퓨터를 보라고."

캐머런이 자리를 옮겨 책상의 화면을 마주하였다. 그의 눈이 항상 바닥에 머물고 있는 시세 표시기를 보다가 잠시 멈췄다. 만일 그가 잘 알지 못했다면 분명 실수라고 생각했을 것이다. 꼭 화면 픽셀 결함으로 0이 잘못 기재된 것 같아 보였다.

비트코인은 방금 코인 하나에 1만 달러를 기록했다. 캐머런은 이 믿기 힘든 상승에 몇 가지 이유가 있음을 알고 있었다. 암호화폐에 대한 규제가 보다 명확해졌고, 대부분의 사람들은 전 세계 정부들이 새로운 형태의 화폐를 불법화할 것이라고 믿지 않았다. 점점 더 많은 기업가들이 이 공간으로 이주하고 더 많은 인프라를 구축하여 비트코인을 쉽게 사고 팔고 저장할 수 있게 되었다. 교육 수준도 더 높아져 사람들은 실크로드가 비트코인이 아니며 테크놀로지에 훨씬 더 많은 것이 있다는 걸 알기 시작했다.

인터넷이 처음에는 사용하기 어려운 틈새시장으로 시작했다가 시간이 지남에 따라 인프라와 사용자 친화적인 애플리케이션이 등장하고 더 많은 기업가가 그 공간으로 몰려들면서 확산되었던 것과 비슷했다. 그래서 지금 비트코인은 오르고 올라 이제는 1만 달러에 이르렀다.

캐머런이 머릿속으로 계산하는 건 어렵지 않았다. 그 순간 현재 비트코인 전체 시가총액은 2천억 달러가 넘었다. 2011년 시작 무렵 그들은 시장의 1%를 획득했다. 그리고 그들이 가상화폐를 사기 시작한 이후 그들은 단 한 개의 비트코인도 팔지 않았다.

캐머런은 그의 동생을 보고 미소를 지었다.

"나는 195센티미터, 100킬로그램으로서 10억 달러 상당의 비트코인을 가지고 있어."

그가 말했다.

"아, 그리고 내가 두 명이야."

그의 동생에게는 대사가 준비되어 있었다.

"백만 달러는 멋지지 않아. 뭐가 멋진 줄 알아? 10억 달러. ……비트코인으로."

캐머런과 타일러 윙클보스는 공식적으로 세계 최초의 비트코인 억만장자가 되었다.

2018년 1월 4일.

해커웨이 1번지, 멘로 파크, 캘리포니아.

실리콘밸리의 중심에 있는 최첨단 캠퍼스, 지구상에서 가장 큰 회사 중 하나의 본사.

넓고 탁 트인 칸막이 사무실, 조명이 밝게 비추고 있는 외진 곳을 상상해 보라.

그곳에서 30대 중반을 바라보는 소년 같은 남자가 있었다. 약간 곱슬곱슬한 적갈색 머리칼 아래 무표정한 얼굴이 노트북 컴퓨터 불빛에 잡혔다. 회색 후드티셔츠에 슬리퍼, 반바지 차림이다.

본사 안의 거대한 방은 남자가 한 아이디어에서 쌓아 올린 것이었다. 그 아이디어란 혁명에서 시작해서 수십억 달러의 가치를 가진 다른 무언가로 변한 것이자 거대하고 어디에나 존재하는 것, 그리고 최근에는 논란의 여지가 있는 것이었다. 그리고 그것은 전 세계에 도입되는 동시에 세계를 지배하기 위해 끝없이 도전하며 또 다른 속도 방지턱을 견뎌내야만 했다. 어쩌면 그러다 마침내 가장자리가 닳아 없어질지도 모른다.

광활한 방에서 등을 돌린 그 남자는 결혼해서 두 아이의 아빠가 되었지만 여전히 소년 같은 모습으로 무언가 타이핑을 시작하려 했다.

매년 이맘때쯤, 그에게는 써야 할 목표 선언문이 하나 있다. 지난해를 얼마나 멀리 왔는지를 되돌아보고 앞으로 1년 동안 무엇을 계획하는지를 세상에 알리는 것이었다. 그가 왜 이런 글을 작성하는지는 아무도 묻지 않을 것이다. 세상을 연결하여 상호작용 방식을 바꾼 절대권력의 CEO로서 그는 지구상에서 가장 강력한 사람 중 한 명이었다. 그의 말은 중요했다.

"매년 저는 새로운 걸 배우기 위해 개인적으로 도전합니다."

그의 진술서가 시작되었다.

"저는 미국의 모든 주를 방문했고, 365마일을 달렸습니다. 그리고 저의 집에 인공지능을 설치했고, 25권의 책을 읽었으며, 중국어를 배웠습니다……."

그것은 누구나 부러워할 버킷 리스트였다. 그는 계속 타이핑을 하면서 업적에서 역사로 옮겨갔다. 경제가 흔들리던 2009년, 회사가 수익을 내기 전이었지만 어떻게 그가 이런 경험을 추구할 수 있었는지에 대한 역사였다. 그리고 불현듯 그때와 오늘날이 비슷한 상황이라고 느껴졌다.

"세상은 불안하고 분열된 느낌입니다……."

세상만 분열된 것이 아니었다. 많은 사람들은 그의 회사가 불안을 조장하고 있다고 느꼈다. 실수가 있었고, 선을 넘었다. 가짜 뉴스들이 쏟아졌고, 수백만 명의 무지한 눈을 겨냥했다. 이를 통해 선거에 개입한 정황이 다수 포착되었고, 이것이 역사를 바꿨을 수 있다. 엄청난 양의 사용자 데이터가 패키지로 제공되고 해킹되었다. 비즈니스 모델이 사생활의 상품화를 기반으로 생겨났다.

"이것은 겉으로 보기에는 개인적인 도전으로 보이지 않을 수도 있지만, 저는 완전히 별개의 일을 하는 것보다 이 문제들에 집중함으로써 더 많은 걸 배우리라고 생각합니다. 이러한 문제는 역사, 시민, 정치 철학, 미디어, 정부 그리고 물론 기술에 관한 문제를 다룹니다……."

거대한 방 어딘가, 수많은 컴퓨터 모니터 중 하나의 화면에서 현재의 비트코인 가격이 보였을지도 모른다. 그 순간 가상화폐 가격은 1코인당 1만 6천 달러를 웃돌고 있었다.

여러모로 믿을 수 없었다. 그의 글에서 언급된 초창기 2009년 비트코인은 1코인당 1페니도 되지 않았다.

접근하는 방식을 볼 때 의심할 여지 없이 그가 비트코인 역사를 알고 있었다는 걸 알 수 있다. 그는 공부를 했고 배웠으며 사용했다. 그는 2011년 비트코인 한 개의 가격이 처음으로 미국 달러와 동등한 수준에 도달했다는 사실을 알았을 것이다. 가격은 계속 상승했지만, 2013년 키프로스라는 섬나라 사건으로 가격이 250달러 이상으로 치솟을 때까지 대부분 알려지지 않았다. 더 많은 가격 변동이 뒤따랐지만 2013년 말까지 가격은 천 달러에 이르렀다.

그 후 2017년 11월에 1만 달러를 돌파한 후, 다음 달에는 2만 달러로 두 배가 되었다가 지금 자리로 미끄러져 내려왔다. 이 가격이 여기에서 어디로 갈지, 심지어 현재에도 비트코인이 실제로 무엇인지 아는 것은 불가능했다. 단순한 거품인가? 아니면 새로운 화폐인가? 아니면 화폐의 미래인가? 더욱 탈중앙화된 세계로 안내할 새로운 시스템인가?

그것이 무엇이든 간에, 2009년 이후로 몇 년째 계속되는 일이었다. 그는 그런 일이 일어나는 것을 보지 못했거나 혹은 충분히 심각하게 받아들이지 않았거나, 아니면 단순히 방관하기를 선택했던 것 같다.

그러나 다른 사람들은 그런 일이 일어나는 것을 보고 심각하게 받아들였다. 어떤 사람들은 비트코인을 축적했을 뿐만 아니라 비트코인의 놀라운 상승에 중요한 역할을 담당하였다.

그는 다시 타이핑하기 시작하였다.

"현재 테크놀로지 분야에서 가장 흥미로운 질문 중 하나는 중앙화와 탈중앙화에 관한 것입니다. 우리 중 많은 사람들이 테크놀로지에 뛰어들었습니다. 그것은 테크놀로지가 사람들의 손에 더 많은 힘을 부여하는 탈중앙화의 원동력이 될 수 있다고 믿었기 때문입니다……. 하지만 오늘날 많은 사람들은 이런 약속에 대해 신뢰를 잃었습니다. 소수의 거대 테크 기업과 정부가 시민들을 감시하기 위해 테크놀로지를 사용함에 따라 많은 사람들은 이제 테크놀로지가 권력을 분산시키기보다는 중앙집권화한다고 믿고 있습니다."

어떻게 테크놀로지가 빠르게 방향을 선회하였는지, 어떻게 기득권층, 즉 중앙집권적인 독점과 싸우기로 되어 있던 혁명이 세계의 데이터를 인질로 잡고 있는 데이터 카르텔이 되었는지를 생각해 보면 참으로 역설적이었다.

"여기에는 암호화와 암호화폐처럼 중요한 반대 경향이 있습니다. 이는 중앙 집중식 시스템에서 권력을 찾아와 사람들의 손에 돌려줍니다. 하지만 그들은 통제가 더 어려워질 위험이 있습니다. 저는 더 깊이 들어가 이러한 기술의 긍정적인 측면과 부정적인 측면을 연구하고, 우리 서비스에서 최선을 다하는 방법에 관심을 갖고 있습니다……."

그러나 사실, 혁명은 기업가적인 아이디어와 많이 비슷했다. 혁명은 창조적인 원천, 뛰어난 정신으로부터 이뤄질 수 있었다.

어쩌면 후드티셔츠에 슬리퍼 샌들을 신은 천재 소년으로부터 시작될지도 모른다. 그것은 독특하게 보일 정도로 변화되고, 차용되며, 도용될 수 있다. 그것은 의도적으로 이익을 위해 전복되거나, 무의식적으로 자신의 성장에 희생되어 암세포가 될 수 있다. 혁명은 도난당할 수도 있다.

그가 점점 더 늘어나는 비판자들을 달래기 위해 목표 선언문을 작성했는지, 디지털 호송차들이 들어오는 소리를 암묵적으로 인정했는지, 무언가 선언을 하려던 것인지, 아니면 그냥 생각에 잠겼는지, 이다음에 다른 무엇이 올지는 알 길이 없다.

어느 쪽이든 그는 몇 개의 키를 더 누르고 그의 블로그에 글을 올렸고, 매일 그의 회사에 접속하는 15억 명의 사람들 중 일부인 1억 명 이상의 팔로워들에게 그의 메시지를 보냈다.

그러고 나서 그는 컴퓨터를 끄고 어두워지는 화면을 바라보았다.

에필로그

그들은 지금 어디에 있는가?

『소셜 네트워크』 소설과 영화는 페이스북 창업 첫해 시작과 그 발전이 어떻게 이뤄졌는지를 주로 다루었다. 이에 반해 『비트코인 억만장자들』은 같은 페이지에 있던 캐릭터와 암호화폐 자체의 기원 이야기이다. 우리는 지난 10년에 걸친 페이스북의 성장과 변화를 지켜봤다. 이와 비슷하게 비트코인이 어디로 가는지를 지켜보는 것도 흥미로울 것이다. 나의 의견으로는, 새로운 암호화폐 시대의 이야기는 이제 막 시작되었다.

암호화폐의 가장 큰 단점 중 하나는 가격 변동성으로, 지난 한 해 동안 강조된 주제였다. 내가 이 책을 쓰기 시작한 이후로 비트코인의 가격은 70% 이상 하락했다. 동시에 암호화폐 산업은 비약적으로 성장하였으며, 새롭게 떠오르는 새로운 기술을 기반으로 이익을 창출하며 서비스를 제공하는 것을 목표로 하는 새로운 회사가 매일 생기고 있다. 블록체인은 어디에나 있으며, 비트코인은 국경이 없다. 월스트리트가 나날이 시대에 뒤떨어지는 금융 구조 내에서 가상화폐가 어디에 적합할지 이해하기 위해 고군분투하고 있음에도, 전 세계의 비트코인 신봉자들은 계속해서 'HODL"를 외쳤다. 내 생각에 비트코인 혁명은 현실이고, 가상화폐는 우리 생활의 일부라는 데 의심의 여지가 없다.

***

지금 이 순간에도 타일러와 캐머런 윙클보스는 여전히 비트코인 억만장자로 남아 있다. 그들은 현재 2백 명이 넘는 직원을 보유하고 있으며, 나날이 성장하고 있는 그들의 가상화폐 거래소인 제미니의 CEO 겸 사장이다. 제미니는 세계에서 가장 규제를 잘 따르는 가상화폐 거래소 및 자산 관리인으로 알려져 있으며, 그 자체만으로도 10억 달러가 훨씬 넘는 가치를 지닌 것으로 여겨지고 있다. 쌍둥이는 또한 이더, 지캐쉬, 파일코인, 테조스, 그리고 그 외에도 많은 암호화폐의 초기 투자자이다.

타일러와 캐머런은 비트코인의 가장 큰 지지자이다. 그들은 비트코인이 시작부터 먼 길을 왔지만 앞으로도 갈 길이 멀다고 생각한다. 그들이 믿는 바와 같이 비트코인이 진정 골드 2.0이라면, 아직도 여전히 근본적으로 저평가되어 있는 셈이다. 금은 7조 달러 시장이다. 비트코인은 그 금액의 단지 일부에 불과하다.

다음에 무슨 일이 일어나든 비트코인의 이야기는 아직 끝나지

.....
* Hold On for Dear Life. 죽을 때까지 팔지 말고 갖고 있으라는 뜻

않으리라는 데 의심의 여지가 없다. 게다가 비트코인 기술은 금융, 테크놀로지, 그리고 온라인 세계에 이제 겨우 침투하기 시작했다. 비트코인을 작동시키는 기술인 블록체인과 암호 개인 키는 돈뿐만이 아니라 데이터도 탈중앙화시킬 수 있는 잠재력을 가지고 있으며, 이는 페이스북, 구글, 아마존 등의 고립된 독점으로부터 사용자 정보를 자유롭게 할 것이다. 역설적인 것은 비트코인과 그 채굴자들이 페이스북이 눈에 띄게 실패하고 있는 일을 매우 잘해 낼 수 있다는 점이다. 즉 해커, 오용 및 가장 중요한 권한으로부터 사용자의 데이터를 보호하고 진정으로 모든 게 무료인 온라인 커뮤니케이션을 가능하게 한다.

로저 버는 공식적으로 미국 시민권을 포기하고 세인트 키츠, 일본, 세계의 다른 국가들에서 시간을 보내고 있다. 그는 암호화폐 세계에 강한 영향력을 지니고 있으며, 트위터 팔로워 50만 명 이상 보유하면서 온라인에서 논란을 불러일으키는 인물로, 현재는 비트코인 커뮤니티에서 내전이라 할 만한 일을 벌이고 있다. 버와 같은 생각을 가진 비트코이너 그룹들은 '비트코인 캐시'를 결성하려다가 잠시 중단했는데, 이는 암호화폐를 규모와 블록 크기 측면에서 다른 방향으로 이끌어 보다 쉽게 현금을 대체할 수 있는 무언가로 바꾸는 것을 목표로 하고 있다. 버는 계속해서 암호 관련 회사에 투자하고 있으며 많은 시간을 '비트코인닷컴 Bitcoin.com' 운영에 보내고 있다. 최근에는 직원이 백 명을 넘었다. 비트코인닷컴은 세계에서 누구나 정부의 감독 없이 자유로이 금융거래를 할 수 있는 장치를 만들기 위해 노력하고 있다.

에릭 부어히스는 현재 콜로라도 덴버에 거주하고 있으며, 세이프쉬프트라는 암호화폐 거래소의 CEO 겸 설립자로, 이 회사는 고객들이 한 형태의 암호화폐를 다른 형태의 암호화폐로 즉시 교환할 수 있도록 허용하고 있다. 원래 이 회사는 사용자의 개인 정보를 모으지 않았고 어떤 통화도 계정에 보유하지 않았다. 2018년 9월 28일자 월스트리트 저널은 '어떻게 검은 돈이 암호화폐의 블랙홀로 사라지는가?'라는 제목의 기사에서 총 46개의 암호 거래소를 통해 이동하는 8,860만 달러의 사기 자금의 일부가 세이프쉬프트를 통해 흘러갔으며, 이로 인해 불법으로 획득한 자금 9백만 달러가 '세탁'되었다고 주장했다. 부어히스는 세이프쉬프트가 자금세탁자를 걸러내기 위해 '블록체인 포렌식'을 사용하고 있으며, 월스트리트 저널 기자들은 이 자료를 이해하지 못했다고 반박했다.

윙클보스 쌍둥이에게 비트코인을 소개받은 이후, 은행상속자인 매튜 멜론은 암호화폐의 가장 큰 지지자 중 한 명이 되었다. 처음에는 비트코인으로, 그다음에는 다른 암호화폐인 XRP*로 막대한 부를 쌓았다. 2018년 4월 16일 54세의 나이로 멕시코 칸쿤에 있는 마약 재활 센터로 가는 길에 갑자기 사망했다. 그는 그곳에서 오피오이드 약물 의존성을 극복하기를 희망했다. 그의 사망 당시 암호화폐 자산은 5억 달러에서 10억 달러 사이였다.

2017년 5월 연방 제2순회항소 법원이 유죄와 형량을 확정하고 2018년 6월 대법원이 항소를 기각한 이후, 34세인 로스 울브리히트는 현재 자금세탁과 인터넷을 통한 마약 밀매 음모로 가석방 가능성 없는 이중 종신형에 40년 형을 더한 형량으로 복역 중이다. 로저 버를 포함한, 비트코인과 자유주의 커뮤니티에 있는 많은 사람들은 그를 불공정하게 투옥된 순교자로 생각하고 있다. 울브리히트는 아마도 감옥에서 일생을 마감할 것 같다.

찰리 쉬렘은 펜실베이니아 유니언 카운티에 있는 루이스버그 연방 교도소에서 약 1년을 복역했고, 그 후 해리스버그에 있는 사회 복지 시설로 이송되었다. 그곳에 있는 동안 그는 지역 레스토랑에서 접시 닦는 일을 했다. 2016년 9월 16일 풀려났으며,

.....
* 2012년 리플에 의해 개발된 디지털 화폐

안타깝게도 찰리는 그의 가족과 더 이상 연락이 없다. 그는 에릭 부어히스와는 친구로 남아 있다. 감옥에서 나온 이후 찰리와 윙클보스 쌍둥이의 관계는 여전히 불안정하다. 2018년 11월 1일 찰리가 쌍둥이에게 5천 비트코인을 빚졌다고 비난하는 연방 소송이 공개되었는데, 2012년에 쌍둥이는 찰리가 돈을 훔쳐 간 것이라고 주장하였다. 찰리는 혐의를 부인하였으며, 그의 변호사 브라이언 클라인은 뉴욕 타임스에 "사실과 거리가 멀다……. 찰리는 자신을 강력하게 방어하고 그의 이름을 깨끗하게 정리할 계획이다"라고 말했다. 소송은 진행 중이다.

찰리는 감옥에서 풀려난 지 약 1년이 지난 2017년 9월 15일에 코트니와 결혼했다. 그들은 함께 플로리다 사라소타에서 그들의 삶을 꾸려 나가고 있다. 찰리는 함께 보트를 만들고 있는데, 그 이름은 '사토시'다.

감사의 말

저는 노아 이커, 로렌 비트리치, 말레나 비트너 및 플랫아이언 북스와 맥밀란의 전체 팀에게 큰 감사를 전합니다. 이 놀라운 이야기를 제 경력에서 가장 만족스러운 글 중 하나로 만들 수 있었습니다. 마찬가지로 탁월한 에이전트로 큰 도움을 준 에릭 시모노프와 매튜 스나이더에게도 감사드립니다.

또한 저의 수많은 자료 제공자들에게 감사드립니다. 그들이 없었다면 저는 이 책을 쓸 수 없었을 것입니다. 그리고 주인공들에게도 감사드립니다. 특히 타일러와 캐머런 윙클보스에게 감사드립니다. 그들은 저에게 마음을 열고 그들의 시간과 경험과 전문 지식에 대해 알려 주었습니다.

언제나 그렇듯이, 저는 부모님과 형제들과 가족들, 그리고 토냐, 애셜, 아리야 및 벅시에게 지난 1년 반 동안 비트코인에 대해 쉬지 않고 이야기하는 것을 참아 준 것에 감사드립니다.

옮긴이의 말

- 황윤명

몇 해 전 업무와 관련하여 우연히 블록체인 세미나에 참석하게 되었다. 새로운 분산형 원장이라는 말도 생소하고, 거래 확인을 위한 대가로 비트코인을 지급한다는 강사의 말도 인상적이었다. 이후 경제 뉴스를 통해 비트코인의 가격이 급변할 때마다 조금씩 이론적인 배경과 실제 운용 형태에 관하여 관심을 갖게 되었으며, 책을 번역하게 되면서 보다 깊이 있게 들여다보게 되었다.

이 책은 단순히 비트코인 운영 메커니즘을 설명하는 내용이 아니다. 페이스북의 창업 스토리를 배경으로 한 영화 『소셜 네트워크』 주인공인 마크 저커버그의 비즈니스 윤리에 도전했던 윙클보스 형제의 이야기다. 작가 노트에서도 언급하였듯이 "그날 이후 나는 단 하루라도 이 영화의 두 주인공-타일러 & 캐머런 윙클보스-의 이야기를 다시 들여다볼 거라고 상상하지 않았다. 이 쌍둥이 형제는 이 세상에서 가장 큰 힘을 가진 회사 중의 하나가 될 페이스북의 창업 시점에 '마크 저커버그'에 도전한 인물들이다."

형제들은 우연한 기회에 비트코인을 알게 되었고, 스스로 공부하며 관련 인물들과의 만남을 통해 그들에게 내재하고 있던 창업가 정신으로, 변방에 머물고 있던 가상화폐를 주류로 성장 발전시켜 왔다. 작가는 모든 챕터의 시작을 영화 속 한 장면처럼 전개하고 있다. 뛰어난 상상력과 작가적 구성에 힘입어 그의 스토리는 살아있다. 벤처 캐피털의 주 무대인 서부 실리콘 밸리와 세계 금융 메카인 동부 월가에 비트코인을 대비시킴으로써 독자에게 읽는 재미를 더해주고 있다. 또한 캘리포니아 팔로 알토의 차고와 뉴욕 브루클린의 지하실을 대비함으로써 기득권과 새로운 세력 간의 개방, 폐쇄의 명암을 보여주고 있다.

아직도 많은 사람에겐 비트코인이 이해하기 어렵고 비주류에 머물러 있다. 초기에는 암호화폐가 '실크로드'라는 다크 웹에서 사용되어 불법적인 요소가 강하였지만, 시간이 흐름에 따라 블록체인 기반의 탈중앙화와 분산형 거래장부의 필요성을 누구나 인정하는 신기술이 되었다. 하지만 모든 기술이 처음부터 주류로 편입되진 못한다. 지금은 누구도 인터넷이 없는 세상을 상상하기 어렵다. 1998년 노벨경제학상 수상자인 폴 크루그먼은 뉴욕타임스에 "인터넷이 경제에 미치는 영향이 2005년까지 팩스 머신 보다 더 크지 않을 것"이라고 말했다. 또한 그는 많은 세월이 지난 후 독자 투고란에 "비트코인은 악마, 안티-소셜 네트워크"라고 까지 말했다.

2008년 10월 사토시 나카모토의 비트코인 백서와 이듬해 공개된 코어 프로그램으로 가상화폐가 발행되기 시작하였으며, 불과 12년의 짧은 기간에도 엄청난 변화를 가져왔다. 보이고 만져지는 것에만 익숙한 우리에게 비트코인 마지막 발전단계라고 말하는 '프로그램이 가능한 화폐(Programmable Money-디지털 머니 또는 토큰으로 불리는 블록체인을 기반한 Value Transfer System)'는 이제 모양이 다를 수는 있겠지만 언제냐의 문제만 남아있어 보인다.

이 책엔 많은 창업가의 이야기가 주인공 주변에 등장한다. 각자의 영역에서 혁신적인 아이디어가 있었고 그들을 돕는 생태계와 발전 과정을 설명하고 있다. 단순한 사업적 성공뿐만 아니라 논픽션 작가의 시선으로 본 구성과 심리묘사도 탁월하다. 물론 미국이라는 정치, 경제적 특성을 배제할 순 없지만 브루클린 지하실에서 세상 바깥으로 탈출하려는 "찰리"의 삶이 내게 더 와 닿음은 소시민의 인지상정인지도 모른다.

어떤 미래학자도 예견한 적이 없는 글로벌 팬데믹에 일 년 이상의 시간을 갇혀 보내고 있다. 바쁜 일상들이 멈추고 여러 모양으로 자신과 주변을 돌아보는 일들이 많아졌다. 당연하게 생각했던 것들이 그 자리에 있지 않고 엉클어짐에 따라 삶에 대한 근본적인 생각도 하게 된다. 저자의 표현을 빌리자면 달리기에만 바쁜 우리에게 좀 천천히 가라는 과속 방지턱이라고나 할까.

개인적으로 책 읽기를 좋아하여 제목에 끌려서, 때론 작가 유명세에 먼저 사다 놓고 뒤쫓아 갈 때도 많다. 하지만 작가들이 바라보는 세상에 조금이라도 공감하게 되면 큰 기쁨이 있다. 독자들은 어떤 동기로 이 책을 읽게 될까? 최근 몇 년 사이에 비트코인이 엄청난 이슈와 화제를 몰고 왔다. 가장 큰 이유는 아무래도 위험천만한 가격 변동성으로 생각된다. 어떤 동기로 이 책을 접하던 비트코인과 블록체인에 관하여 스스로 공부하며 이해하는 즐거움이 더해졌으면 한다.

오래전 리먼 브러더스의 파산으로 시작된 월가 금융위기 때에 가깝게 지내던 옆집 빌 할아버지가 근심 어린 표정으로, 은퇴자금이 반토막 났다며 나의 의견을 물은 적이 있다. 전문가도 아니지만 '기다리고 견뎌내야 한다'라고 말했던 기억이 있다. 우리는 모두 서 있는 무대가 다르다. 이제 막 1막에 올라온 사람에서 2막, 또는 3막에 있는 사람도 있다. 물론 각자의 역할도 다르고 막을 거슬러 돌아갈 수도 없다. 팬데믹의 끝자락까지 우린 버텨왔고 아마도 이것이 우리가 모두 함께한 무대이며, 교훈이라 믿는다. 끝으로 부족한 사람에게 좋은 책을 번역할 기회를 준 소미미디어 여러분께 고마움을 전한다.

"모든 인간의 지혜는 이 두 단어에 담을 수 있다 : 기다려라 그리고 희망을 가져라"

–알렉산더 듀마 (몬테 크리스토 백작)

참고문헌

Bertrand, Natasha. "The FBI staged a lovers' fight to catch the kingpin of the web's biggest illegal drug marketplace." Business Insider, Jan. 22, 2015.

Carlson, Nicholas. "'Embarrassing and Damaging' Zuckerberg IMs Confirmed By Zuckerberg, The New Yorker." Business Insider, Sept. 13, 2010.

—. "At last — the full story of how Facebook was founded." Business Insider, Mar. 5, 2010.

—. "In 2004, Mark Zuckerberg Broke into a Facebook User's Private Email Account." Business Insider, Mar. 5, 2010.

Chrisafis, Angelique. "Cyprus bailout: 'people are panicking, they're afraid of losing their money.'" Guardian, Mar. 17, 2013.

Cutler, Kim-Mai. "Mt. Gox's Demise Marks the End of Bitcoin's First Wave of Entrepreneurs." TechCrunch, Feb. 25, 2014.

Dabilis, Andy. "Bailout Cuts Cyprus Bank Accounts, Withdrawals Barred." Greek Reporter, Mar. 16, 2013.

Eha, Brian Patrick. "Can Bitcoin's First Felon Help Make Cryptocurrency a Trillion-Dollar Market?" Fortune, June 26, 2017.

Epstein, Jeremy. "What you may not understand about crypto's

비트코인 억만장자의 신화

millionaires." Venture Beat, Feb. 10, 2018.

Forbes, Steve. "Why a Cyprus-Like Seizure of Your Money Could Happen Here." Forbes, Mar. 25, 2013.

Fox, Emily Jane. "The New York bar that takes bitcoins." CNN Business, Apr. 8, 2013.

Freeman, Colin. "Cyprus dreams left in tatters." Telegraph, Mar. 24, 2013.

Frizell, Sam. "How the Feds Nabbed Alleged Silk Road Drug Kingpin 'Dread Pirate Roberts.'" Time, Jan 21, 2015.

Jeffries, Adrianne, and Russell Brandom. "The coin prince: inside Bitcoin's first big money-laundering scandal." Verge, Feb. 4, 2014.

Markowitz, Eric. "My Night Out with Bitcoin Millionaire and Proud Stoner Charlie Shrem." Vocativ, Dec. 5, 2013.

Matthews, Dylan. "Everything you need to know about the Cyprus bailout, in one FAQ." Washington Post, Mar. 18, 2013.

McMillan, Robert. "The Inside Story of Mt. Gox, Bitcoin's $460 Million Disaster." Wired, Mar. 3, 2014.

—. "Ring of Bitcoins: Why your digital wallet belongs on your finger." Wired, Mar. 18, 2013.

Mibach, Emily. "Last call for The Oasis?beloved Menlo Park pizza, burger, and beer joint closes." Daily Post, Mar. 8, 2018.

Osborne, Hilary, and Josephine Moulds. "Cyprus bailout deal: at a glance." Guardian, Mar. 25, 2013.

Popper, Nathaniel. Digital Gold: Bitcoin and the Inside Story of the Misfits and Millionaires Trying to Reinvent Money. New York: HarperPaperbacks, 2016.

—. "How the Winklevoss Twins Found Vindication in a Bitcoin Fortune." New York Times, Dec. 19, 2017.

—. "Never Mind Facebook; Winklevoss Twins Rule in Digital Money." New York Times, Apr. 11, 2013.

—. "Winklevoss Twins Plan First Fund for Bitcoins." New York Times, July 1, 2013.

—. "Charlie Shrem and the Ups and Downs of BitInstant." Coindesk, May 19, 2015.

Roy, Jessica. "It's All About the Bitcoin, Baby." Observer, Apr. 30, 2013.

Vargas, Jose Antonio. "The Face of Facebook." New Yorker, Sept 20, 2010.

Winklevoss, Cameron, and Tyler Winklevoss. "Bitcoin, the Internet of Money." Value Investor's Congress presentation. New York, delivered Sept. 17, 2013.

—. "Money is broken; Its future is not." Money20/20 conference presentation. Las Vegas, NV, delivered Nov. 3, 2014.

배신과 구원으로 얼룩진
비트코인 억만장자의 신화

2024년 11월 15일 1판 1쇄 발행

지 은 이	벤 메즈리치
옮 긴 이	황윤명
발 행 인	유재옥

이 사	조병권
출 판 본 부 장	박광운
편 집 1 팀	박광운
편 집 2 팀	정영길 조찬희 박치우 정지원
편 집 3 팀	오준영 이소의 권진영
디 자 인 랩 팀	김보라
디지털사업팀	박상섭 김지연 윤희진
라이츠사업팀	김정미 이윤서
영업마케팅팀	최원석 이다은
물 류 팀	허석용 백철기
경 영 지 원 팀	최정연
발 행 처	(주)소미미디어
인 쇄 제 작 처	코리아피앤피
등 록	제2015-000008호
주 소	서울시 마포구 토정로 222, 502호(신수동, 한국출판콘텐츠센터)
판 매	(주)소미미디어
전 화	편집부 (070)4164-3960 기획실 (02)567-3388
	판매 및 마케팅 (070)8822-2301, Fax (02)322-7665

ISBN 979-11-384-8443-5 (03320)

· 책값은 뒤표지에 있습니다.
· 파본이나 잘못된 책은 구입한 곳에서 교환해 주시기 바랍니다.